조국을 위한 쓴소리

대한민국, 누구인가?

저자 소개

김성수
(金星洙)

- 1952년 충남 부여 출생
- 전) 공주사범대학 국어교육과 교수
- 저서
  韓國辭賦의 理解
  辭賦文學研究
  生국문학
  우리詩로 읽는 漢詩
  漢字成語로 말하는 세상

조국을 위한 쓴소리
대한민국, 누구인가?

지은이	김성수
펴낸이	나영옥
펴낸곳	도서출판 **영**
일러스트	김용기
발행	2018년 1월 30일 1판 1쇄 발행
등록번호	825-90-00389
등록주소	경기도 고양시 일산서구 탄현로 133, 113동 1404호 (탄현동, 일산임광진흥아파트)
전화	031-904-7905~6
팩스	031-904-7907
E-mail	youngpub@naver.com
ISBN	979-11-88743-44-5 03190

정가 15,000원

조국을 위한 쓴소리

대한민국, 누구인가?

머리말

대한민국은 누구인가?라는 물음은 우리의 정체성에 관한 본질적인 문제이지만 막상 우리들은 이러한 문제를 제기해 본 일이 많지 않았던 것 같다. 이제 그런 일을 진지하게 생각해 보아야 하는 것이 오늘을 사는 우리의 임무이다. 우리는 관습적으로 오천 년 역사라고 말해왔지만 실제로 이를 뒷받침할 만한 물적 근거는 이천 년을 넘기가 어렵다. 현전하는 문헌기록으로는 12세기를 거스르지 못하니 단군신화로는 실제의 역사를 감당하기 어렵고, 우리의 역사기록만으로는 우리가 누구인가를 객관적으로 파악하기가 쉽지 않다. 그런 가운데에서 지금까지 우리에 대하여 가지고 있었던 인식과 긍지는 생각보다 바르지 못했던 것인지도 모른다.

민족, 조국, 모국, 대한민국 등 우리나라를 부르는 이름이 많은데 우리는 별 생각 없이 대범하게 통용하고 있다. 그러나 그 대범함에서 우리의 정체성은 흔들리고 있다. 최근의 건국절 논란도 정체성 혼란에서 비롯된 것이다. 이러한 이름에 대한 철저한 성찰과 본질적인 물음이 우리의 정체성을 찾는 길이다.

흔히 정체성 확립을 자신에 대한 긍정적 확신에서 찾는 경우가 많다. 맞는 말이지만 긍정적 자세만 강조한다면 균형을 잃어 올바른 자신을 보지 못하게 된다. 올바른 자신이 아니라면 당연히 정체성이 아니다. 그러므로 자신에 대한 부정적인 면도 같이 성찰해야 진정한 정체성을 확보할 수 있다. 더구나 우리가 목도한 최근의 사정은 더 그렇다. 反이 있음으로 해서 正과 절충하여 合으로 발전한다면 부정을 부정적으로만 생각할 일이 아니다.

혹은 이 글을 지나치게 부정적, 자학적, 편파적인 무단이라고 할지 모르겠다. 이를 부인하지 않겠지만 적어도 지금 우리에게는 이러한 통렬한 반성과 비판이 필요하다. 지금 우리나라는 안팎으로 매우 어려운 처지에 놓여 있다. 오죽하면 '이게 나라냐?'라는 볼멘 소리가 유행어가 되고 있는 실정이다. 지금은 철부지 기 살리는 말보다는 약이 되는 쓴 소리가 더 필요한 시대이다. 다만 필자가 식견이 좁아 쓴소리를 다하지 못하고, 경우에 따라서는 사실을 제대로 보지 못하거나 잘못된 판단이 염려될 뿐이다.

물론 과대포장된 책의 제목을 감당할 능력은 없다. 게다가 글을 내놓는다는 것은 항상 부담되는 모험이다. 다만 정체성 상실의 시대에 우리 자신을 바로 알 수 있고, 미래를 설계하는 데 조금이라도 도움이 될 수 있다면 그것으로 만족한다. 주제넘은 말이지만 나라에 도움이 되는 소리를 하는 것이 그나마 조국에서 살다가는 국민의 의무라고 생각한다.

2018년 1월

김 성 수

차례

3 정의사회 구현을 위하여

차례

5 민족의 미래를 위하여

차례

7 우언 우화

1

조국을 생각하며

우리나라는 누구인가? 우리는 우리나라에 대해서 얼마나 알고 있는가? 우리가 말하는 祖國, 母國, 대한민국이 모두 동의어인가? 시대에 따라 그 대답은 달라지겠지만 지금 세대를 기준으로 이름만 가지고 따져 말한다면 할아버지의 나라인 조국은 남북한이 갈라지기 전의 우리나라일 것이요, 어머니 나라 모국은 남한에 한정될 것이다. 그렇다면 북한이 제외되어 있는 대한민국은 모국은 몰라도 조국은 되기 어려울 것 같다. 이렇게 시시콜콜 말꼬리를 잡는 이유는 우리 국민이 가지고 있는 국가관이 일치하지 않는 경우가 많기 때문이다. 단일민족이면서 서로 다른 국가관과 민족관을 가지고 있다는 것은 세계 유일의 분단국가인 우리만의 슬픈 비극이다. 조국, 모국, 대한민국이 동의어로 소통되지 않는다는 사실은 우리가 정체성의 혼란을 겪고 있음을 말하는 것이 아닌가 한다. 이 상황에 대하여 경각심을 갖지 않는다면 우리는 민족의 역사를 바로 말할 수 없다. 지금 우리는 우리도 모르는 사이에 대한민국을 우리나라로 동일시하고 있다. 그러나 建國節論(건국절론)자들의 말대로 하면 대한민국이 성립된 것은 기껏 70년 남짓이다. 이유야 어쨌든 수천 년의 역사를 가진 단일민족국가인 우리나라를 70년으로 논의하는 것은 역사에 죄를 짓는 일이다. 진정 대한민국이 우리나라가 맞다면 그 이전의 유구한 역사는 우리나라가 아니란 말인가? 우리는 마땅히 수천 년을 거스를 수 있는 祖國이라는 개념에 기반하여 우리의 역사를 논의해야 배달겨레를 온전히 말할 수 있고, 나아가 통일조국의 미래도 설계할 수 있다.

우리나라라고 해서 덮어놓고 미화하고 찬양하는 태도는 진정한 나라

사랑이 아니다. 과거에 식민지사관이란 자학적인 역사관도 있었지만 지금은 그에 대한 반작용으로 민족사관이라는 자화자찬의 역사관만 힘을 얻고 있다. 대한민국이라는 이름에 자부심을 갖는 것은 좋지만 그 실체를 알고 보면 그 역사가 기껏 백 년도 못되는 자기 축소적이고, 폐쇄적인 역사관에 의한 이름이다. 정권과 국가와 민족을 구분하지 못하는 역사관은 분단주의와 國粹主義[국수주의]에 빠지기 쉽다. 안목을 넓혀 조국이라는 역사관을 갖고서 우리나라를 본다면 우리의 역사가 생각보다 많은 문제점을 가지고 있다는 사실을 알 수 있을 것이다. 이러한 역사적 착오를 덮어두는 것은 민족의 정체성을 위험하게 할 수 있다. 우리의 잘못된 역사의식을 지적하는 것은 자학의 행동이 아니라 진정한 나라사랑의 길이라고 믿는다. 그래서 우리가 무심코 간과하는 우리나라에 관한 몇 가지 문제를 좀더 솔직하게 이야기해 보고자 한다.

아- 대한민국

우리는 스스로 우리나라를 大韓民國이라고 즐겨 부르지만 잘 생각하면 실제의 우리나라와는 썩 어울리는 이름은 아니다. 유럽 대륙 한 귀퉁이 섬나라에서 자칭 大英帝國이라고 떠드는 영국을 허풍장이라고 여기다가 과거 세계최대의 식민지를 거느렸던 그들의 역사를 보고서야 비로소 그 이름의 실체를 인정했었다. 그런데 그러한 역사는커녕 한반도도 부지하기 어려웠던 역사를 갖고 대영국제국과 같은 거창한 이름으로 자처한다고 해서 누가 대한민국을 이름대로 인정해 줄 것인가? 그나마 대륙을 호령했던 고구려, 고조선은 대한민국과는 이름으로 보아 아무런 연고를 갖고 있지도 못하다. 70년을 민족의 긍지를 실어왔던 멀쩡한 이름을 가지고 왜 새삼스럽게 시비를 하느냐고 하겠지만 이렇게 자신에 대해서 차분히 성찰해 보는 것이야말로 진정한 나라사랑이다. 무조건 자랑만 하는 짓은 국수주의에 빠지기 쉽고, 반성이 없으면 발전도 없다.

우선 우리나라 '大韓'이 어떤 내력을 가지고 있는지 합당한 근거를 대기 어렵다. 역사상 韓이라는 것이 기껏해야 고대 씨족사회 한반도 일부의 고대부족국가에서 인연을 찾을 정도여서 大韓이란 명분을 찾을 수 없다. 가장 가까운 유래로는 大韓帝國이겠는데 그것은 멸망 직전의 망국의 열등의식을 보상받으려는 의도에서 붙여진 허장성세의 이름에 불과하였다. 마치 목도리도마뱀이 목을 부풀려 허세를 부려보는 것 같아서 애처롭기도 하다. 대한민국이 대한제국을 계승한 것이 사실이라면 그 역사적 실체는 영광스럽거나 자랑스러운 이름이라 할 수 없다. 망국의, 허장성세의 봉건왕조를 이어받았다면 대한민국이라는 이름에서 무슨 역사적 긍지를 가질 수 있겠는가?

이웃 나라를 보면 광대한 영토를 거느리고 있는 중국도 중화민국이라는 이름보다는 그냥 中國이라고 하기 좋아하고, 우리보다 몇 배 크기의 영토를 가지고 있는 日本도 두 글자의 국호로 만족한다. 그런데 조그만 半島마저 둘로 갈라선 우리는 韓國이라는 두 글자로는 만족할 수 없어 마냥 대한민국을 외쳐대니 매우 허풍스러운 일이다. 이는 지난날 舊韓末[구한말]의 콤플렉스에서 벗어나지 못해서가 아닐까? 망해가는 조선이 대한제국이라고 자칭해서 나라의 위엄을 세웠는가? 大韓民國의 뜻을 알고서야 어느 외국인이 그 이름이 우리의 실체와 어울린다고 인정하겠는가? 옛날 대한제국과 마찬가지로 허황된 그 이름에 실소를 할 것이다. 하기야 이름이라도 그럴듯하게 지어 실체를 가려보자는 것이 성명철학이지만 한 나라의 이름이 이름이나 그럴듯하게 붙여보자는 심산이었다면 허망한 일이다.

그렇다고 하루아침에 대한민국의 국호를 바꿀 수도 없는 일이고 보면 중국이나 일본사람들처럼 알기 쉽게 韓國으로 만족하는 것이 차라리 낫다는 생각이다. 이렇게 하면 최소한 과대포장은 면할 수 있을 것이다. 이러한 까닭으로 북한은 따로 朝鮮이라는 이름을 사용하는 것이겠지만 알고 보면 조선도 역대왕조 중에서 최악의 왕조였다면 그 이름도 자랑스럽게 내세울 만한 이름이 아닌 듯하다. 古朝鮮이란 이름은 실제로 존재했던 왕조 이름이 아닐 가능성이 크다. 어느 나라가 자신의 국가이름에 古자를 붙이겠는가? 백제, 신라는 조그만 분단국가였기 때문에 국호로 다시 써 보고 싶은 이름은 아니다. 그러고 보면 고구려, 고려 정도가 역사적으로 계승할 만한 우리나라 명칭의 연원이 될 수 있을 것 같다. 역사적 실체로는 고구려가 가장 내세울 만한 이름이고, 고려도 그 고구려를 계승했다면 같이 인정할 만해서 대한민국보다는 낫지 않은가 한다. 누가 창안하였든 '고려연방공화국'이라는 이름이 기억에 새삼스럽다. 그러나 이 모든 것은 쓸모 있는 이야기가 아니다. 어찌 국호를 하루아침에 바꿀 수 있으랴? 다만 지금 우리의 국호로는 우리나라를 충분히 상징할 수 없다는 점이 못내 마음에 걸린다. 통일을 생각했을 때 어쩌면 과거에 얽매이지 않는 전혀 새로운 이름이 필요할지도 모른다.

그러나 이름에 연연하기보다는 실체를 이루어 나가는 노력이 더 중요하다. 비록 작은 분단국가이지만 참으로 명실상부하게 대한민국을 이루어나가려는 의지와 노력이 있다면 그 이름을 구태여 탓할 일이 아니다. 손뼉을 맞추어 대－한민국을 외치면서 오로지 스포츠경기를 응원하는 데 골몰하지 말고, 매사에 우리 삶을 진정 대한민국으로 만드는 데 온 국민의 힘을 모으는 일이 중요하다. 남북, 좌우, 보혁, 지역, 노사, 빈부, 세대로 나뉘어 다투는 치졸한 파벌다툼을 뛰어넘어 하나가 되는 대범함이 있어야 비로소 진정한 大韓民國의 실현은 가능해진다는 사실을 대－한민국을 외치면서 다짐해야 한다.

애국가 유감

이상하게 들리겠지만 우리의 국가인 애국가를 부를 때마다 영 개운치가 않다. 나라를 사랑하려는 의지가 끓어올라야 할 애국가를 부르면서 애국심보다는 서운함이 앞서는 것은 애국가에 대한 不敬이요, 모독임이 틀림없다. 그러나 애국가의 가사 내용을 곱씹어보면 감동을 받기가 곤란하다. 우선 '동해물과 백두산이 마르고 닳도록 하느님이 보우하사 우리나라 만세'라는 구절이 마음에 걸린다. 가사 내용을 가지고 괜히 트집 잡는 것 같지만 동해와 백두산은 우리나라 萬世의 전제조건으로서 한계를 가지고 있다. 실제로 백두산은 천 년 전에 이미 대폭발이 있었다고 하며, 활화산으로서 언제 다시 폭발할지 알 수 없다고 한다. 어쩌면 수 년 내에 그럴 수 있다는 말도 있다. 그런 일이 벌어진다면 우리나라의 만세를 보장하는 백두산은 흔적도 없이 날아가 버릴지도 모를 일이다. 원래 백두산은 영원할 수 없는 존재였다. 그리고 현실적으로도 백두산은 남의 땅에 있다. 애국가를 부르는 다수의 국민들은 상상으로나 볼 수 있을 뿐으로 나라 사랑의 상징으로 삼기에는 너무 먼 거리에 있다.

그럴 리야 없겠지만 동해도 지각변동이 있다면 어떻게 모습이 바뀔지 모를 일이다. 하느님이 우리를 보우해야만이 만세를 누린다는 가사도 마음에 걸린다. 사람의 일이 하늘이 도와야 하는 것은 맞지만 먼저 사람의 노력이 우선되어야 하는 것이 더 사리에 맞다. 그런데 애국가에는 사람의 노력은 나타나 있지 않고 오로지 하늘에만 의지했으니 민족의 지표로서는 절실하지 못하다는 생각이다. 우리의 절실한 의지가 제시되지 못했기 때문에 애국가에서 의지와 투지의 감동을 자아낼 수 없다면 괜한 트집일까? 비록 만사는 조물주 하늘에 달렸다고 하더라도 사람의 노력과 의지를 내세웠어야 옳다. 만세라는 말도 원래는 조국의 장래를 기원하는 말이 아니라 봉건주의 시대 제왕의 개인적인 영화를 빌던 말이라서 조선왕조의 잔재가 서려있다. 이런 反민주주의적이고, 구태의연한 단어들이 애국가를 차지하고 있는 것은 반가운 일이 아니다. 물론 '대한사람 대한으로 길이 보전하세'가 있어 사람의 역할을 보완하고 있지만 그 구체적인 행동강령이 없어 역시 추상적이다. 保全이란 말도 지켜낸다는 의미에 그쳐 발전적이고, 진취적이지 못하다는 생각이다. 애국가를 부르면서 활력과 의지를 느끼지 못하는 이유이다.

서울 '남산 위의 저 소나무'로 우리 국가, 국민을 상징하기에는 너무 초라하다. 그것도 철갑을 두른 듯하다고 했으니 그 역할이 기껏 서울이나 지켜내는 것에 불과할 것 같다. '가을하늘 공활한데'도 空闊, 空豁의 뜻이 무엇인가를 아는 국민이 그리 많지 않을 것 같으니 대다수의 국민은 애국가의 뜻도 제대로 알지 못하고 되뇌이는 것이다. 애국가 어디를 보아도 국민이 나서서 분투노력하는 장면은 없다. 후렴구에서 줄곧 하느님만 연달아 섬기다가 말았다. 그리고 정작 애국가의 가사를 누가 지었는지도 명확하지 않다. 작자를 안다는 것이 그리 중요한 일이 아니더라도 그 근원을 모른다는 것은 그 권위에 손상이 가는 일이다. 더구나 친일파에 의해서 지어졌다는 말도 있다면 더 께름칙한 일이다.

애국가에 대한 불만이 비단 가사에만 있는 것이 아니라 곡조에도 있다. 일제 강점기에는 청승맞은 스코틀랜드 민요를 붙여 광복군의 기운을 빼더니 지금의 곡은 오스트리아 민요와 흡사하여 물의가 끊이지 않고 있다. 작곡가가 친일파였다는 사실도 그리 유쾌한 일이 아니다. 친일파 작곡가의 표절이라면 모른 채 눈감아 주기가 만만치 않다. 그렇다고 일시에 국가를 바꾸자는 말은 아니다. 다만 우리의 애국가에는 여러 면에서 문제가 많고, 충분한 애국심을 심어 주기에는 부족한 점이 많다는 사실을 지적하자는 것이다. 애초에 애국가를 지은 입장에서 생각해 보면 이 노래로서 당시의 국민들에게 애국심을 심어주자는 의도였지 그것을 구태여 영원히 보전할 國歌로 삼자는 의도는 아니었을 것이다. 애국가는 우리만 부르는 것이므로 사정에 따라서 바꿀 수도 있지 않을까? 통일을 생각한다면 애국가 역시 한번쯤 생각해 보는 것도 의미 있는 일일 것이다.

태극기 휘날리며

太極은 極이 없는 無極과 같다. 太는 大와 같고, 지극히 큰 大는 無와 통하고, 無는 有의 근원이라는 것이 道家의 사상이다. 우리나라의 상징인 太極旗[태극기]는 陰陽[음양]을 상징하는 紅靑兩極[청홍양극]이 서로 맞물려 무한히

회전하는 우주운행의 원리를 표상한다. 陽紅은 하늘, 陰靑은 땅이다. 네 귀에 있는 팔괘도 마찬가지이다. 그야말로 우주의 모든 생성의 원리가 한데 모인 집대성이라서 완벽한 상징, 표상이라고 할 만하다. 겨우 태양 하나만 달랑 그려 넣은 日本旗나 별 하나만 있는 人共기, 기껏 별 다섯 개만 있는 五星기가 구멍가게라면, 태극기는 대형마트인 셈이니 그 원대한 뜻에 자부심을 가질만하다. 그런데 못내 서운한 것은 태극기에서 우리의 고유성·상징성을 찾아내기 어렵다는 점이다. 세상의 모든 이치를 다 나타내려 하다 보니 정작 우리 고유의 것은 없다. 대한민국 국기라기보다는 유엔기, 萬國[만국기]라고 해야 더 적절할 듯싶다. 아니면 中國旗였더라도 좋았을 것이다. 太極圖[태극도]는 본래 중국의 사상을 담고 있는 중국문화의 소산이기 때문이다. 소유욕이 강한 중국인들이 나중에 태극기에 知的소유권을 주장할지도 모른다. 그들의 전통문화를 우리가 무단히 도용한 것이기 때문이다. 그러나 지금까지 아무 일 없는 것을 보면 道教의 符籍[부적]에 불과했던 太極을 존엄한 국가의 상징으로 삼은 우리의 무지를 비웃고 있거나, 문화 수출자로서 만족하고 느긋한 마음일지도 모른다. 그렇더라도 왜 하필 우리 선조들은 남의 나라 부적을 우리나라의 숭고한 상징으로 삼았을까 하는 부끄러움을 누를 길 없다. 혹시 중국문화를 무조건 숭배하는 사대주의사상에 절어 붙은 결과가 아닐까? 일본에 통신사로 간 박영효가 일본에 입항할 때 다른 나라 배들이 국기를 휘날리고 있는 것을 보고 즉흥적으로 그려 걸은 것이 오늘날의 태극기라는 말도 있다. 그렇다면 뱃멀미에 제 정신이 아닌 사대주의자에 의해서 만들어진 것이 우리의 국기인 태극기라는 말이 된다. 이것이 사실이라면 너무도 황당해서 믿고 싶지 않은 태극기의 내력이다. 뱃멀미 상태에서 만들어서 그런지 태극기를 그리려면 하도 복잡하여 현기증이 날 정도이다. 그래서 그런지 태극기를 제대로 그릴 수 있는 국민이 얼마나 될까하는 것도 의문이다.

혹은 태극의 빨강·파랑의 上下 구도 때문에 남북이 분단되었다고 입방아를 찧기도 한다. 그도 그럴 것이 남북 분단 전에 상해 임시정부나 독립군의 태극기는 분명히 음양의 구도가 좌·우로 되어 있었던 것이, 남북 분단에 즈음하여 상·하로 바뀌었기 때문이다. 그러던 것이 해방 전에는 태극기의 좌우구도처럼 국민은 좌익, 우익으로 나뉘었고, 해방 후에는 上下구도처럼 남북으로 분단되었던 사실을 생각하면 이 모든 것이 우연한 일이 아니었는지도 모른다. 그야말로 태극기는 우주만물의 이치를 정확하게 나타내고 있는 걸까? 태극기가 그렇게 신비하다면 남북통일은 의외로 쉽다. 갈라진 태극기의 두 원형 구도를 하나로 합치는 것이 남북통일의 지름길이다. 신성한 국기를 가지고 실없는 소리를 하여 송구스럽지만 태극기를 볼 때마다 긍지에 앞서 느끼는 착잡한 심정이다.

태극기를 더 위태롭게 하는 것이 근래 벌어지고 있는 태극기의 오남용이다. 존엄한 태극기의 권위를 가장 심각하게 훼손시킨 것이 박근혜 구명운동에 동원되었던 태극기 부대였다. 일찍이 태극기가 그렇게 국론분열과 국민의 뜻에 어긋나는 일에 盜用[도용]되었던 일이 없었다. 절대다수의 국회의원에 의하여 탄핵안이 제출되고, 헌재 재판관에 의하여 전원일치 탄핵이 인용된 명약관화한 판결에 대해서 대한민국의 신성한 국기를 내

걸고 탄핵철회를 부르짖는 소수 국민들은 태극기를 심각하게 모독하고, 악용하고 있는 것이다. 게다가 태극기보다 훨씬 큰 성조기를 흔들어대는 행동을 어떻게 이해해야 할지 난감하다. 그렇게 해서 국민 대신에 미국의 지지를 얻어내려는 심산인가? 아무리 표현의 자유가 있다 하지만 대한민국의 한계를 느끼게 한 것이 태극기부대였다. 도대체 그들의 정체를 알기 어렵다. 그들이 내세우는 명분은 보수이지만 하는 짓을 보면 그들은 보수가 무엇인지도 모르는 사람들이다. 거기에는 사이비 종교에 현혹된 사람들도 있을 것이고, 박정희 대통령에 대한 신앙적인 존경심에 빠진 노인들과 정부의 혜택을 받는 퇴역군인들과 관변단체의 지원을 받고 있는 알바생도 있을 것이다. 그 중에는 그것도 나라사랑하는 방법이라고 믿고 있을 것이니 그 무지가 참으로 안타까울 뿐이다. 어쨌든 이제는 정작 국경일에도 태극기를 대하기가 민망스러울 정도로 태극기의 존엄은 손상을 입었다. 이는 위에서 말한 태극기에 대한 트집과는 비교도 할 수 없는 국기 모독이다.

통일이 된다면 북쪽에서 가장 문제를 삼을 것이 태극기일 것 같다. 올림픽 남북단일팀의 응원에서 태극기와 인공기는 이미 거부당함으로써 그 한시적 운명을 드러낸 셈이다. 엄청난 재정적인 부담을 가지고 올림픽을 개최하면서도 지도 한 장에 밀려나야 하는 것이 태극기의 현실이다. 태극기는 생각보다 절대적이지 않다.

무궁화

우리나라는 원래 무궁화 꽃이 많았다고 해서 예부터 木槿之域[목근지역], 槿域이라고 불렀다. 그러니까 우리나라를 대표할 수 있는 꽃은 원래 목근화, 즉 무궁화라는 데에 이의가 있을 수 없다. 무궁화는 목근화에서 유래된 것으로 보여진다. 목근화에서 ㄱ이 탈락해서 '모근화'가 되는 것은 木果에서 ㄱ이 탈락하여 모과가 되고, 六月에서 ㄱ이 탈락하여 유월이 되는 이치와 같다. 그런 과정을 거친 '모근화'에 특별한 의미가 없으므로 이와 발음이 비슷한 한자로 우리의 소망을 담아 無窮花라고 음차하였다. 그러므로 무궁화를 '끝없이 피는 꽃'이라고 한 해석은 원래의 본의가 아닌 셈이다. 중국의 시인은 무궁화인 목근화를 아침에 피었다가 저녁에 지는 허무한 꽃이라고 노래하였다. 실제로 '영원한 꽃'이라는 무궁화는 아침에 피었다가 저녁에 지는 단명의 꽃이니 이름과 일치하지 않는 이름이다. 다만 수많은 꽃송이가 매달려 있기 때문에 하루밖에 가지 못하는 꽃이면서도 '지지 않는 꽃'이란 명예를 얻었을 뿐이다.

이와 비슷한 예로, 봉숭아가 본래 우리말이라면 이를 鳳仙花라고 한 것도 이와 같은 과정을 거친 말일 수 있다. 그러므로 봉선화를 봉황과 신선을 관련시켜 풀이하는 것은 본의가 아닐 것이다. 생각해 보면 봉숭아에서 봉황이나 신선을 연상시키기는 어렵다. 그보다는 봉숭아꽃이 지고 나면 씨주머니가 맺히는데 그것이 솜털을 쓰고 있는 모습이 보숭이라서 봉숭아로 변한 것이 아닌가 한다. 그것을 다시 한자로 미화해서 鳳仙花가 되었다면 無窮花와 그 형성과정이 유사하다. 菜松花[채송화]도 한자로 되어 있지만 그 꽃에서 소나무 같은 요소를 전혀 찾을 수 없으므로 뜻과 관계 없이 그냥 漢字化 시킨 말이 아닌가 한다. 진달래는 우리 고유어로 漢字 이름도, 중국에도 없던 꽃이다. 그런데 요즈음 중국에서는 진달래꽃을 金達萊花[금달래화]라고 적고 있는데 이는 그 본의와는 아무런 관계가 없는 이름이다. 진달래와 비슷한 철쭉은 원래 한자 躑躅[척촉]이었으니 이는 이별이 아쉬워 떠나지 못하는 꽃말이다.

무궁화는 끊임없이 피는 꽃이라서 國花가 된 것이 아니라 우리나라의 특산품이기 때문에 그렇게 된 것이다. 알고 보면 무궁화 꽃이 그렇게 예쁜 것도 아니고, 나무도 그리 깔끔한 편이 아니다. 비라도 오면 진딧물, 개미 등의 벌레들이 들끓어 지저분한 꽃나무이다. 한편 생각하면 상징물이란 상황에 따라서 달라질 수도 있을 것이라는 생각도 든다. 한 때 까치를 나라의 상징 새로 삼았던 일이 있었지만 지금은 거의 잊은 상태이다.

우리는 단일민족인가?

얼마 전까지만 해도 우리는 자랑스럽게 배달겨레요, 단일민족이라고 자신 있게 말할 수 있었다. 크지 않은 나라에서 유사한 문화전통과 역사를 가지고 있고, 소통에 지장이 없는 단일 언어를 사용하고 있으니 이를 의심할 이유가 없었다. 이러한 조건은 우리나라가 갖고 있는 역사적, 문화적, 사회적, 정치적 강점이었다. 중국이나 미국 같은 복잡한 다민족 合衆國합중국에 비하면 왜소감, 자괴감도 들지만 단일민족은 그들이 갖지 못한 강점도 적지 않다. 작지만 강한 응집력과 순발력, 민첩성을 발휘할 수 있어 우리는 그동안 단일민족에 대해서 자부심을 갖고 살아왔다. 작은 고추가 맵다라는 말은 우리에게 딱 들어맞는 우리의 속담이었다.

그러다가 요 근래 들어 다문화라는 말이 유행하게 되면서부터 단일민족에 대한 인식이 달라져가고 있다. 우리나라에 해외 이주자가 늘어나면서 생긴 사회현상인데 우리 주변에 이주 결혼자, 혼혈들이 늘어난 까닭이다. 그리고 그 숫자가 늘어 결혼의 열 중 하나는 국제결혼이라고 하니 신생아 열 명 중의 하나는 혼혈인이라는 말이기도 하다. 이러한 추세가 더 늘어난다면 과연 단일민족론은 흔들릴 만도 하다. 그러나 단일민족이란 우리가 그리 쉽게 포기할 단순한 이름이 아니다. 그것은 우리 세대에 우리 마음대로 결정할 일이 아니라 대대로 내려온 민족의 전통이자 사명이다. 비록 그것이 자칫 국수주의, 이기주의, 배타주의 極右극우편향 등으로 기울 가능성이 있기는 하지만 그것은 우리의 전통적인 역사요, 문화요, 긍지였다. 그것을 하루 아침에 포기할 수도 없는 일이고, 우리가 다민족국가라고 해서 대단위 다민족 국가와 세력이 같아질 수도 없는 일이다. 우리의 역사적 전통과 운명을 바꾼다는 것은 과거에 대한 부정이요, 거부이다. 어정쩡한 다문화, 다민족론은 우리의 뿌리를 송두리째 흔들어 놓을 수 있다. 만약에 우리가 단일민족을 포기한다면 우리의 결속력을 스스로 해체하는 일이다. 다문화론에는 민족고유 언어를 존중하지 않는 저의도 깔려있어 외국어를 공용어로 삼자는 다언어론도 힘을 얻고 있다. 소수일 수밖에 없는 다문화인을 위해서 절대다수의 단일민족임을 포기하는 것을 세계평화주의로 자신하거나 인도주의, 박애주의라고 주장한다면 민족의 존재를 포기하는 것과 다르지 않다. 그러므로 다문화, 다언어를 정당화하려는 노력보다는 그것을 우리 고유문화, 고유언어로 흡수 통합하는 능동적이고 적극적인 방식이어야 한다.

만약 우리가 전통적인 단일민족을 포기한다면 강대국 사이에 끼어있는 우리는 스스로 존재의 원동력을 버리는 것과 같다. 우리가 불리한 조건에서 지금까지 단일민족을 지켜 온 것은 단일민족에 대한 투철한 자존의식이요, 긍지였다는 사실을 잊어서는 안 된다. 근래 역사의식이 결여된 사람들이 너무 많다. 특히 지도층에 있는 사람들이 그렇다면 민족적 비극이다. 북한에서 만들어진 용어라 해서 '주체사상'이라는 본질까지 버려서는 안 된다. 그 말이 못 마땅하다면 '민족의식'과 같은 다른 용어라도 만들어 단일민족을 지켜내는 것이 나라와 민족을 사랑하는 길이다.

독립기념관 유감

우리 근현대사에서 독립이란 단어는 뼈에 저린 사연이 많다. 유구한 역사를 가진 우리로서는 어찌 보면 당연한 말인데도 獨立萬歲를 36년이란 세월을 피를 뿌리며 외쳐왔다. 그 뜻이란 당연히 잃어버린 독립을 '다시 찾자'는 뼈저린 절규였지, 새삼스럽게 독립을 새로 이루자는 의미는 아니었다. 독립을 다시 찾은 후 사십 년이 가까워서야 숭고한 항일 독립 투쟁의 역사를 보존하고자 거국적으로 기념관을 세웠다. 그런데 그 이름이 獨立紀念館이다. 이름만 생각하면 '일제로부터 독립'이란 의미는 나타나 있지 않고, 우리가 '독립을 처음 이룬' 기념관이다. 전후 사정을 잘 모르는 사람이 처음 들으면 우리나라가 1945년 처음 독립한 신생독립국이라고 생각하기 십상이다. 아니 우리 국민 중에도 그런 사람들이 적지 않다. 이른바 건국절론이 거기에서 멀지 않다. 그들은 광복절의 의미조차 제대로 모르는 자들이다. 대수롭지 않은 일을 가지고 엉뚱한 시비를 건다고 할지 모르지만 그러한 일들은 우리의 유구한 역사와 선조들의 명예를 크게 훼손하는 짓이다. 우리 고유 책력 檀紀[단기]까지 써가며 가르쳐 온 우리의 역사를 독립 한 번 해보지 못한 초라한 민족으로 만들었기 때문이다. 이제라도 본래의 의미를 살려 독립기념관이 아닌 '광복기념관'으로 해야 옳다. 光復節은 글자 그대로 독립을 다시 찾은 날이지 처음 독립을 한 날이 아니다. 마땅히 광복절에는 광복기념관에서 기념식을 해야

名實相符명실상부한 일이다. 애들 이름 하나도 공을 들여가며 짓는데 하물며 민족의 역사적 기념관 이름을 허투루 짓는다면 부끄러운 후손이다. 이렇게 무지하고 무감각적인 역사의식 때문에 건국절 논란이 끊이지 않고 벌어지고 있으니 참으로 안타까운 일이다.

건국절의 비밀

반 만 년 역사라고 알고 살아왔던 우리에게 建國節논란은 황당하기조차 하다. 그것도 건국의 역사가 70년이냐, 100년이냐가 논란의 중심이다. 무엇이 옳든 100년의 역사가 안 되는 나라에서 살아왔다니 단군의 개천절과 배달겨레라는 긍지가 갑자기 왜소하고 초라해진 느낌이다. 대한민국이 단군이나 고구려, 조선과는 아무런 관계가 없다는 말 같기도 하고, 대한민국의 건국이 겨우 70년이라고 하니 신생독립국 같기도 하다. 그런데 이명박, 박근혜 정부는 왜 생뚱맞게 들어보지도 못했던 건국절이란 이름으로 우리나라를 신생독립국으로 만들고 싶어 할까? 젊은 나라를 만들어 활력을 불어넣고 싶었을까, 아니면 봉건주의 잔재와 일제침탈의 역사를 털어내고 새 출발을 하고 싶었을까? 아무리 그 의도를 선의로 해석해보아도 우리가 견지해왔던 배달겨레의 긍지와 바꿀 수는 없는 일이다. 그렇다면 이들의 역사왜곡은 역사적 범죄행위로서 단순한 정쟁으로 보아 넘길 수 없다.

건국절은 최고 통치자가 광복절 기념사에서 새삼스럽게 강조한 신조어였으니 파장이 클 수밖에 없었다. 용어의 옳고 그름을 따지기 앞서 대통령이라면 역사적 용어에 대한 막중한 책임의식을 가져야 옳다. 국민 앞에서 헌법전문에 위배되고, 충분히 검증되지 않은 역사적 용어를 사용한다면 역사의식이 부족한 탓이다. 그것이 부주의가 아니라 어떤 의도적 행위였다면 대통령의 역사관에 심각한 문제가 있음에 틀림없다. 이명박 정부에서 새삼스럽게 내세운 建國節은 1948년에 비로소 나라를 세웠다는 말이니 그 이전에는 우리는 나라가 없었다는 선언이었다. 상해임시정부의 이념을 이어받았다는 헌법 전문을 부정하고, 구태여 광복절 이후에 다시 세워진 정부수립에, 그것도 북한을 포기한 채 세워진 반쪽 정부에 새삼스럽게 건국의 명분을 주려는 목적과 의도가 무엇인가가 매우 궁금하다.

이승만 정부는 북한을 포기한 채 세워졌다는 점에서 민족분단의 책임을 면할 수 없다. 물론 북한의 상황으로 보아 정부수립을 무한정 미룰 수 없는 사정이기는 했으나 통일이라는 민족의 열망을 저버린 책임은 모면할 수 없는 역사적 과오이다. 그것도 민족주의자들의 반대를 무릅쓰고 북한보다 먼저 정부수립을 선언했다는 점에서 민족의 분단을 먼저 시도한 셈이니 객관적으로 김일성의 공산당 정부보다 그 책임이 크다. 중국은 통일중국을 이루기 위해서 건국을 우리보다 일 년을 늦추었다. 단순비교는 어렵겠지만 서둘러 북한국민을 포기한 이승만이 애국자인가, 늦더라도 조국통일을 이룬 모택동이 애국자인가? 민족의 염원보다는 정권에 대한 욕심이 앞섰던 반민족적인 정부에게 건국의 영예를 주려는 자들 역시 통일은 안중에도 없이 민족분단을 고착시키려는 세력이 아닐 수 없다. 이른바 보수를 자처하는 세력들이 하는 짓을 보면 이승만 정부와 매우 닮았다. 그들은 오로지 반공 멸공, 안보를 외쳤을 뿐, 언제 평화통일, 남북대화, 남북교류, 민족화합 등에 관심을 가졌는가? 가재는 게 편이라 게에게 건국의 영광을 돌리려는 짓이 아닐까? 민족사에 엄청난 오욕의 역사를 끼치고서도 일말의 책임의식마저 없는 자들이 민족주의자들의 민족화합에 대한 염원을 지금도 안보를 내세워 사사건건 용공, 종북, 좌빨로 폄하, 매도하고 있다. 이러한 가재들의 터무니없는 건국절 주장에 속아 넘어가는 국민이 적지 않으니 우리 민족의 통일은 참으로 기대난망이다.

이승만 정부는 친미주의를 국시로 삼고, 매국노 친일파를 동원하여 신생정부를 꾸렸다. 그나마 이승만 대통령은 반일정책을 견지해 나갔으나 그 뒤로는 여전히 친미주의, 친일파의 본 면목을 감추지 못했다. 매국노요, 기회주의자들에게는 민족주의로서 항일투쟁에 모든 것을 민족에 바쳤던 상해임시정부가 눈엣가시가 아닐 수 없었다. 미국의 입장에서도 민족주의자들은 자주성이 강하여 만만히 다루기 어려운 상대였으므로 말 잘 듣는 기회주의자, 변절자인 친일파가 십상이었다. 이것은 강대국들이 식민주의나 약소국을 다루는 기본전략이기도 하다. 그러한 미군정하에서 우리나라의 국가수반이었던 백범과 상해임시정부는 이 땅에 설 한 치의 땅도 없었던 셈이다. 金九는 안두희라는 저격수에 암살당했지만 궁극적으로는 친미 정권이 민족주의자를 용납할 수 없었던 필연적인 이유에 의해서 희생된 것이다. 몽양, 백범 암살과 임시정부 인사들의 몰락은 우리 역사에 정의는 불의를 이길 수 없다는 통한의 교훈을 준 역사였다. 그리고 친미주의, 친일파를 계승한 역대정부들도 자연히 상해임시정부에 호의적일 수 없었던 것이다. 그들로서는 겉으로는 드러낼 수 없는, 항상 껄끄러운 존재일 수밖에 없었다. 다만 헌법에 상해임시정부가 보장되어 있으므로 내놓고 그러지 못했을 뿐이다. 한일외교 정상화 이후로 일본은 본격적으로 드러 내놓고 우리 정부에게 영향력을 행사해 왔다. 한일협정으로 면죄부를 얻어냄으로써 과거 침략에 대한 부담은 깨끗이 씻어버렸고, 이제는 선진국으로서의 권리와 위엄을 부릴 일만 남아 있다. 그들의 본색은 위안부, 군함도, 원폭 조선인에 대한 대처에 잘 드러나 있다. 위안부에 대한 협정을 서둘러 체결한 박근혜 정권의 친일파 후예들, 이명박 정권의 뉴라이트 세력들은 반역사적인 이적행위자들이다. 이명박 정권부터 뉴라이트 들이 친미, 친일을 표방하면서 이들이 대한민국의 건국의 영광을 이승만 정부에게 돌려버렸다. 부정부패와 세계 최빈국의 말썽 많던 이승만 정부가 좋아서가 아니라 그럼으로 해서 껄끄러웠던 상해임시정부를 부정할 수 있었고, 자신들의 최대약점인 친일매국의 역사적 치부를 감출 수 있다고 판단한 것이다. 그러자니 자연히 기존의 정책노선을 답습해야 했고, 뉴라이트라는 구호 아래 자신들을 합리화해야 했고, 민족주의자를 좌파, 종북으로 몰아야 했던 것이다. 그런 반민족적 행위를 보수라는 이름으로 정당화, 합리화한 것이 건국절이다. 이러한 주장이 객관성을 잃었다거나 급진적이라고 생각된다면 이명박, 박근혜 정부가 한 역사적 행적을 냉철히 생각해 보라. 그들이 정말 민족과 나라를 위해서 대통령을 했는가? 그들이 집권한 동안 민족은 통일이 가까워졌는가? 국가의 위상은 더 높아졌는가? 나라는 더 살기 좋아졌는가? 국민은 더 행복해졌는가?

물론 영토를 갖지 못한 채 해외에서 임시로 세워진 상해임시정부가 떳떳한 대한민국의 건국이라는 데에도 문제가 없는 것은 아니다. 그렇다고 해서 나라를 잃은 처지에서 선열의 숭고한 독립의지를 국가의 조건을 충분히 갖추지 못했다 해서 일말의 미련도 없이 역사에서 지우는 것이 역사의 계승자로서, 통치자로서, 후손으로서, 헌법수호자로서 차마 할 짓인가? 자신들의 치부를 감추기 위해서 우리의 건국연대를 뒤로 끌어내려 신생국으로 만들어 놓는 행위는 일제강점기 친일파 못잖은 매국행위이다. 그것은 우리의 역사를 축소 왜곡시켜 우리의 민족정신과 주체의지를 꺾어보려는 이른바 일제의 식민사관의 연장이고, 그러한 일본의 전략은 뉴라이트들에 의해서 지금도 여전히 활발히 움직이고 있다. 신자유주의를 표방하던 이명박 정부, 박근혜 정부였으니 그들이 더 활개를 쳤을 것이고, 그 결과 중의 하나가 건국절 역사왜곡인 것이다. 그렇다면 이것은 명백한 이적행위요, 여전한 매국행위이다. 우리 민족에게 씻을 수 없는 수치의 역사인 일제위안부 문제를 국민 의사에 반하여 그렇게 서둘러 봉합한 박정권의 한일협약은 친일행위가 분명하다. 국민의 의사와 관계없이 국익과 외교에 엄청난 손해와 파장을 불러일으켜가며 날치기 수법으로 그 효과가 검증되지 않은 THAAD배치를 서두른 것도 뉴라이트들의 친미행위가 아니고서는 설명할 수 없다. 태극기 집회에 성조기가 주인행세를 하는 모습은 나라를 미국의 52번째 주로 만들어 달라는 의도가 아닐까? 이런 얼빠진 위정자들에게 나라를 맡겼으니 대한민국은 심각한 위기에 놓여 있었음에 틀림없다.

가장 이성적이고, 객관적이라고 자부하는 이른바 중도세력들은 작금의 건국절 논란을 아무런 실익과 의미가 없는 정쟁일 뿐이라고 점잖게 비판한다. 그럴 듯한 말이지만 역사적 실체를 안다면 이는 무책임하고 무감각한 무사안일, 현실도피에 가깝다. 지금 우리는 민족과 국가와 정부와 정권을 혼동하고 있다. 민족은 우리 언어와 혈통이 유지되는 한 한반도가 없어져도 엄연히 존재한다. 이스라엘이 그 대표적인 사례이다. 국가는 국민, 주권, 영토로 이루어지는 것이 일반적인 원칙이지만 경우에 따라서는 일시적으로 영토를 상실해도 성립된다. 세계적으로 전쟁으로 인하여 타국에 임시국가를 유지해온 예를 모두 국가로 인정해왔다. 상해임시정부는 비록 외국이었지만 대한민국이라는 국가를 전제하여 세워졌음에 틀림없다. 설령 남이 인정해주지 않는다 해도 우리는 그러지 말아야 하는 것이 민족적 책무인데 하물며 스스로 그것을 부정하는 것은 역시 매국행위에 동조하는 짓이다. 정부란 국가를 전제한 통치조직으로 국가의 하위개념이다. 해방 후 남한정부와 북한정부가 양립되었던 것이 그 사례이다. 지금도 우리는 서로 국가로 인정하지 않는 것으로 보아도 국가와 정부는 같지 않다. 정권이야 당연히 정부의 하위개념이다. 한 정권이 정부를 장악하는 것이 보통이지만 의회민주주의나 내각제에서는 복수의 정권이 정부를 장악할 수 있다. 결국 1948년은 이승만 정부의 수립이지 대한민국 국가의 건국이 아니었다. 1919년은 대한민국의 건국이자 임시정부의 수립이었다. 그리고 그것을 구태여 건국이라고 강조하지 않은 것은 단군 이래 우리의 국가는 이미 시작된 것이라고 믿어왔던 민족적 자부요, 긍지였다. '건국'이란 용어를 어느 시점에 고정시킨다는 것 자체가 민족의 존엄을 손상시키는 위험한 짓임을 알아야 한다. 건국절 논란은 우리의 민족적 긍지와 용어의 기본 상식조차 모르는 무지에서 벌어지는 우리의 부끄럽고 슬픈 자화상이다.

지금 새로운 정부가 들어선 것은 이러한 절대위기를 벗어나 새로운 희망과 가능성을 열었다는 데에서 애국가 가사대로 하느님이 보우하신 결과이다. 문 대통령이 방중 길에 충칭까지 가서 임시정부 기념관에 참배한 것은 건국절의 황당하고 자학적인 역사왜곡을 바로 잡으려는 의도였을 것이다. 그러나 무분별한 야당의 발목잡기와 생트집이 그치지 않고서는 우리의 개혁정책은 성공하기 어렵다. 아직도 그들의 본질을 모른 채 이른바 보수라는 명분에 홀려 부화뇌동하는 사람들이 남아있으니 안타까운 일이다.

어! 독도!

獨島는 글자대로 풀이하면 홀로 외떨어진 絶島[절도]이다. 그러므로 지구 어디에서든지 獨島, 絶島는 있을 수 있는 평범한 보통명사이다. 우리 영토를 말하는 獨島는 본래 고유명사였는데 이것을 평범한 보통명사로 고친 데에서부터 문제가 커졌다. 독도라는 고유명사가 보통명사로 바뀐 안타까운 우리만의 사정이 있다. 東海도 그렇지만 獨島라는 이름에도 고유성의 개념이 부족한 점이 아쉽다. 고유성이 부족하다는 말은 차별성이 약하다는 뜻이고, 이것은 대외적인 명칭으로서 약점이 아닐 수 없다. 제주도, 강화도, 울릉도 등이었다면 훨씬 고유성, 차별성이 있었을 것이다. 그런데 獨島는 세계 어디에서도 있을 수 있는 추상적이고 보편적인 이름이라서 차별성에서 일본이 말하는 竹島만도 못하다. '대나무 섬'이 '홀로 떨어진 섬'보다는 차별성이 강하다. 우리만이 가지고 있는 소중한 영토를 우리는 왜 그렇게 막연하고 추상적으로 이름을 지었을까하는 아쉬움이 크다. 당연히 우리 선조들이 처음부터 獨島라고 부르지 않았다. 섬이 바위로만 되어있으니 울릉도 어민들은 '돌섬', '독섬'이라고 불렀다. 1938년 발간된 〈조선어사전〉에 '독섬, 石島'로 나와 있는 것이 그 증거이다. '돌'과 '독'은 말뿌리가 같은 고유어이고, 발음도 비슷하여 어설픈 한문쟁이들이 '독(石)'을 '獨'이라고 바꾸지 않았나 싶다. 그 이전에 프랑스 군함이 독도를 발견하고 지도에 그려 넣은 이름이 '돌섬'이었다는 사실로 미루어 볼 때 이는 틀림없는 사실이다. 만약에 '돌섬'을 지켜냈다면 명칭의 고유성이 확보되어 좀더 유리한 싸움을 할 수 있지 않을까 하는 생각이 든다. 그런 생각을 하면 아무 생각없이 돌섬을 獨島라고 바꾼 지식인들이 매우 원망스럽다. 독도가 온통 바위덩어리인 점으로 보아 돌섬이 일본이 말하는 竹島보다 더 유리하다는 생각이다. 盆栽[분재]도 아닌데 바위투성이 섬에 '대나무 섬'은 전혀 당치않은 이름이라서 일본 竹島의 허구성을 지적할 수 있다. 일본으로서는 竹島보다 竹刀가 더 어울리는 이름이다.

생각해 보면 독도의 문제는 근본적으로 과거 우리가 영토개념이 부족했던 데에 그 단초가 있다. 멀쩡한 울릉도를 조선시대에는 지키기 어렵다고 해서 무책임한 空島정책을 펴 스스로 영토임을 포기했었다. 그 사이에 일본이 울릉도를 점령하지 않았으니 그나마 다행이다. 울릉도를 비워두었을 때 일본 어부들이 무상출입하는 꼴을 보지 못해 안용복이란 어부가 일본에 가서 두 차례나 울릉도와 독도가 조선의 영토임을 다짐받아온 애국적인 의거를 조정에서는 포상은커녕 엄벌에 처하는 어처구니없는 짓도 했다. 적어도 국토방위 열정으로는 조선역사상 충무공 말고는 일개 어부인 안용복을 따를 사람이 없을 것이다. 對馬島도 일본보다 부산이 더 가깝지만 차지할 생각을 하지 못했다. 고려말, 조선초에 세종대왕 때에 몇 차례 대마도 정벌을 했다고 하지만 단기간에 국지적인 토벌작전에 그쳤을 뿐 지배할 의지는 없었다. 그나마 제주도를 지켜냈으니 다행스러운 일이다.

명백하게 우리 땅인 독도의 이름을 가지고 새삼스럽게 이러쿵저러쿵 하는 일을 못마땅하게 생각하는 사람이 많을 것 같다. 그러나 '독도는 우－리의 땅'이라는 노래 가사는 우리들만의 노래이다. 신라 이사부장군이 울릉도를 정복한 것을 독도까지 정복한 것으로 일본은 인정하지 않고 있다. 안타깝게도 국제적으로는 독도를 일본의 의도대로 국제분쟁지역으로 끌려갈 공산이 크다. 그들의 논리가 있어서라기보다는 그들의 힘이 강하기 때문이다. 일본의 힘을 무시하고 약자인 우리 편을 들어줄 의리의 나라는 많지 않다. 냉철히 생각해 보면 안용복 사건에서 보다시피 우리는 독도에 대한 영토의식이 없었다. 독도에 대한 영토의식이 없기로는 일본도 마찬가지였으니 독도에 대한 영토분쟁은 근대 이후에 시작된 것이다. 그리고 독도를 우리 땅으로 실현한 것은 해방 이후의 일이다. 우리의 독도 주둔에 대해서 어이없게도 일본은 자기들의 땅을 강탈당한 것으로 생각하고 있다. 그러나 독도를 강탈한 것은 일본이 먼저였다. 독도는 분명히 울릉도에 가깝기 때문에 명백한 우리의 땅이 맞다. 그러나 주인이 독도를 지킬 의지가 없었으니 강탈이라기보다는 도난당한 것이라고 해야 할 것 같다. 멍청한 주인의 물건을 영악한 도둑이 훔쳐간 것이다. 그리고 도둑이 잡혀간 사이에 정신차린 주인이 다시 찾아온 것이다. 지금은 정신차린 주인에게 감옥에서 출소한 도둑이 장물을 내놓으라고 싸우고 있는 꼴이다. 우리한테는 얼토당토않은 일이지만 국제영토분쟁을 피할 수 없다면 노래만 부를 것이 아니라 이를 대비한 준비를 해 두어야 한다. 분쟁에 대비한 합리적, 법리적 논리와 학술적 근거를 철저히 마련해야 하는데 그 중의 하나가 독도의 명칭인 것이다. 이런 사정을 덮어두고 애국심이나 감정에 의지하는 독도지키기는 합리적이거나 이성적인 대안이 아니다. 어떤 대통령은 정치적인 위기를 모면하기 위해서 난데없이 독도를 방문하여 독도를 모독하기도 했다. 민족의 염원인 독도를 지키기 위하여 정치인들은 무엇을 했는지 반성할 일이다.

일본과 외교적 마찰이 심한 '東海'도 우리나라 동쪽에 있다는 의미로 그 개념기준이 '상대적인 방향'이다. 예를 들면, 지구의 양 극점에서는 방향의 개념이 없다. 左右는 보고 있는 위치에 따라 뒤바뀌며, 중국의 입장에서 보면 우리가 말하는 西海가 곧 東海이다. 그래서 방향을 말하는 서해보다는 고유색깔을 나타낸 黃海가 구별성이 크다. 그런 의미에서 동해도 독도와 마찬가지로 영토표기의 이름으로는 문제가 있다. 사물에 이름을 붙이는 이유는 고유의 의미를 객관적으로 구별, 차별화하기 위해서이다. 그런 의미에서 東海는 日本海보다 객관적 차별성이 약하다. 제삼자의 입장에서 생각해 보면 동해와 독도는 그 개념이 모호한 이름이다. 이름이란 대표성과 구별성이 있어야 부르기에 좋은 법이다. 그래서 우리나라의 이름을 분명히 밝힌 大韓海峽대한해협이 객관적인 이름으로서 쓰시마해협과 대립할 수 있다. 이것이 바로 동해와 독도가 국제적인 통용어로써 가지고 있는 약점이다. 일본해로 부르는 국제사회에 야속하고 서운한 감정을 호소하기보다는 이름의 원리를 곰곰이 생각해 볼 일이다. 그렇다고 지금에 와서 새로운 이름을 지을 수는 없는 일이고 보면, 아무래도 세계 어디에서나 있을 수 있는 東海

와 獨島라는 상대적 개념으로는 日本海와 죽도라는 고유적 개념을 이기기는 어려울 것 같다. 名分이란 말도 있듯이 이름이란 그렇게 중요한 것인데 우리는 이에 대해서 소홀히 한 역사가 너무 많다.

아! 백두산!

백두산에 대한 우리 민족의 정서는 차라리 신앙에 가깝다는 점에서 독도문제보다 더 심각하다. 백두산을 민족의 聖山이라고 자처하면서도 국경定界碑[정계비]는 18세기에야 세워졌고, 그것도 정상 天池에는 올라보지도 못했다. 백두산과 天池가 민족의 聖地라는 믿음이 있었다면 어떻게 해서라도 정상 천지 너머에 정계비를 세웠어야 했다. 그러나 백두산 정상에 가보지도 못하고 정계비를 그 아래에 세운 우리 선조들이 과연 백두산에 대한 소유 의지가 있었는지조차 의심하게 한다. 그나마 원래의 자리를 지키지 못하여 필경에는 백두산 天池와 間島를 중국에 내주고 말았다. 일본을 욕하기 전에 그런 실마리를 만들었던 부끄러운 우리 역사를 반성해야 한다. 반성이 없다면 선조나 후손이 다를 바 없다. 실로 어처구니없는 이런 바보짓을 영토 욕심이 없어 평화를 사랑하는 민족이었다고 자랑한다면 푸줏간에 매달려 있는 소가 웃을 일이다. 국제정세에 어두웠다거나 영토의식이 없었던 무능한 조선왕조였다고 할 수밖에 없지만 앞으로는 이런 일이 없도록 뼈저린 교훈으로 삼아야 한다. 당시 백두산정계비를 협상하던 중국 측 대표가 우리의 무관심과 어리석음을 비웃었다는 기록이 남아있다. 서구 열강들은 식민지 개척에 혈안이 되어 가는 곳마다 경계말뚝을 꽂고 다닐 때에 우리는 민족의 聖山에 정계비 하나 챙길 지각이 없었다. 그러니 그것은 분명히 우리 선조들이 져야 할 역사적 책임에 틀림없다. 그렇다면 지금의 후손들은 백두산에 대한 수호의지가 어떨까?

지금이야 백두산이 북한과 남의 땅에 있으니 당면한 문제가 아니지만 통일 후의 백두산을 생각하지 않는다면 선조들이나 다를 바 없는 후손이다. 잘 생각해 보면 고구려와 발해 이후 우리가 백두산을 차지하고 있었다는 실증은 찾기 어렵다. 그러므로 통일 후에 우리가 백두산을 민족의 聖山으로 모시기는 고구려 발해 영토를 회복하는 것과 같이 어려운 일이다. 옛날 '우리의 맹세'에 '백두산 영봉에 태극기 휘날리자'라고 외어댔지만 사실이 그렇게 녹녹한 일이 아니었다. 북한 정권이 무너져 통일이 된다고 해도 백두산 天池의 절반은 중국이 차지하고 있다. 천지의 나머지 절반도 북한이 중국과 담판에 의하여 비로소 확보한 것이다. 그러니까 북한 공산당 정권이 무능 조선보다는 나았던 셈이다. 사정이 이러하니 통일이 되어도 지금 이상의 백두산은 기대하기 어려운 실정이다. 김일성 이상의 성과를 거두려면 국력의 신장과 외교적 능력과 함께 역사적 근거가 될 만한 史料, 증거를 확보해 두어야 한다. 우선 단군신화의 太白山이 지금의 백두산이라는 근거를 마련해 두어야 한다. 天池의 형성과정을 과학적으로 연구해 밝히고, 백두산에 대한 학술적 연구를 쌓아두어야 우리의 소유권을 주장할 수 있다. 정부의 외교 국방 못지않게 국민들, 학자들의 학문적 노력도 매우 중요하다는 말이다. 백두산이란 이름을 가지고 생각해 보면 눈이 덮여 꼭대기가 하얀 '백두산'은 해발 수천 미터가 넘으면 어디에든지 있을 수 있으니 그 고유성이 적은 보편적인 명사이다. 백두산이 '天池를 이고 있는 우리의 산'이라는 구별성은 생각보다 견고하지 못하다. 그에 비해서 중국은 백두산에 대해 長白山이라는 기록을 우리보다 먼저 확보하고 있다. 언젠가는 중국과 백두산을 놓고 국경분쟁을 벌여야 할 텐데 그때를 대비하여 최소한 장백산을 능가하는 백두산의 기록과 근거를 확보해 두어야 한다. 그런데 지금 백두산에 대한 우리의 자세는 이러한 구체적 노력이 부족하고, 매우 감상적이라는 생각이다. 백두산에 대한 우리의 신앙적 감정은 백두산에 대한 소유의식을 분명히 하는 원동력이지만 그것은 우리만의 믿음이어서 대외적으로 영토를 주장하는 객관적 근거로는 충분하지 못하다. 이스라엘의 신앙적 감정인 시온이즘은 서방의 지원을 받아 수천 년 동안 잃어버렸던 터전에 그들의 神話를 재현했지만 그들은 시온이즘에 대한 공신력 있는 객관적인 사료, 증거들을 구체적으로 갖추고 있었다. 그리고 이러한 사례는 세계사적으로 보아도 매우 드문 경우이다. 이에 비할 때 우리의 능력과 열정은 단군신화와 백두이즘을 재현시키기에 턱없이 부족하다는 생각이다. 더구나 중국은 동북공정을 적극 추진하여 이 지역을 역사적, 학술적으로도 공고히 선점하고 있다. 일본은 일찍이 광개토왕비를 찾아내 자기들에게 유리하도록 비문을 변조했다고 한다. 통일 후에 중국과 백두산 성지를 놓고 치열한 다툼이 벌어질 것에 대비해 우리도 역사적 학술적으로 만반의 준비를 해 두어야 한다. 그러기 위해서 우리 학계에서는 단군신화, 고구려와 발해사, 백두산에 대한 역사적 연구에 힘을 기울여야 한다. 백두산이 중국의 역사에 편입된 역사는 길지 않으므로 어차피 백두산에 대한 사료 증거는 중국도 충분치 않다. 그러나 우리가 백두산에 대한 연구나 관심이 지금 같다면 중국과의 백두산 경쟁에서 이길 수 없다. 단군신화만 가지고 백두산을 우리의 성지로 삼을 수는 없으며, 검증되지 않은 불함문화론과 감정적인 백두이즘만을 가지고 백두산을 민족의 성산으로 확보할 수는 없다. 북한 정권이 백두산혈통론을 내세워 세습정권을 유지하는 수단으로 삼았는데 이러한 邪術[사술]로는 더욱 불가능한 일이다. 그러나 우리가 갖고 있는 백두산에 대한 막연한 감상은 북한 정권의 백두산 혈통론보다도 못하다. 이런 형편에서 통일 후에 백두산의 소유권을 주장한다면 동북공정으로 만반의 준비를 해 둔 강대국 중국을 어떻게 감당할 수 있겠는가? 조선의 어리석은 역사를 반복하지 않으려면 그보다는 나은 후손의 비상한 각성이 있어야 한다. 그것이 역사를 배우는 이유이다.

2

역사를 바로 세우기 위하여

史의 字義로 따져 말하면 中과 手가 모여 된 會意이다. 공정하고 정확한 사실을 문자를 사용하여 손으로 기록하는 것이 史이다. 문자기록 이전을 先史, 문자 이후의 기록을 歷史라고 한다. 그리고 역사를 기록한 史實과 事實은 구별된다. 事實은 있었던 정확한 사실이지만 史實은 기록자의 판단에 의한 事實의 기록이다. 기록자의 판단은 개인의 판단이 아니라 시대의 판단이어야 한다. 事實은 있었던 일이지만 史實은 과거의 일에 현재적 가치를 부여한 결과이다. 事實과 史實이 일치할 수도 있지만 歷史의 특성상 같지 않다. 그래서 역사의 기록자는 무엇보다도 역사적 사명감이 투철해야 한다. 만약에 기록자가 시대의 판단을 바로 할 수 없다든지 특정한 편견을 가지고 있다면 史家의 자격이 없다. 조선의 역사 중에서 자랑할 만한 일이 있으니 조선왕조실록이다. 임금도 사초를 볼 수 없었고 임금이 죽은 뒤에 기록한 역사는 신뢰도가 높다. 그런데 지금 엄정히 보존되어야 할 국가기록물이 정권의 입맛에 따라 마음대로 농단되고 있다고 하니 용서받지 못할 역사적 만행이다.

물론 필자는 역사가가 아니라서 우리의 역사를 말할 자격도 없다. 그러나 우리의 역사를 바로 알고, 역사를 바로 세우고, 그것을 바르게 지켜야 한다는 사실은 안다. 그런데 우리의 역사의식에는 적잖은 문제가 쌓여 있다는 생각이다. 걸핏하면 일제의 식민지사관을 문제 삼지만 우리 스스로 저지른 역사의 왜곡을 우리가 모르는 일도 적지 않다. 특히 현대사에서 남북분단과 이념의 갈등에서 야기된 비극적 역사는 우리가 반성해야 할 부분이 많다. 그럼에도 불구하고 남탓만 한다면 비겁한 일이다.

우리의 가장 큰 약점은 역사의식의 결여이다. '역사'는 지난 일이지만 '의식'은 미래의 설계이다. 우리는 너무 쉽게 역사를 왜곡하거나 포기하였고, 뼈저린 역사의 교훈은 흘려버렸으니 자연히 미래의 설계에도 서투르다. 그래서 우리의 대한민국은 오천 년 역사는커녕 백 년의 역사도 제대로 계승하지 못했다. 잘 생각해 보면 지금 대한민국에는 광대한 만주벌판은 물론 백두산도, 휴전선 이북도 존재하지 않는다. 그나마도 안보를 보장할 수 없다고 요즈음 난리이다. 이 모든 혼란은 역사의식이 없어서이다.

역사는 과거보다 현재, 미래에 더 큰 의미가 있다. 정부 수립 이래 우리 정치, 사회의 역사는 그야말로 난맥상이다. 역사를 연구하는 의의는 정의를 세우는 데 있다. 불의가 정의를 이기는 역사는 정의가 불의를 이기는 계기를 마련하는 것으로 충분하다. 그런데 우리의 현대사에는 정의가 불의를 이겨 본 적이 별로 없다. 정의가 불의를 이기지 못한다는 역사를 후손에게 물려준다면 우리에게 미래는 없다. 이러한 불행한 역사를 되풀이하지 않기 위해서 역사 바로 세우기는 우리가 당면한 민족적 과업이다. 역사의 功過를 밝히지 않는다면 진실과 정의가 바로 설 수 없다. 그런데 나라를 엉망으로 만들어 놓은 역사의 죄인들이 국론화합과 국가안보를 내세워 진실과 정의를 포기하라고 떼를 쓰고 있다. 역사바로세우기는 반드시 해야 할 과업이고, 정치보복은 하지 말아야 할 짓이다. '하지 말아야 할 일'을 위해서 '해야 할 일'을 하지 말라는 것은 논리적으로도 옳지 않다. 우리의 가장 큰 약점은 역사의식의 결여라는 사실을 알아야 한다.

왜곡된 우리의 역사

檀君의 檀은 木에 亶의 음을 합한 形聲글자이다. 박달나무는 檀君이 神檀樹[신단수]에 내려왔다는 신화에서 우리나라를 상징하는 나무가 되었다. 그러나 그보다는 壇君[단군]이 더 그럴듯해 보인다. 壇은 제단이다. 단군은 우리 민족의 시조로서 제정일치시대의 제사장이자 군주였다. 단군신화를 역사적 事實로 보지 않는다 하더라도 역사적 의미마저 도외시해서는 안 된다. 거기에는 우리 민족의 역사적 史實이 고스란히 들어 있기 때문이다. 단군신화를 잘 살펴보면 事實여부를 떠나서 우리 민족의 의미 있는 역사적 史實을 발견할 수 있다.

〈삼국유사〉에 처음 나타나는 단군신화에 의하면 단군이 도읍한 곳은 太白山, 浿水[패수]에 있는 王儉城[왕검성]이라고 했다. 그런데 거기에 주석을 붙이기를 태백산은 묘향산, 패수는 대동강, 왕검성은 평양이라고 했다. 생각건대, 이러한 주석은 고려시대에 새로 만들어졌을 가능성이 크다. 그것이 무슨 근거를 가지고 하는 말도 아니고, 그저 단군의 왕검성, 패수가 고려의 영역임을 확실히 하자는 고려인의 의도가 작용한 것이다. 그 후로 단군의 행적이 평양에서 구월산 장당경으로, 다시 강화도 마니산으로 옮겨간 것은 몽고에 밀린 고려의 국경이동과 일치하는 것이 그 증거이다. 고구려, 고조선의 영토를 모두 잃어버린 고려로서는 단군의 聖地를 이민족에게 빼앗겨 이제는 갈 수 없는 만주로부터 그 성지를 현실적인 영토

안으로 모셔 와야 할 필요성이 있었다. 그렇게 해서 고조선의 단군으로부터 고구려까지 이어져 내려오는 민족의 정통성을 고려에 연결시킬 수 있었던 것이다. 만약에 단군신화가 고조선, 고구려의 신화였다면 당시의 중심무대는 만주였으므로 神市, 왕검성, 패수는 당연히 만주에 있어야 한다. 우리 민족의 이동경로가 남에서 북으로 올라간 것이 아니라 북에서 남으로 내려왔다면 더욱 그래야 옳다. 그런데 고려의 小我的 역사관에 의해서 단군의 聖地는 원래 자리하고 있었던 만주로부터 반도 안으로 후퇴했고, 역사의 판도는 축소되고 말았던 것이다. 민족주의자였던 一然이 고려의 민족의식을 높이기 위해 지었던 〈삼국유사〉의 檀君紀[단군기]가 오히려 민족역사의 축소적 왜곡에 앞장섰던 아이러니였다. 단군신화가 사실이건 아니건, 변질된 것이건 아니건, 이제 고려의 편협한 역사관에서 벗어나 한민족의 역사관으로 안목을 넓혀야 한다. 왜냐하면 신화에는 우리 민족의 꿈과 이상이 배어있기 때문이다. 신화가 없는 민족은 죽은 민족이다. 그런 의미에서 단군신화가 사실이냐 아니냐보다는 신화 속에 들어있는 민족의 얼이 중요하다. 일부 종교집단에서 단군신화를 폄하하고 훼손하는 일이 많은데 이는 신화의 의미를 잘 모르는 어리석은 짓이다.

이에 반하여 문헌기록상 단군신화보다 더 오래 되었을 것으로 생각되는 箕子朝鮮說[기자조선설]은 事實은 물론 史實도 아닌 역사의 날조이다. 〈사기〉에 箕子는 殷[은]의 충신으로 周王이 그를 조선에 封[봉]했다고 하는 기록이 있다. 중국역사에서도 箕子라는 인물의 실재 자체가 의심스러운 판에 이것을 근거로 하여 꾸며진 箕子朝鮮說을 믿을 수 없는 일이다. 게다가 平壤[평양]을 기자조선의 도성 箕城[기성]이라고까지 하여 역사적 실체인 것처럼 꾸미기도 하였다. 중국의 기록에도 없는 내용이 〈삼국유사〉에 그렇게 기록되어 있다는 것은 그것이 우리의 자작극임을 말한다. 〈史記〉에 漢 武帝 때에 衛滿朝鮮[위만조선]이 있었다는 기록이 있으니 그것은 사실로 인정하더라도 箕子朝鮮이란 근거 없는 허구이다. 중국 것은 믿고, 우리 것은 불신하자는 것이 아니라 하나는 正史이고 하나는 野史이다. 그리고 역사의 기록이란 당대에 가까울수록 신뢰할 수 있으니 국적과 관계없이 〈삼국유사〉보다는 〈사기〉를 존중해야 옳다. 箕子가 실재의 인물이라 하더라도 실제로 활동했던 곳은 대동강 平壤[평양]이 아니라 중국의 周나라 山西省에 있는 平陽[평양]이었다. 平陽은 주나라 수도에서 멀지 않은 지역이었다. 기자의 묘도 중국에 있으니 그가 한반도 평양에 왔었다는 말은 황당하다. 기자가 중국 역사의 기록대로 箕子操[기자조]라는 노래를 읊고, 麥秀之嘆[맥수지탄]으로 망국의 슬픔을 노래하고, 周 武王과 洪範九疇[홍범구주]로 정사를 논의하려면 平陽을 떠날 수도 없었고, 절대로 우리 平壤에 올 수 없는 일이다. 그럼에도 일이 이렇게 꾸며진 것은 우연히 平壤과 중국 平陽의 두 지명의 우리 음이 같아서인 듯하다. 아무리 양보해도 당시 周의 영역은 지금의 河北省을 넘을 수 없었으므로 자기들의 영역을 넘어 광활한 遼東[요동]을 건너 아득히 떨어진 미지의 세계였던 대동강 平壤에 제후를 봉했다는 말은 아재개그에도 미치지 못한다. 설령 그런 기록이 있다하더라도 믿을 수 없는 일이다. 그 당시에 平壤이라는 지명이 있을 리도 없고, 있었다 해도 周나라에서는 조선 平壤이 어디에 있는지조차 알 수 없는 일이었다. 箕子朝鮮說은 중국의 역사를 우리 영역에 옮겨 우리의 위상을 높여보려는 사대주의 발상의 산물임에 틀림없다.

漢나라는 朝鮮을 멸하고 그 자리에 漢四郡을 두었다는 기록이 〈史記〉에 있다. 그러나 그 위치에 대한 구체적인 기록은 없다. 그런데 고조선의 도읍지를 평양으로 정해놓고, 거기에 있지도 않았던 箕子朝鮮을 만들고, 漢四郡을 한반도로 끌어들인 것은 중국도, 일본도 아니라 역시 우리였다. 〈史記〉 朝鮮列傳[조선열전]을 잘 읽어보면, 漢나라가 고조선과 전쟁을 벌인 곳이 만주 遼河[요하]유역이고, 거기에 漢四郡을 설치했다고 했으니 한사군은 당연히 만주에 위치해 있어야 한다. 그리고 뒤에 한사군을 몰아내고 거기에 건국한 고구려도 도읍지나 주된 활동무대도 만주가 확실하다. 고구려가 평양으로 도읍지를 옮긴 것은 고구려 후반의 일이고, 그때에야 비로소 평양은 도읍지로서 역사의 중심지가 되었다. 그러므로 고조선이나 전성기 고구려의 중심지는 평양일 수 없다. 단군, 왕검성, 패수, 한사군, 동명왕, 광개토대왕, 대조영은 응당 만주에 있어야 하고, 이것이 중국에서도 인정하는 엄연한 역사적 사실이다. 단군신화야 그렇다 치더라도 고조선과 한나라의 전쟁, 한사군의 설치와 고구려, 발해의 건국은 명백한 역사적 사실이므로 착오 없이 기록하고 해석해야 한다. 중국은 있지도 않은 東北工程說[동북공정설]을 만들어 만주를 중국 역사로 꾸며가고 있는데 우리는 우리의 역사가 분명한 만주 고대사를 스스로 포기하는 주장을 그치지 않고 있으니 도저히 이해할 수 없는 일이다. 오히려 분별력 있는 이러한 주장들을 在野史學이라 해서 애써 무시해 버린다. 이스라엘처럼 고대사를 근거로 해서 옛 영토로 돌아가지는 못하더라도 분명한 우리의 역사마저 포기하거나 부정하는 것은 자학적인 역사왜곡이다. 〈삼국유사〉의 단군신화는 고려인들이 국력 약화에 따른 상실감을 채우려는 보상심리에 의하여 고대사를 한반도 안으로 끌어들여 스스로의 역사를 초라하게 만든 역사왜곡이었다. 그런데 오늘날의 관변사가들은 스스로 정통사학임을 내세우면서도 고려인이 가지고 있었던 대의명분도 없이 우리 역사를 왜곡하고 있으니 그 잘못이 더 크다. 살아있는 역사를 잘못된 기록에 의지하여 고집하는 것은 올바른 역사학이 아니다. 학문을 떠나서 왜곡된 기록에 그대로 안주하는 것은 후손의 도리가 아니다.

역사를 연구하려면 적어도 史書의 원문과 후대에 덧붙여진 주석, 주해를 분별해야 한다. 당대에 써진 原文에 후대의 의도가 더해져 반영된 것이 주석, 주해이다. 주석에는 후대의 주관적 의도가 들어있으므로 원문에 비해 사실적 신뢰도가 떨어진다. 그 주해를 활용하여 없는 사실을 만들어 탐욕스러운 東北工程에 골몰하고 있는 중국에서 우리들의 몰지각한 이야기들을 듣는다면 그 반응이 어떨지 궁금하다. 공정은 工作과 같은 말이다. 이런 생각을 하면 배가 아픈 게 아니라 속이 쓰리다. 이상에 대해서는 필자의 〈生국문학〉에 논의되어 있다.

동이에 대하여

역사의 기록에 있는 東夷를 우리 민족으로 생각하는 사람들이 많다. 그러나 그 말을 만든 중국 사람들의 기준으로 말하면 太行山 以東이 山東이고, 山東 泰山 동쪽부터 모두 東夷이다. 그러니까 중국 동부도 東夷에 포함된다. 동이의 원래 의미는 어느 한 종족 이름이 아니라 중국 동쪽 지역에 있는 종족들을 통틀어 일컫는 이름이다. 중국 商(殷)나라의 주류는 이 지역의 東夷[동이]족이었다. 그러니까 漢字가 東夷에서 처음 만들어졌느니, 孔子가 동이에서 왔느니 하는 말들을 우리 민족이라고 말하는 것은 성급하다. 그럴 가능성을 배제할 수 없지만 그렇지 않을 가능성이 더 많다. 중국인들의 흥분이 두려운 것이 아니라 우리의 무지가 더 문제이다.

중국에서는 우리나라를 東方禮儀之國[동방예의지국]이라고 불렀다. 오랜만에 우리를 칭찬한 말이라서 스스로 자랑삼아 말하기를 좋아한다. 그러나 알고 보면 자랑삼아 드러낼 말은 아니다. 그들의 의도를 짚어 말하면 '야만인들 중에는 그래도 꽤 예의를 차릴 줄 안다'라는 의중이고, 더 생각하면 자기들의 말을 잘 듣는 '귀여운 야만인들'이라는 의도가 깔려있다. 그들은 걸핏하면 東方이라는 접두어를 붙이기 좋아했는데, 거기에는 친밀감도 포함되어 있지만 그것은 어디까지나 자기들과는 같을 수 없다는 한계를 그어놓은 우월적 발상이다. 그것을 우리가 스스로 내세운다면 부끄러운 일이다.

東은 물건을 보따리에 넣어 둔 재물이라는 뜻도 있다. 갑골문자를 보면 물건을 싼 자루 같기도 하다. 중국어로 東西는 방향이 아니라 물건이다. 東家는 동쪽 집이 아니라 집주인이고, 房東도 동쪽 방이 아니라 집주인이다. 東道主人은 일을 주관하는 사람이다.

외적보다 무서운 집안 도둑

家賊難防[가적난방]이라는 한자성어가 있다. 바깥에서 들어오는 도둑은 막을 수 있으나 집안 식구들이 하는 도둑질은 막을 수가 없다는 말이다. 집안 살림, 회사만 그런 것이 아니라 나라도 그렇다. 동서고금을 막론하고 외적의 침략으로 망하기 전에 內政의 문란으로 망하는 일이 더 많았다. 진시황이 점을 치니 胡를 조심하라고 했다. 그래서 胡를 막기 위해서 만리장성을 쌓았다. 그러나 정작 秦을 멸망시킨 것은 오랑캐가 아니라 자신의 무능한 아들 胡亥[호해]였다. 外敵[외적]보다 더 무서운 것이 內賊[내적]임을 몰랐던 것이다. 조선이 일본에 망하기 전에 이미 內賊인 당쟁과 三政의 문란으로 망해 있었다. 일본군 일개 중대병력에 都城[도성]이 무너진 왕조는 이미 국가가 아니었다. 낭인검객 수십 명에게 황후가 궁 안에서 참살당한 나라는 이미 나라가 아니었다. 나라의 운명이 그 지경에까지 이른 것은 내정의 문란이 외적의 침입보다 그 폐단이 더 컸기 때문이다.

외적의 침입은 국민의 단결로 막을 수 있지만 내부의 적에 의한 내정의 문란은 아무도 막을 수 없다는 사실을 조선의 멸망이 입증하고 있다. 조선 멸망 후에 일어난 일련의 의병활동이나 독립운동은 자랑스러운 역사이기는 하지만 정작 내부의 적을 청산하지 못했기 때문에 그 위력이 크지 못했다. 일제강점기 때 내부의 적은 친일파였는데 그들에 대한 역사적 청산은커녕 그들이 대한민국 건국의 주역이 되었다. 매국노한테 나라를 내맡겼으니 실로 어처구니없는 역사였다. 그 뒤로 매국노를 대신한 우리 내부의 적은 누구였는지, 그들은 어떠한 과정을 거쳐 왔는지에 대해서 역대 정부는 어떻게 대처해왔는지 심각하게 평가하고 반성해 보아야 할 일이다. '역사 바로 세우기'와 같은 평가와 반성을 국론분열이나 정치보복이라고 규정한다면 우리의 역사에 정의와 진실은 설 땅이 없게 된다. 더 기가 막힌 일은 그렇게 중요한 역사적 평가인 역사교과서를 개인의 취향에 맞추어 사유화하려는 일이 전개되었다는 사실이다. 그것도 도저히 불가능한 시일 내에 작업을 완성하였다고 하니 날림공사가 아니라 날치기 수준이었다. 이제 이 어이없는 처사는 없는 일로 되었지만 그런 짓을 저지른 당사자들에 대한 역사적 심판을 엄정히 해야 한다. 그러나 그의 죄목에 '역사날조 왜곡 기도'는 없는 듯하다. 역사날조라는 역사적인 죄를 묻지 않고 있으니 역사에 대한 우리의 무감각이 드러난 것이다. 올바른 역사교훈이 없는 민족에 미래는 없다고 하였는데 우리에게 가장 결핍된 것은 바로 그것이다.

파로호와 평화의 댐

강원도 화천에 가면 破虜湖[파로호]가 있다. 6・25때 오랑캐를 무찔렀다고 해서 붙인 이름이다. 북한군을 공산오랑캐라고 불렀다. 오랑캐란 원래 중국 동북지방에 있던 종족인 烏亮哈[오랑합]인데 이를 현대 中國音으로 읽으면 그대로 오랑캐가 된다. 그러므로 오랑캐의 어원은 중국어이며, 원래 중국어 고유명사였다. 그래서 북에서 쳐들어온 청나라는 오랑캐라고 했지만 왜적이 쳐들어오면 오랑캐라고 하지 않았다. 파로호는 육이오 때 화천발전소를 지키기 위해서 수많은 목숨이 죽어간 숭고한 역사의 현장이다. 그때 여기서 캐 낸 군번 인식표를 트럭으로 실어 날랐다고 하니 얼마나 많은 전사자가 있었는지 짐작할 수 있다. 군번인식표란 병사가 자기의 군번을 새겨 몸에 지니는 얇고 작은 쇠 표지판이다. 그 상류로 올라가면 파로호보다 더 유명한 평화의 댐이 있다. 이름은 평화의 댐이지만 그 내력을 보면 당시의 군사독재정권이 정권 유지를 위해서 거국적으로 벌인 일대 사기극의 결과물이다. 북한의 금강산 댐을 방류하면 서울이 물바다가 되므로 이를 막기 위해서 댐을 쌓아야 한다고 해서 전 국민의 성금을 모아 만든 것이다. 그러나 이는 나라를 전쟁의 위기로 몰아 정권을 연장하려는 전두환 정권의 일대 사기극이었다. 4대강 사기의 선구였던 셈이다. 그러나 그래도 평화의 댐이 그보다 나은 것은 실제로 물을 담지 않아 엄청난 환경파괴는 저지르지 않았다는 사실이다. 파로호와 평화의 댐은 같이 있지만 그 내력이나 역사적 의미는 전혀 다르다. 파로호는 조국수호의 결연한 의지를 보여준 역사교육의 현장이지만 평화의 댐은 그 이름과는 전혀 달리 평화를 해치려는 간악한 흉계가 펼쳐진 현장이다. 그런데 그 엄중한 역사적 의미를 후손들에게 가르치지 않고 있다. 역사의 죄인들이 아무렇지 않게 국가의 보호를 받으면서 활보하고 다닌다는 것은 이 땅에 올바른 역사의 정의가 없음을 증명하는 것이다. 우리의 歷史正義는 언제나 바로 세워질 수 있을까? 평화의 댐과 파로호의 역사적 교훈을 덮어두기 때문에 위정자들이 국민을 기만하는 일이 끊이지 않고 이어지는 것이다. 문재인 정부에 들어서 전개되는 적폐청산에 대해서 국론분열, 정치보복이라 하여 말들이 많다. 그러나 이 말은 박근혜 정부에서 표방했던 구호라서 저들이 새로이 시비를 걸 일은 아니다. 자신들이 하지 못했던 과업을 한다는데 고마워 할 일이지 시비를 걸 일이 아닌 것이다. 잘못된 일을 고치는데 부작용과 반대가 없을 수 없으니 어느 정도의 국론분열을 피할 수 없을 것이며, 과거 정권의 잘못에 대한 시정과 심판과정에서 정치보복이 될 수도 있다면 이들의 시비는 트집에 불과하다. 사실 지금 정부에서 벌이는 개혁은 단순한 적폐청산이 아니라 역사바로세우기이다. 과거의 잘못을 밝혀 바로 세우는 것은 역사정의를 바로 세워 민족대계를 밝히는 일에 이의가 있을 수 없는 일이다. 그런데 이 중차대한 역사적 과업을 적폐청산이라는 속좁은 구호를 내세워 본래의 명분을 충분히 살리지 못하고 있는 점은 현 정부의 잘못이다. 그 실수가 행여 일부에서 염려하는 대로 정치보복에 그치거나, 자신들도 그들의 전철을 밟게 되지 않기를 바란다.

새우 등의 비극

조선이 처음부터 표방한 외교원칙이 事大交隣사대교린이다. 큰 나라는 섬기고, 작은 나라와는 가까이 지내자는 말이다. 그러나 이 원칙은 일국의 외교원칙이라기보다는 철저한 계급주의였던 유가에서 말한 지위가 낮은 사람은 높은 사람을 섬겨야 하고, 자기보다 낮은 사람에 대해서는 가깝게 대해야 한다는 생활 철학이다. 이것이 조선에서 강국은 섬기고, 약하면 다독인다는 외교정책으로 채택된 것이다. 그러므로 대등해야 할 외교정책, 독자적인 국가시책, 험난한 외교전략, 자주국방책으로는 매우 부적절한 원칙이다. 당시에 강국은 明이요, 이웃은 女眞, 倭였다. 그렇게 함으로 해서 이웃나라들과 외교관계를 유지하고 전쟁을 방지하자는 것이었는데 결과적으로 보아서 고질적인 사대주의 외교의 근원이었고, 그것은 일시적인 방편은 될 수 있어도 독자적이고 근본적인 외교국방책은 될 수 없었다. 더구나 교린의 대상이었던 왜와 여진에게마저 혹독한 수모를 당해야 했다면 이것이 얼마나 현실과 동떨어진 외교원칙이었는지 알 수 있는 일이다. 지금도 그때와 크게 다르지 않으니 깊이 생각해 보아야 할 문제이다. 事大할 대상은 많고, 交隣할 상대는 별로 없어 보이니 지금은 조선말기보다 더 불리한 상황이다.

지금 새삼스럽게 생각나는 중국의 역사가 있다. '고래싸움에 새우등 터진다'는 우리 속담에 들어맞는 말이 鄧間於齊楚등간어제초이다. 鄧이라는 약소국이 齊와 楚라는 강대국 고래에 끼어서 새우 등이 터진 경우이다. 舊韓末이 鄧이었다면 지금의 우리는 무엇일까? 한반도를 호랑이 닮았다고 하는데 지금 국제 정세로 보아 우리를 호랑이라고 자처할 수 있을까? 혹시 고래싸움에 등 터지는 새우를 닮지 않았을까? 중국의 '鄧'과 새우 '등'의 음이 같은 것은 순전한 우연일까? 그런데도 우리는 鄧이나 조선 멸망의 역사를 지나간 남의 이야기처럼 여기고 있다. 남북통일이 우선되지 않으면 아무것도 할 수 없어 보이는데도 거기에는 별로 관심이 없다. 오히려 남북대화를 하자면 용공 빨갱이로 몰아부쳐 말도 못 꺼내게 하니 참으로 안타까운 일이다. 말로는 통일대박이라면서 그동안의 對北 압박 정책은 통일과는 더욱 멀어져가고 있다. 애써 마련한 대화의 창구 수단마저 족족 끊어놓고 말았으니 그들은 통일심술꾼이 틀림없다. 압박도 위엄과 관용을 가지고 해야 통하지, 전시작전권마저 포기한 채 남의 힘을 업고 벌이는 허세는 압박은커녕 북한의 적개심과 내성만 키울 뿐이다. 전쟁을 벼르고 있는 북한정권에게 민족에 대한 고민과 동족에 대한 사랑은 없고, 격에 안 맞는 고압적 훈계와 상대방 자존심을 긁어대는 으름장만 있다. 과거의 남북관계로 볼 때에 우리가 북한을 일방적으로 몰아붙이거나 고압적인 훈계를 북한이 수용할 리가 없다. 북한이 내세우는 主敵은 우리가 아니라 미국인데 우리는 미국보다 더 악의적으로 북한을 대하고 있었다. 북한정권은 무슨 수를 써서라도 ICBM과 핵무기를 개발하려고 총력을 기울이고 있다. 북한이 만약 우리를 주적으로 생각했다면 구태여 ICBM을 개발할 필요가 없었을 것이다. 그런데 우리는 북의 미사일 발사에 목을 매고 있다. 더구나 중국과 러시아에서 극력 반대하는 THAAD 배치에 국운을 걸 필요는 전혀 없다. 이래서는 전쟁억제가 아니라 동족상잔만 부추길 뿐이다. 삼국시대의 동족상잔의 참상과 신라의 비극적인 운명은 남의 역사가 아니다. 흔히 '신라의 삼국통일'이라고 하지만 광대한 고구려를 잃고서 삼국통일이란 말을 붙였다면 참으로 뻔뻔스러운 역사기록이다. 이러다가는 북한도 고구려처럼 잃어버리게 될 지도 모른다. 숫제 '통일'이란 말을 무력화시킨 일이 5共시절의 통일주체국민회의이다. 그 어용조직이 통일과 무슨 관계가 있어 그런 이름을 둘러댔는지 모를 일이다. 아마도 통일이란 이름을 개량다수확 쌀 품종 정도로 알았던 모양이다.

老子는 佳兵不祥가병불상이라고 했다. 兵은 군사가 아니라 무기이다. 좋은 무기는 殺傷力살상력이 크기 때문에 더 흉악하다. 현대 첨단무기가 인류를 멸망의 위기로 몰고 있다. 이 끔찍한 佳兵놀이를 즐기는 나라가 무기수출국이다. 이들은 끊임없이 전쟁을 유발하여 지속적인 무기 수출을 노리고 있다. 만약 지구에서 전쟁이 없어진다면 무기수출상은 폐업을 해야 하므로 이들에게는 결코 반가운 일이 아니다. 끔찍한 총기사고가 끊이지 않는데도 미국에서 총기소지가 합법인 것을 이해하기 어렵지만 이는 무기제조업자의 엄청난 힘이다. 국제분쟁이나 총격사건이 커질수록 무기는 잘 팔려서 그들에게는 그보다 더 좋은 일이 없다. 세계대전이 일어나면 그들에게는 횡재할 절호의 기회이다. 미국의 총기사건은 국제분쟁이나 전쟁에 비하면 푼돈에 불과하다. 알고 보면 인류평화 최대의 적은 글로벌

무기상들이다. 북한의 핵 도발은 동북아의 긴장과 군비경쟁을 유발하므로 武器商[무기상]으로서는 매우 고마운 일이다. 트럼프는 미국 무기상의 최대 후원자이고, 무기상은 미국 국익의 창출자이다. 미국이 수천 억 달러의 대외무역적자를 보면서도 끄떡없는 이유는 그 이상의 돈을 벌어들이는 무기 수출이 있기 때문이다. THAAD를 한사코 배치하려는 미국과 무기상의 입장이 같다면 북한의 핵무기 위협은 미국한테는 고마운 일이다. 북이 핵무기와 IBRD를 들고 날뛸수록 미국은 THAAD, 핵잠수함, 조기경보기를 위시한 고가의 첨단무기를 우리와 일본에게 팔 수 있고, 우리의 방위비 부담을 대폭 늘릴 수 있다. 트럼프가 김정은과 유치한 말싸움을 벌이는 것 같지만 김정은을 이용한 고도의 무기판매 전략이다. 김정은이야 체제유지를 위해서 미국과 맞장을 뜬다고 허세를 부리고 있지만 미국이 마음만 먹으면 북한이야 한나절거리에 불과하다. 미국은 지금 북한을 이용하여 무기수출 시장을 최대한 크게 부풀리고 있는 것이다. 그 잠재적 가치에 비하면 우리의 대미무역흑자는 껌 값에도 미치지 못한다. 그런데도 트럼프는 한미 FTA를 파기한다고 협박하고 있으니 우리한테는 껌 값마저 주지 않겠다는 치사한 심보이다. 김정은은 민족주의를 내세워 민족을 망치는 망나니이고, 정신나간 듯이 막말을 해대는 트럼프는 교활한 무기상이다. 그런 트럼프와 중국에게 북핵을 응징해 달라, 포기하게 해 달라고 매달린들 아무 소용없는 일이다. 정치한다는 사람들이 이 원리를 모른다면 바보이고, 알고 그런다면 정권유지를 위한 기만술책이다. 북핵 긴장은 우리 정권에게 안보정국, 철권통치의 명분을 주는 동시에 부패와 失政과 추문을 감추고 덮어주는 특효약이다. 그것은 북한이 우리 안보정권에게 주는 또 하나의 핵우산이다. 전쟁위기는 남북한 독재자들의 정권유지에 매우 유용한 수단이었다. 역대 독재자들이 끊임없이 전쟁위기를 조성했던 이유가 여기에 있다. 선거 때마다 불었던 북풍이 결코 우연이 아니었다. 남북통일이 되면 둘 중 하나는 정권을 놓아야 하므로 당연히 그들이 원하는 바가 아니다. 알고 보면 통일조국의 최대 방해자들은 말끝마다 안보를 일삼는 자들이다.

새 정부에서 THAAD의 문제점을 알고 그 배치를 막아보려고 했지만 야당의 악의적이고 망국적인 안보 공세와 미국의 압력에 결국 굴복하고 말았다. 거기에다 전술핵 도입론까지 만만찮으니 정부의 한계가 드러난 셈이다. 미친개에 맞서 같이 물어뜯기보다는 개 이빨을 무력화시키거나 그 이빨을 역이용하려는 지혜가 있어야 개와는 다른 사람이라고 할 수 있다. 지금 핵무기로 국가안보를 부르짖는 세력들은 미친개와 같이 물어뜯자는 것과 다르지 않다. 이야말로 말초적인 안보포퓰리즘일 뿐, 민족의 백년대계가 아니다. 새 정부가 들어서 얼마나 개선될지 모르지만 지금 형편으로 보아서는 등 터지는 새우신세나 漁父之利를 면할 지혜를 기대하기가 난망이다.

고달픈 원교근공

우리의 난처한 지정학적 위치는 그럴수록 고도의 세련된 외교정책이 필요하다. 그러나 그 방면에 미숙해서 그런지 모르지만 상식적으로 보아도 우리의 외교정책은 안타까울 정도로 서투르게 보인다. 사대교린이라는 지극히 소극적이고 단순한 논리에 익숙해져 온 결과가 아닌가 한다. 국방, 외교란 그렇게 단순하고 순진한 일이 아니다. 얼핏 생각해 보아도 外交란 內治와 달라야 한다. 집안 식구와 남과 똑같이 대할 수 없는 이치와 같을 것이다. 집안에서는 신뢰와 사랑이어야 하지만 대외로는 이익과 경쟁이어야 한다. 물론 식구처럼 가까운 남도 있을 수 있지만 남일 수밖에 없는, 개중에는 적과 같은 남도 있는 법이다. 그래서 중국에서는 예로부터 우방에 대한 交와 적에 대한 攻으로 구분하여 외교책을 세웠다. 이른바 近交遠功[근교원공]이란 가까운 나라는 사귀고, 먼 나라는 적대시한다는 원리이다. 이는 약자가 뭉쳐서 강자를 대처하는 合從[합종]외교책으로 우리에 적합한 수단이다. 그런데 우리가 선택한 近攻遠交는 강자가 약자를 다스리는 외교책이다. 멀리 떨어진 미국과는 교제관계이고, 분단동족인 북한과는 심각한 공적의 관계이니 우리의 외교는 순리적이지 않다. 동족인 이웃을 近攻의 적대국으로 삼았으니 同族相殘[동족상잔]의 가능성이 항상 가까이에 있는 셈이다. 그리고 우방인 미국은 遠交로 태평양 건너에 있으니 교제가 쉽지 않다. 그나마 주한미군이 있으니 가능한 구도이다. 그러나 주한미군은 언제든지 可變的[가변적], 流動的[유동적]인 전략 형태이다. 이럭저럭 70년을 유지해 왔지만 외교의 원리로 보면 결코 바람직한 구조가 아니다. 이웃을 가까이하고 적은 멀리해야 하는 것이 다툼을 줄일 수 있다. 지금 그저 일반적인 외교의 상식을 말하는 것이다.

間隙[간극]이란 말은 둘 사이의 틈, 거리이다. 폭 4km도 안 되는 휴전선은 지구상에서 가장 큰 間隙이다. 우리는 대륙과 붙어있는 半島國[반도국]이지만 섬나라만도 못하다. 비행기도, 배도 북한을 지날 수 없으니 북한 땅은 大洋보다도 넓다. 弱水[약수]라는 물이 있다는데 浮力[부력]이 전혀 없어 새 깃털마저도 뜰 수 없다고 한다. 북한은 깃털은커녕 비행기마저 지나갈 수 없다. 우리의 국토 북한은 그 약수보다도 더 건너기 어려우니 기가 막힐 노릇이다. 이런 분단의 역사가 70년을 넘기까지도 해결 못한 책임을 누구한테 전가할 수 있겠는가? 원숭이보다는 좀 나은 생각을 해 보자. 아무리 망나니 같은 북한정권이지만 우리한테 북한은 영원히 용서할 수 없는 원수여야 하는가? 언젠가는 하나가 되어야 할 동족인가? 대체 언제까지 우리는 이렇게 살아야 하는가? 하고 보니 겁이 덜컥 난다. 이런 말은 좌경, 종북, 빨갱이들이 하는 말이 아닐까?

假道滅虢[가도멸괵]이란 말이 있다. 춘추시대에 虢이라는 약소국이 있었다. 강대국 晉이 虞[우]를 친다는 명분으로 虢에게 길을 빌려달라고 하니 힘이 약한 虢으로서는 그 요구를 거절할 수 없었다. 길을 빌려주는 것으로 위기를 면할 수 있으리라는 기대를 했지만 晉은 虞를 정벌하고 돌아오는 길에 결국 虢도 멸하였다. 임진란 때에 일본이 이 수법을 썼으니

假道滅虢은 상대방을 속이는 기만전술이다. 지금 우리의 처지가 虢의 처지와 크게 다르지 않으니 재미있는 옛날이야기가 아니다. 한편 같은 약소국의 처지인 虢과 虞의 관계는 서로 긴밀하게 의지하는 입술과 이의 관계와 같으므로 脣亡齒寒[순망치한]이라고 한다. 입술이 없으면 이빨은 보호막이 없어 위험에 노출된다. 둘은 같이 있어야 비로소 존재할 수 있어 脣齒相依[순치상의]라고도 한다. 虢이 저만 살고보자는 심산으로 진의 요구를 들어주었지만결국 虞와 같은 운명을 면치 못했다. 결국 죽으나 사나 약자는 뭉치지 않을 수 없는 것이 역사의 교훈이다. 남북관계가 마치 원수와 같이 지내지만 알고 보면 동족이니 당연히 脣亡齒寒의 관계가 더 맞다. 북한이 무너지면 곧 통일이 온다고 생각하는 것은 비극적인 착각이다. 중국의 입장에서도 북한은 더 절실한 순망치한의 관계이다. 북한이 없어지면 중국으로서는 미국과 직접 국경을 맞대야 한다. 북한이 핵을 포기할 수 없듯이 중국도 북한을 포기하지 못하는 이유이다. 북한은 핵이 북한체제를 유지할 수 있는 유일한 수단이라고 믿고 있으며, 중국은 북한이 무너지면 미국과 직접 국경을 맞대놓고 살 떨리는 대치를 해야 한다고 생각한다. 중국의 입장에서 북한은 그런 극한상황을 막아주는 든든한 보호벽이니 어떤 상황에서도 절대로 포기할 수 없다. 최근에는 중국 최고지도자가 북한은 혈맹관계라고 대놓고 말하고 있다. 좀처럼 속내를 드러내지 않는 중국이 이런 국가기밀을 공개하는 것은 우리의 선택이 어떠해야 하는지 시사하는 바가 크다. 설령 중국이 북한을 멀리 하는 척하더라도 그것은 제스츄어일 뿐, 북한을 절대로 포기할 리 없다. 중국의 主敵은 미국이고,

북한은 미국에 맞서는 척후병이요, 선발대인데 그것을 포기할 리가 있겠는가? 사정이 이런데도 우리는 중국에게 북한의 핵무기를 없애 달라고 하고, 북한에게는 그 생명선인 핵을 내놓으라고 압박하고 있으니 불통 외교책이다.

일본이나 미국도 우리가 없으면 마찬가지 사정이다. 그러나 냉철히 생각하면 미국과 우리의 관계는 중국과 북한과의 관계보다 절실하지 않다. 미국은 과거에 애치슨라인을 설정한 적이 있고, 이는 필요하다면 언제든지 우리를 포기할 수 있다는 말이다. 미국이 우리와 일본 중에 누구를 더 가깝게 생각할까 생각할 사람도 있겠지만 이용가치에 있어 우리는 일본에 미치지 못한다. 중국한테 북한은 든든한 성벽이지만 미국한테 우리는 성 밖에 있는 거점 전략지에 불과하다. 성 밖의 거점은 전략상 언제든지 포기가 가능하다. 중국과 북한은 그들 말을 빌리지 않더라도 공산주의 이념을 같이 한 血盟[혈맹]이지만 미국과 우리는 이념 내지 이익거래 관계로 친밀도, 결속력이 같지 않다는 사실을 직시해야 한다. 미국에게 우리는 입술이 아니라 마스크 정도에 불과하다. 트럼프가 FTA를 들고 나오는 것을 보면 아예 마스크까지 벗기고 빨대를 물고 대드는 꼴이다. 이런 미국에게 의지하여 나라의 운명을 맡기자니 살이 떨린다. 중국과 미국의 차이가 압록강과 태평양의 거리와 같다면 과장이겠지만 분명한 것은 우리와 미국, 북한과 중국은 대등의 역학관계가 아니다.

이런 형편에서 막무가내 북한을 압박하고 고립시켜 항복을 받아내 통일되기를 기대한다면 국제정세를 전혀 모르는 유아적 발상이거나 국민을 속이는 술책에 불과하다. 참으로 안타까운 일이지만 지금의 상황으로는 현상유지가 나을지도 모른다. '통일은 대박이다'가 백번 맞는 말이지만 현실성이 적고, 잘못하면 쪽박이 될 가능성이 더 많다. 자신의 성을 딴 듯한 統一大朴을 호언하던 박근혜는 실제로는 깨진 쪽박이 되었다. 다만 그 쪽박이 한 사람의 일에 그치기를 바란다. 지금의 형편으로는 북한은 물론이거니와 우리도 통일할 수 있는 능력이 부족하다는 생각이다. 우리가 북한에 대해서 압도적이어야 독일통일을 모범으로 삼을 수 있다. 그런데 미국이 없으면 국토마저 지켜내기 어렵다고 전시작전권마저 포기한 처지에서 대북정책을 보면 미국과 같은 강대국인 것처럼 행세하고 있으니 북한정권이 우리를 두려워 할 이유가 없다. 세계 10위권의 국력으로 세계 최빈국의 북한과 치졸한 同族相殘[동족상잔]을 벌인다면 도무지 체면과 위엄이 서지 않는 일이다. 우리의 대북정책은 주한미군과 미국의 전폭적인 지원을 절대 전제로 하고 있다. 그런데 지금 미국은 신고립주의라는 말을 공공연히 하고 있다. 만약 차후 미국의 동아시아 정책이 바뀐다면 어떤 대책이 있을지 궁금하다. 만약 북한이 핵보유국으로 인정받게 된다면 우리가 그동안 국력을 기울였던 북한의 핵 제거, 대북압박 정책이 허사가 되는 것에 그치는 것이 아니라 부메랑이 된 거센 후폭풍을 어떻게 대처할 것인가가 문제이다. 북핵이 있는 한 한반도 평화와 남북대화는 있을 수 없다는 그동안의 정치논리는 어떻게 감당할 것인가? 외세의존 국방, 깜깜이 국제정세, 답답이 철부지 정권에 맹종한 결과는 결국 국민이 감당해야 할 짐이 되었다. 이는 재벌이 망하면 노동자만 망하는 이치와 다를 바 없다. 부끄러운 말이지만 狐假虎威호가호위라는 말이 남의 일이 아니라 바로 우리의 일이라는 솔직한 각성이 필요하다. 전시작전권도 없어 남에게 국방을 의지하면서 독일 드레스덴에 가서 강남아줌마가 써 준 원고를 읽어대면서 독일 흉내만 낸다면 북한이 시늉이나 주겠는가? 남북분단의 역사는 이렇게 설명하기 어려운 가운데에서 벌어지는 비극이다. 대원군, 민비는 시대의 걸물이었다. 그럼에도 불구하고 무너져가는 조선을 구하기에는 턱도 없었다. 지금 그 정도의 인물도 만나기 쉽지 않다면 우리의 처지가 舊韓末보다 나을 것이 없다. 오로지 중국에 운명을 걸고 있는 북한과 대원군, 외세의 눈치나 살펴야 하는 우리와 민비가 오버랩 되는 것은 혼자만의 잔망스러운 착각일까?

바보들의 행진

과거 진보정권에서 북한에 퍼주고 물러섰기 때문에 북핵이 개발됐다고 말하는 사람들이 있다. 그러나 그렇게 말하는 것은 북한을 동족이 아니라 철천의 원수로 전제한 발상이어서 생각이 짧은 사람들이라면 몰라도 적어도 지도자로서는 대놓고 할 말이 아니다. 사실은 북한의 핵무장은 그 대상이 우리가 아니라 미국이었기 때문에 우리의 대북정책과는 직접적인 인과관계가 적었다. 즉 북한은 우리의 햇볕정책과 상관없이 필연적으로 미국을 겨냥한 핵무기개발을 했을 것이라는 말이다. 북한에 대한 과거의 유화적 통일정책이 결과적으로 핵개발의 자금이 되었을 수도 있겠지만 이십 년이 가까운 지금까지도 우려먹을 사안도 아닐뿐더러, 이명박 정권과 박 정권이 견지했던 북한에 극한적인 적대정책이 오히려 오늘날의 위기를 재촉한 면이 더 크다. 민족적인 관점으로 볼 때 북한을 정통정부로 인정하지 않는 대한민국 헌법에서 북한주민을 배려하지 않는 대통령은 온전한 대통령이라 할 수 없다. 북한정권을 붕괴시키는 것이 곧 통일이라는 주장은 국민을 속이는 정치적 짬짬이거나 국제정세에 깜깜이다. 북한이 붕괴되면 중국이 자동개입하게 되고, 그렇게 되면 북한이 중국으로 넘어가거나, 그걸 용납하지 못한다면 중국과의 전쟁을 피할 수 없게 된다. 사정이 이런데도 북한이 붕괴되기를 손꼽아 기다리니 그것은 전쟁을 고대하거나 북한 상실을 스스로 재촉하는 짓이다. 옛날 신라가 고구려의 멸망을 고대하다가 고구려를 통째로 잃었던 뼈아픈 역사를 잊으면 안 된다. 여기에 우리가 북한과 대치보다는 대화를 해야 할 역사적 필연성이 있는 것이다. 이러한 사실을 모른다면 칠푼이요, 알고도 그런다면 호전주의자이거나 정권유지를 위한 술책일 뿐이다. 북한을 용서 못할 적대국으로만 생각하는 것은 권력에 눈이 먼 정객이나 사리판단이 되지 않는 노인들, 분단주의자들이나 할 어리석은 짓이다. 이들은 말끝마다 안보를 달고 사는데 이들 말대로 한다면 안보는커녕 전쟁을 피할 수 없게 된다. 만약 박 정권이 지금까지 남아있었다면 한반도 전쟁불가론이나 트럼프의 북한 핵공격을 말릴 수 있었을까? 그들이 하던 행태로 보아 말리기는커녕 엄청난 돈을 쏟아 부어 핵무기와 THAAD, 각종 첨단무기를 들여놓기에 정신이 없었을 것이다. 국가위기와 안보론으로 정권유지를 할 수 있다고 믿기 때문이다. 그들의 안보는 정권안보이지 막상 민족, 국가안보는 관심 밖이다. 그것은 화약을 지고 불길을 기다리는 꼴이건만 아직도 그것을 국가안보의 길이라고 믿는 사람이 적지 않으니 딱한 일이다.

적절한 비유인지 모르겠지만 북한은 우리를 고부간의 싸움을 말리는 얄미운 시누이 정도로 알고 있는지도 모른다. 그런데 시누이가 시어미보다 올케를 더 심하게 몰아붙인다면 시누이에게 먼저 주먹질을 할지도 모를 일이다. 북한이 왜 미국만 상대하고 우리를 무시하는 通美封南[통미봉남] 정책을 펴고, 미국이 왜 코리아패싱으로 우리를 무시하는지 생각해 볼 일이다. 북한이 우리를 애써 무시하고 미국과 직접 담판을 지으려 하는 것을 보더라도 우리는 안중에도 없음을 알 수 있다. 전쟁의 위기상황에서 전시작전권이 없는 우리는 누구한테도 존재가치를 인정받을 수 없는 것이다. 북한보다 30배가 넘는 국방예산을 쓰면서도 전시작전권이 없어 세계 최빈국인 북한으로부터 철저히 무시를 당하는 것이 우리의 기막힌 현실이다. 미국의 최대 무기수입 고객이면서, 한 해 1조원의 방위비를 부담하며 미군을 건사하면서도 미국으로부터 백안시 당하는 우리의 국방외교가 한심하다고 하기에는 분통이 터지는 일이다. 어렸을 때에 외나무다리에서 물러서지 않는 염소이야기를 읽으면서 참 미련한 것들이라고 생각했었다. 구경꾼한테는 재미있는 놀이지만 염소로서는 죽을 일이다. 한가

한 우화가 아니라 우리의 딱한 자화상이다. 바보는 '밥보'에서 ㅂ탈락이 된 말이 아닐까? 밥보는 밥벌레, 食蟲[식충]이다.

코끼리의 비극

군사전략에 대해서 잘 모르지만 전략가들이 하는 말이 맞는다면 THAAD는 북한의 핵에 대한 압박책도, 방어책도 될 수 없다고 한다. THAAD가 무서워 북한이 핵을 포기할 리 없고, 그것으로 북의 핵공격을 온전히 막을 수 있는 것도 아니라고 한다. 오히려 중국이 북한의 ICBM이나 핵무기를 허용할 당위성만을 제공할 뿐이다. 防不勝防[방불승방]은 아무리 잘 지켜도 오는 도둑 다 막을 수는 없다는 말이다. 만약에 THAAD로 북 미사일 공격을 막을 수만 있다면 당연히 쌍수를 들어 환영할 일이다. 그러나 한정된 요격미사일로 불특정지에서 쏘아대는 이동미사일, 잠수함 미사일을 어떻게 다 막아낼 수 있겠는가? 단 한 발만 놓쳐도 우리는 치명상을 입을 수 있다. 더 큰 문제는 중국과 러시아의 강력한 반발을 사고 있는 THAAD는 그들의 공공의 적이 되어 핵공격을 막기는커녕 오히려 핵공격을 불러들이는 표적이 될 수 있다는 것이다. 중국은 성주기지를 정밀 외과수술 타격을 하겠다고 호언하고 있다. 정작 북한이 우리를 공격한다면 구태여 ICBM을 쓸 필요가 없다. 방사포, 장사정포, 단거리로켓, 생화

학무기로 서울을 쉽게 공격할 수 있는데 하필 ICBM을 쏠까? 그러므로 THAAD는 북한의 ICBM과는 직접적인 상관이 없는 일이다. 그것은 미국이나 일본을 겨냥한 것이지 우리가 공격대상이 아닌데 우리는 거기에 목을 매고 있다. 정부나 야당이 이런 사실을 모른다면 바보이고, 알고서 그런다면 국민을 속이는 일이다. 近墨者黑[근묵자흑]은 먹 가까이 있는 자가 검어지고, 近火先焦[근화선초]는 불 가까이가 먼저 화재를 입는다는 말이다. 꿀벌에 말벌이 모여들 듯이 THAAD는 더 큰 核을 부르게 된다. 사정이 이러한데도 박 정권은 미국과 담합하여 몰래 THAAD를 도입했고, 많은 국민들이 우려하고 있는데도 사드만이 북핵을 저지할 수 있고, 나라를 지키는 길이라고 국민들을 속였다. 이런 형편에 일부 청개구리들은 미국의 전술핵무기를 다시 들여오고, 한술 더 떠 우리도 핵무장을 하자고 설쳐대니 북한의 너 죽고 나 죽자는 끝장전술과 무엇이 다른가? 군비경쟁을 부추기는 메이저 武器商[무기상]의 농간에 놀아나는 우리 정책입안자들이나 국회의원들이 오래 살까 걱정이다. 이들은 정부가 어렵사리 펼치는 평화국방 외교를 방해하는 훼방꾼이다. 미국의 무기상들이야말로 세계평화를 원치 않는 전쟁위기 조성자들이다. 전쟁이 없어진다면 그들한테는 평화가 아니라 재앙이다. 우리나라에서 벌어지는 전쟁위기는 대부분 그들이 원하는 바이다. 이 훼방꾼들이 국가안보라는 명분아래 벌이는 무모한 군비경쟁은 물색모르고 다투다가 남 좋은 일만 시키는 漁父之利의 꼴을 자초할 뿐이다.

THAAD논란은 지금 우리가 처한 국방, 외교의 난맥상을 보여주는 상징적인 사건이다. 박 정권이 문 정부에게 엄청난 덤터기를 씌운 대형사고였다. 그 여파로 수십 조의 경제적 손실과 중국으로부터 외교적 수모를 당해야 했다. 현 정부가 중국에 대하여 저자세외교를 하지 않고서는 박정권의 덤터기를 벗어날 수 없게 되었다. 중국의 무례는 박 정권이 저지른 신의 없는 행동에 대한 앙갚음이다.

코끼리는 거대한 이빨로 자신을 지켜낼 것이라고 믿는 사람들이 많다. 그러나 실제로 코끼리를 지켜 주는 것은 화려한 이빨이 아니라 못생긴 코와 거대한 발이다. 코끼리의 이빨은 사람에게는 상아로 보이기 때문에 오히려 스스로의 목숨을 재촉하는 화근이다. 만약 상아가 없었다면 맛도 없는 코끼리를 누가 쫓아다니며 사냥하겠는가? 코끼리는 마음 놓고 초원의 왕자로 군림할 수 있었을 것이다. 우리는 지금 스스로의 죽음을 부르는 상아를 입에 물고 있는지 모른다. 상아 때문에 목숨을 잃는 코끼리가 象齒焚身상치분신이라면 우리는 무슨 焚身이겠는가?

신중국

역사적, 지리적으로 우리와 가장 가까운 이웃은 중국이다. 그러나 우리가 중국을 이해하는 폭과 깊이는 그렇지 못하다. 과거에는 사대주의 사상으로 중국을 제대로 보지 못했고, 지금은 경계적 관계 때문에 바로 보지 못하고 있다. 그러나 더 중요한 이유는 언제나 중국을 하나의 관점으로 보려는 습관을 버리지 못 했기 때문이다. 中國은 원래 천하의 중심이라는 일반명사였지 특정 국가를 말하는 고유 명칭이 아니었으며, 역사적으로도 언제나 하나의 나라가 아니었다. 제후들이 할거하여 春秋戰國[춘추전국]이라는 衆國[중국]을 진시황이 秦으로 통일한 후 중국은 여러 나라가 통합된 合衆國[합중국]이 되었다. 그러므로 중국의 본질은 천하의 중심나라가 아니라 여러 나라의 집합체에 더 가깝다. 중국은 최소한 56개 이상의 소수민족이 모여 이루어진 합중국이다. 유럽 같으면 수십 개의 독립국가를 이룰 수 있는 조건을 갖추고 있다. 다시 말하면 수십 개의 나라가 억지로 한 나라로 합쳐진 나라이다. 실제로 중국의 역사는 분단과 통일을 반복한 離合集散[이합집산]의 역사이다. '중국 26史' 중 秦, 漢, 隋, 唐, 宋, 元, 明, 淸, 中國이 統一合衆國이고, 나머지는 모두 분단의 중국이었다. 합중국 중에서도 元, 淸은 한족이 아닌 이민족이 세운 나라였고, 나머지도 중국이 말하던 이른바 오랑캐 야만인들이 주축이었으니 중국 역사의 절반 이상은 中國이 아니라 衆國이었던 셈이다. 광대한 지역에서 이루어진 중국의 역사는 본질적으로 하나일 수 없었다. 최소한 지리적으로 황하와 장강, 사상적으로 유가와 도가, 인종으로 한족과 소수민족, 정치적으로 봉건중국과 新중국 정도로는 구별할 수 있어야 어느 정도 중국에 대한 이해를 할 수 있다. 같은 중국역사이면서도 이렇게 극단적인 대립항들은 전혀 다른 성격을 가지고 있다. 극단적 양면성은 어느 것도 중국의 객관적 면목이 아닐 가능성이 많다. 중국정부의 정책은 극단적 양면성을 절충한 결과로 나오기 때문에 그 어느 것도 우리가 상대할 실체가 아니다. 중국의 이러한 다중적이고 복합적인 성격을 모르고 중국을 하나로 이해하려 한다면 對중국 정책은 언제나 실패할 수밖에 없다. 그러니 우리는 늘 중국을 제대로 보지 못했고, 우리가 대처하는 중국정책은 실패를 거듭할 수밖에 없었던 것이다.

중국의 다중성 중에서도 가장 심각한 것은 봉건中國과 新중국이다. 新중국이란 공산당 정부 수립 이후를 말하는 것으로 과거의 중국과는 판이하게 다르다. 中國이 정식으로 국가명칭이 된 것도 新중국 이후부터였다. 공산당 정권은 과거의 모든 역사 문화를 부정하였으므로 전통적인 중국하고는 단절을 선언한 셈이다. 그 변화와 이질성은 과거 진시황에 비견될 정도이다. 그래서 중국 역사에 가장 큰 영향을 끼친 인물이 진시황과 모택동이라고 단언할 수 있다. 이들의 공통점으로는 천하통일, 사상통일, 전통문화 부정, 문화파괴, 우민공포정치 등을 지적할 수 있다. 모택동의 공산당 정권은 봉건주의의 중국을 철저히 부정하였으므로 지금의 중국을 이해하려면 우리가 가지고 있었던 과거의 중국에 대한 인식부터 바꾸어야 한다. 지금의 중국은 과거 우리가 생각하던 明나라와 같은 大國하고는 차이가 많다. 우선 明은 우리를 구원해 준 우호적 역사였지만 지금의 중국은 공산주의로서 우리를 분단시킨 주역이었고, 지금도 마찬가지 사정에 우리의 정치이념과 달라 우호적이지 않다. 과거의 중국은 우리와 같이 유가사상을 기반으로 하였지만 新중국은 反유가적이어서 우리의 가치관과 많은 차이가 있다. 과거의 중국은 늘 우리 문화를 선도하였지만 지금은 우리가 문화의 선도자이다. 과거의 중국인들은 우리에 대해서 우월의식과 함께 여유가 있었는데 지금은 특유의 자존심은 여전하나 여유가 없어 조급하고 각박하다. 그래서 옛날 대국의 풍모는 사라지고, 되놈의 완력을 앞세우는 일이 많다. 옛날 우리선조들은 중국이 좋을 때는 대국이라고 했고, 싫을 때는 되놈이라고 불렀다. 최근에 문대통령이 중국을 방문했을 때도 그들의 완력과 풍모를 동시에 실감할 수 있었다. 이를 두고 홀대론이나 성과론이 난무하지만 둘 다 옳은 말이다. 홀대는 되놈의 완력에서 나온 것이고, 성과는 대국의 풍모가 드러난 현상이다. 그 결과는 우리의 잘잘못도 있겠지만 중국의 양면성의 결과이기도 하다. 이 결과를 가지고 현 정부를 이러쿵저러쿵 평가하는 것은 우문우답일 수 있다. 중국 특유의 다중성을 충분히 고려하지 않으면 우리는 중국과의 외교에서 성공하기 어렵다. 저들은 이른바 合從連橫[합종연횡]이란 정밀하게 축적된 외교책략으로 우리를 속속들이 간파하고 있는데 우리는 움직이는 표적과 같은 중국을 바라보는 안목이 매우 어설프다. 모자라는 부분이야 채우면 되지만 모자란다는 사실조차 모르면 방법이 없다. 우리의 외교미숙은 박 정권에 그치는 것이 아닌 역사적 약점이다. 고려 이후로 우리의 외교는 매우 단순화 되어 있었다. 지금도 미국 일변도의 편중된 외교정책으로 단조롭기 짝이 없다. 북한정권이 중국, 러시아, 미국과 벌이는 고도의 줄타기 외교책략을 보더라도 우리의 외교는 어수룩한 외골수 외교이다.

등소평의 개방정책 이후 신중국은 급속도로 국력이 강해져 이제는 미국과 G2를 호언할 정도가 되었다. 중국의 다중성이 한 가지 더한 것이다.

그러나 그것은 군사력, 경제력에 한정된 것이지 정신문화적 수준은 아직 후진국에 머무르고 있다. 국력이 강하다고 하여 품격도 높은 것은 아니다. 元나라는 세계를 호령하였지만 그 품격은 최악이었다. 一帶一路를 호언하며 군사, 경제대국을 뽐내는 중국도 매우 탐욕스럽고 기형적인 모습이어서 元나라의 기미를 강하게 풍긴다. THAAD에 대한 보복이 이해되는 측면도 있지만 대국의 품격으로는 걸맞지 않다. 서해어장에서 중국어선들의 막무가내 행태가 중국의 참모습은 아니겠지만 가까이 하기에는 너무 끔찍하다. 일국의 대통령을 국빈초청해 놓고 경호원이 기자를 폭행하는 것이 그들의 수준이다. 중국에서 건너오는 황사와 스모그는 우리를 견디기 어려울 지경에 이르게 하고 있다. 할 수만 있다면 정말 가까이하고 싶지 않다는 생각이 간절하다. 그야말로 不遇[불우]한 이웃이 아닐 수 없다. 중국으로서도 어쩔 수 없는 일이긴 하지만 세계패권을 호언하는 그들이 이에 대한 책임감을 갖지 않는다면 미국과 같이 상식과 품격을 논하기가 어렵다. 이런 나라와 가까이 하면 맹수, 조폭 옆에 있는 것과 같다. 국가의 수준은 무력, 경제력으로 결정되는 것이 아니라 나라의 품격에서 나온다. 그리고 그 품격은 단시일 내에 갖추어지는 것이 아니다.

엄청난 인구를 가지고 있는 중국인들에게 인기가 높은 동물들은 위험하다. 최근에 중국인들이 새로 꽃게와 오징어 맛을 알게 되었다. 그래서 우리나라의 어장이 엉망이 되어가고 있다. 중국정부에서는 일부 지각없는 뱃놈들의 짓이라고 하지만 우리 눈으로는 그렇게 여겨지지 않는다. 국민을 대상으로 無所不爲[무소불위]의 통치를 하면서 어민들의 탈법을 막을 수 없다면 말이 되지 않는다. 그들의 왕성한 식욕과 탐욕은 우리 어장뿐만 아니라 세계의 어장을 황폐화시키고 있다. 중국대륙을 휩쓸었던 메뚜기 떼처럼 몰려다니면서 세계의 바다를 싹쓸이하고 있다. 사회주의 특유의 주입식 사상교육을 받아온 중국인들은 능동적인 민주시민 의식이 부족하다. 중국인들의 긍지와 양심이었던 儒家 仁義정신을 타파해야 할 부르주아 정신이라고 배워 온 新중국인들은 唯物적, 국수주의적 사고에 젖어있어 가까운 이웃으로 지내기에 부담이 크다. 공산당 이후의 新中國人과 옛날의 중국인들을 구분할 필요가 있다. 정부의 사회주의 교육을 철저히 받은 그들의 가치관은 중국 정부의 정책과 다를 바 없다. 중국인은 돈과 재물을 몹시 좋아하므로 사회주의, 공산주의와 체질적으로 맞지 않는다. 정치적으로는 사회주의를 내세우지만 생리적으로는 철저한 자본주의자, 황금만능주의자들임을 잊어서는 안 된다. 더구나 중국의 사회주의는 이른바 '중국의 특수한 사회주의'로서 중국의 국수주의와 다름없다. 강력한 국수주의로 무장한 중국에는 불가역의 국가정책만 있을 뿐, 民心이란 것이 따로 있을 여유가 없다. 정부와 민심이 일치된다면 좋은 점도 많겠지만 정부가 잘못되면 민심도 나라도 잘못될 수밖에 없으니 위험한 일이다. 정부가 잘 못하면 이를 견제할 세력이 있어야 바로 잡을 수 있는데 중국에는 이것이 존재하지 않는다. 천안문사건이나 류샤오보 정도로는 거대한 천안문에 흠집 하나 남길 수 없었다. 우리에게 4・19, 6・29, 촛불이 없었다거나 선거혁명이 없었다면 우리의 운명은 어떻게 되었을 것인지 상상하기 어렵다. 중국의 최대 약점은 우리가 가지고 있는 민심, 천심이 없다는 것이다. 그저 양심적이고 유능한 지도자가 이어지기를 바랄 수밖에 없는 것이 新중국의 미래이다. 만약에 그렇지 못하다면 중국은 일시에 무너질 수 있다. 덩치 큰 자가 한번 중심을 잃으면 쓰러지기 십상이다. 우리에게도 정권이 민심, 천심을 조작하는 일이 많았는데 그만큼 우리가 위험에 놓여있었다는 말이다. 우민정책에 익숙해진 중국인의 시민의식, 민도는 아직 낮다. 이른바 시민의식, 民度는 단시일 내에 길러지는 것이 아니다. 그런 면에서 그들은 같은 이웃인 일본, 미국과는 아직 차이가 크다. 대중국 교역량이 크고, 중국이 미국을 버리고 자기 줄에 서라고 요구하더라도 아직 중국이 조심스러운 이유이다.

곁들여 생각해 보아야 할 것이 중국 내의 조선족이다. 조선족이란 이름은 중국 국민으로서 소수민족의 하나라는 의미이다. 다시 말하면 조선이 중요한 것이 아니라 中國국민이라는 의미가 전제된 이름의 의미가 더 크다는 말이다. 과거에는 조선인이라는 긍지가 있어 조선족이라는 이름에 불만을 가지기도 했지만 지금은 대부분 동포라는 말보다는 조선족으로 불리기를 원한다. 세대가 바뀜에 따라 이제는 조선인이 아니라 중국인이라는 의식이 굳어진 것이다. 더구나 최근 중국의 국력이 강해지고, 경제형편이 좋아지고 나서는 이러한 추세가 더욱 심화되고 있다. 경계인으로 살아야 했던 조선족들은 누구보다도 선택의 기로에서 고민을 많이 했어야 했지만 이제 그 선택의 갈등에서 벗어난 것이다. 거기에다가 한국인에 대한 반감을 가지고 있는 조선족들 또한 적지 않다는 것이 사태를 더욱 악화시키고 있다. 더구나 연변의 조선족 자치구 내 조선족의 세력은 점점 쇠약해져 존폐의 기로에 서 있다. 만약 자치구마저 붕괴된다면 조선족 자체가 사라질 것이다. 조선족이 사라진다는 것은 우리에게 매우 아프고 쓰라린 일이다. 그들은 우리가 보듬지 못해 조국을 등져야 했으며, 그 중에는 나라를 찾기 위해 조국을 떠난 애국자들의 후손이라는 점에서 우리는 그들에게 책임감을 가져야 한다. 역사적으로는 조선족은 우리의 상고사에 중요한 의미를 가지고 있었다. 고구려 옛 땅에 우리 민족이 존재해 있다는 것은 우리의 강역확인에 중요한 근거가 될 수 있기 때문이다. 그래서 조선족은 정치적으로 큰 의미를 가지고 있었고, 우리 정부도 특별한 관심을 가지도 있었던 것이다. 그러나 이제는 조선족은 존폐의 위기에 놓여 있고, 자의건 타의건 우리 품 안에서 점점 멀어지고 있다. 고구려의 역사가 점점 멀어지는 것처럼. 아– 중국의 동포들이여! 당신들은 누구인가?

3

정의사회 구현을 위하여

정의를 쉽게 말하기 어렵지만 유가적으로 말하면 개인적인 仁을 객관화, 구체화, 사회화한 덕목이라고 할 수 있을 것 같다. 정의사회란 정의로운 시민사회이다. 민주사회가 개인적인 입장을 중시한다면 정의사회는 집단적인 의식을 중시한다. 우리는 전통적으로 왕권주의 문화였기 때문에 민주사회보다는 정의사회를 추구해 왔다. 그런데 근대에 서구의 민주주의가 급격하게 들어옴에 따라 정의보다는 민주가 강조되어 지금은 개인주의, 이기주의, 자본주의가 정당한 것으로 인식되게 되었다. 정의와 민주는 서로 다른 동전의 양면 같아서 공존해야 하지만 우리 사회는 민주주의가 지나치게 강조되어 정의는 닳아 없어진 것이 아닌가 한다. 동전의 한쪽이 닳아 없어지면 화폐의 가치가 없듯이 정의가 없다면 민주주의도 유지될 수 없다. 적어도 옳고 그름이 객관적으로 구분되어야 정의라고 할 수 있을 것이고, 옳음이란 사회의 발전과 행복을 보장할 수 있어야 한다. 이런 기준으로 말한다면 해방 후 정부수립 이래 우리 사회에서 언제 정의가 제대로 구현된 일이 있었는지 생각해 볼 필요가 있다. 때로는 물질적, 경제적 발전이 있기도 했지만 과연 우리 사회는 행복하고 신뢰할 수 있었는가?

지금의 우리 사회를 정의로운 사회라고 하는데 동의할 사람이 얼마나 될까? 그렇지 못하다면 우리는 마땅히 정의사회를 구현하는 데 온 힘을 모아야 한다. 그러나 우리 사회에서 정의를 저해하는 요소들이 너무 많다. 우선 공정한 사회구조가 아니고서는 정의사회는 기대할 수 없다. 자본주의, 개인의 자유, 무한경쟁, 경제성장, 국가안보 등의 명분 아래 우리 사회는 불공정이 만연되어 있다. 그 밖에도 일일이 지적할 수 없지만 정치인들의 부정, 부패, 비리를 없애지 않고는 정의사회가 될 수 없다. 오로지 企業主의 이익 독점에만 골몰하는 거대재벌의 횡포를 놓아 두고서는 정의사회가 될 수 없다. 국가기강에는 관심 없고 오로지 자신들의 권력에만 탐닉하는 권력기관, 법조인들이 횡행하는 한 우리에게 정의사회는 없다. 사회를 깨우치고 이끌어야 할 언론들이 권력에 야합하여 국론과 민심을 오도하는 가운데 우리 사회에 정의는 발붙일 수 없다. 정체불명의 보수, 진보가 정치세력의 명분을 들고 늘 국민을 속이려고 한다면 정의사회는 있을 수 없다. 무엇보다도 이들을 감시하고 선택해야 할 국민들의 의식수준이 높지 않고서는 우리에게 정의사회는 요원하다.

정의사회를 구현하기 위하여 우리가 각성하고 분발해야 할 일이 산같이 쌓여 있지만 몇 가지만 생각나는 대로 적어본다.

천재와 인재

天災地變천재지변은 하늘의 재앙과 땅의 변란, 자연재해이다. 이와 반대되는 개념이 人災, 사람에 의한 재앙이다. 옛날에는 자연재해는 人力으로 어쩔 수 없는 것이어서 천재지변의 책임소재는 하늘에 있었다.

백성들은 그저 '하늘도 무심하시지'라는 탄식으로 그쳤다. 그러나 양식 있는 군주들은 그것마저도 '짐이 부덕해서…'라는 自省을 마지않았다. 지금은 과학이 발달해서 인력으로 막지 못할 천재지변은 그리 많지 않다. 그래서 옛날의 천재지변도 지금에 와서는 대부분 인력으로 대처가 가능한 人災에 속한다. 그렇기 때문에 대부분의 자연재해는 '하늘이 무심해서'가 아니라 '정부가 무능해서'라는 평가가 적당하다. 다만 통치자가 그걸 인정하고 싶지 않을 뿐이다. 정상적으로 국정이 운영된다면, 해당 부처가 맡은 일을 제대로 한다면 피하지 못할 천재지변은 많지 않다. 심지어 세월호 참사와 같은 명백한 인재를 교통사고나 자연재해처럼 생각하니까 人災가 끊이지 않는 것이다.

세월호 참사의 역사적 과제는 피해자 보상이 아니라 그 교훈이다. 그런데 정부와 일부 세력들은 지엽적인 보상 문제를 내세워 본질인 '진상규명'이라는 대명제를 호도했다. 진상규명을 하려는 특별위원회가 어렵게 결성되었지만 이를 무력화시켜 자신들의 恥部치부를 감추려는 정부에서 관권과 언론을 동원하여 집요하게 방해하였다. 사건의 진실을 밝혀 역사의 교훈으로 삼으려는 숭고한 의지를 오히려 반정부 불순세력으로 몰아가기도 했다. 아직 사건의 진실이 제대로 밝혀지지 않았지만 지금까지 알려진 것으로만 해도 대통령을 비롯한 정부의 사건대응은 도저히 납득할 수 없는 무능, 무관심이었다. 건국 이래의 대형 참사였건만 청와대에서는 책임질 수 없다고 발뺌하였으니 국민을 위한 정부가 아니었다. 이른바 세월호 당일 대통령의 7시간 반의 행적은 정상적인 인간으로 이해할 수 없는 미스터리이다. 그 시간에 성형시술을 했다는 말을 차마 믿고 싶지 않지만 그렇지 않고서야 왜 지금까지 그 미스터리에 입을 봉하고 있는가? 세월호가 이미 물 속에 잠겼는데도 미용사를 불러 머리를 단장하고 있었다니 제정신을 가진 대통령이 아니었다. 옛날 周公은 밥 한 끼에 세 번 밥을 뱉어내고, 목욕 한 번에 세 번을 머리를 풀어헤치고 뛰어나가 정사를 보았다고 한 고사가 吐哺握發[토포악발]이다. 그렇지는 못하더라도 정상적인 대통령이었다면 먹던 밥을 뱉고, 머리를 풀어헤치고서라도 현장으로 뛰어나갔어야 했다. 3백 4명의 생떼 같은 국민의 목숨이 대통령의 올린머리 단장보다 가볍다는 말인가? 그 끔찍한 인재를 방치하고서도 책임을 회피하고, 사건진상 규명활동을 방해하면서 몇 년을 버텨냈으니 厚顏無恥[후안무치]한 대통령이다. 그래서 그 시간에 얼굴 두꺼워지는 성형수술을 하지 않았을까 하는 생각도 든다. 세월호 인양이 탄핵 이후에야 몇 년 만에 이루어진 것도 결코 우연이 아니었음이 밝혀질 것이다.

세월호 사건의 책임을 정부에게만 물을 수 없다. 세월호의 본질이 무엇인지 유가족 스스로도 수없이 밝혀왔는데도 그들의 절규와 노란색 리본에 심한 거부감을 갖는 사람들이 적지 않다. 유가족에 대한 보상액을 너무 높다고 불평하며 시체장사를 한다고 매도하는 국회의원들도 있다. 세월호 인양과 유해수습에 들어가는 비용을 국력낭비라고 목소리를 높이는 축들도 있다. 사고의 책임이 정부에 있는 것은 당연한 상식인데도 정부가 교통사고까지 책임져야 하느냐고 생떼를 쓰는 억지도 있다. 심지어 세월호를 문제삼는 사람들을 좌빨종북 세력이라고 몰아부치는 색맹들도 있으니 우리 사회는 심각한 도덕적 불감증과 몰인정한 이기주의에 빠져 있다. 그러면서도 정부의 무능과 무관심에 대해서는 관대하니 참으로 이해할 수 없는 동포들이다. 같은 국민으로서 어찌 그럴 수가 있는지 자괴감을 금할 수 없다. 우리 국민의식은 본래 이렇지 않았건만 정부의 악의적인 책동과 기만술에 속아 넘어갔다고 생각해야 그래도 마음이 낫다. 물론 경제적으로는 세월호 인양이 비효율적이고, 낭비일 수도 있겠지만 사회정의와 국가윤리, 신뢰 회복은 그보다 훨씬 중요하다. 조금만 생각해 보아도 그 비극의 진상이 명백히 규명되지 않는다면 만연된 비리와 끔찍한 人災는 막을 수 없는데 그것이 어찌 남의 일인가?

분명한 것은 언젠가는 세월호의 진상이 밝혀진다는 것이다. 그럼에도 불구하고 끝까지 버텨보자는 배짱은 우리에게 事必歸正[사필귀정]에 대한 믿음과 역사의 교훈이 없기 때문이다. 정의가 없고, 역사의 교훈을 두려워하지 않는 사회는 희망이 없다.

평등과 공정

인간이 추구하는 이상은 자유일 것이다. 그러나 인간이 신의 피조물이라면 애초부터 자신의 뜻대로 살 수 없는 운명이다. 그리고 人間이란 말 자체에도 자유라는 의미는 별로 없다. 인간이란 字義를 풀어보면 '사람 사이의 관계를 유지해 나가는 것'이고, 관계를 잘 유지해 나가려면 상대방을 배려하지 않으면 안 되는 것이므로 인간이 자기 마음대로 행동한다는 自由는 애초부터 제한되지 않을 수 없는 것이다. 〈설문해자〉에 人은 '사람이 손을 모으고 허리를 굽히고 서 있는 모습'을 나타낸 글자라고 설명하였다. 사람이 바로 서 있지 않고 허리를 굽히고 있다는 것은 권위에 대한 屈從[굴종]의 자세이다. 人은 나 我에 대한 상대 개념이요, 일반적인 범칭, 복수의 개념이다. 그리고 강자에 대한 약자의 개념에서 출발하였다. 人君은 백성들(人)의 주인이고, 人臣은 신하된 사람(人)이고, 人民은 백성의 범칭이다. 사회구조로 말하면 人은 피지배계층이요, 하위구조층이다. 그러므로 원시시대에는 人權이라는 의식이 없었다. 오로지 군주와 사회체제를 떠받치는 하부구조에 지나지 않았다. 고대 殉葬[순장]의 풍습은 人의 존재가치, 인권이라는 개념이 없었음을 말하는 것이다. 人字의 모양이 그러한 사정을 말해주고 있다.

人이 '천지에서 가장 존귀한 것'이라고 규정한 것은 人의 존재가치를 인식하게 되고, 인권의식이 생긴 이후의 사정이다. 人이 군주나 지배계층과 권위를 공유할 수는 없었지만 이제는 순장을 강요할 수 없을 정도로 인권이 성장했다. 人乃天 −사람이 곧 하늘− 이라는 의식이 싹트고 나서는 人은 군주의 권위에 무조건 굴복을 강요당하지 않게 되었고, 군주도 백성들의 인권을 인정해야 했다. 여기에는 인본주의를 내세웠던 유가사상이 중요한 역할을 했다. 유가의 인본주의는 인간을 중심으로 한 인간에 대한 의식이요, 탐구이다. 인간을 중심으로 사고하는 것은 인간에 대한 각성이고, 이것이 이른바 철학이다. 이러한 바탕 위에 墨家[묵가]의 兼愛說[겸애설]과 불교의 慈悲[자비]사상이 더해지면서 人은 종속적이고 굴종적인 개념에서 지금처럼 모든 人間을 통칭하는 의미로 확대 되었다.

인간이란 사람 사이를 원만하게 유지하는 존재를 의미한다. 이를 유지하기 위해서 평등과 공정이란 말이 필요하게 되었고, 이를 위해서 인간의 자유는 제한되어야 한다. 平等은 골고루 똑같아야 한다는 말이지만 똑같은 사람이 둘도 없는 사람이 모든 일에 평등해야 한다는 말은 처음부터 있을 수 없다. 더구나 사람의 신체조건, 성격, 개성, 취향 등이 모두 다른데 평등이란 사회주의자들의 허울 좋은 구호이거나 불가능한 일이다. 그래서 우리들은 평등 대신에 公正이란 말을 사용한다. 각기 다른 사람들의 조건에 맞추어 평등하게 기회를 주자는 말이다. 공정은 모든 사람의 노력의 결과가 같아야 한다가 아니라 능력과 노력에 따라 주어지는 기회가 평등해야 한다는 말이다. 각기 다른 성격과 능력에 맞추어 대하자면 不平等이 오히려 좋을지 모른다. 각기 다른 그 개성에 맞게 기회와 대처방법이 달라야 오히려 平等일 것이다.

그렇다고 사회의 평등하지 못한 현상을 옹호하자는 것은 아니다. 다만 법과 정책을 국민의 사정을 생각해서 거기에 맞게 처리하라는 것이다. 이것을 公正이라고 하고 싶은데 사실은 평등보다 더 어려운 것이 공정이다. 평등이 불가능하다고 해서 不平等을 당연한 것으로 생각하지 말고, 공정하도록 최선의 노력을 하는 것이 사회주의를 극복하고 자본주의의 모순을 보완하는 길이다. 개인차를 배려한 平等이 公正이다. 기회가 공정했다면 결과는 각자의 책임이다. 금수저, 흙수저론은 기회가 불공정한 데 대한 허탈한 국민의 절규이다. 그것을 불순한 신조어라고 매도하거나 자본주의의 본질이라고 호도하지 말고, 천박한 자본주의에 대한 맹신을 버려야 한다. 자본주의의 최대 약점 중의 하나가 不平等이고, 그것을 극복할 수 있는 대안이 공정이다. 자본주의가 이를 극복하지 못하면 사회주의가 밟았던 전철을 답습할 수밖에 없다.

수학적 통계의 개념으로 여러 수치를 더하여 그 중간의 수치를 뽑은 것이 平均이다. 여러 가지 현상을 똑같이 하나로 규격화한 것이 均一이다. 여러 가지 사물을 비슷한 수준, 개념으로 맞춘 것이 均等이다. 여러 가지 형편, 상황을 고려하여 치우침이 없도록 하는 것이 均衡[균형]이다. 이들은 얼핏 비슷한 뜻으로 들리지만 생각해 보면 차이가 있다. 平均은 한 치의 오차도 허용할 수 없는 수학 통계의 개념이라 인위적인 요소가 개입할 여지가 없다. 均一은 경직된 객관적, 물리적 가치관이다. 均等은 인위적이기는 하지만 객관적 판단이 작용한 것이다. 均衡[균형]은 인간의 주관적 판단이 개재된 가치관이다. 인간의 일을 수학적으로 계산할 것인지, 물리적으로 처리할 것인지, 객관적으로 판단할 것인지, 주관적으로 배려할 것인지 생각해 볼 일이다. 분명한 것은 전자로 갈수록 물리적이요, 후자로 올수록 인간적이다. 평등은 물리적인 발상이요, 공정은 인간성에 바탕하고 있다. 그 사이에 있는 것이 인간의 자유이다.

특권 사회

공정한 사회를 저해하는 것 중의 하나가 특권의식이다. 특권을 악용하여 인사부정을 저지르거나 친족 경영을 하는 일이 옛날부터 있었다. 신분계급제가 철저히 지켜지던 봉건사회에서 특권의식은 당연한 일이기도 하지만 평등 공정을 기반으로 하는 민주주의 사회에서도 특권의식은 여전히 굳건하다. 우리 사회의 불공정한 특권의식은 이른바 '갑질'이라는 이름으로 해외 유명 사전에 오를 정도로 세계적인 관심사가 되었다. 우리의 특권의식은 예나 지금이나 뿌리 깊은 문화였다.

特의 字義풀이를 보면 牛에 寺의 음과 뜻이 모인 會意. 形聲이다. 寺는 큰집, 관청이라는 뜻이 있으므로 特은 원래 관청에서 기르는 公用牛, 소이다. 〈설문해자〉에서는 牛父라고 했는데 숫소, 다시 말하면 公式優良種牛[공식우량종우]인 씨소인 셈이다. 소 중에서도 특별할 수밖에 없는 소이다. 글자대로라면 특권의식은 소에서부터 시작된 셈이다. 이후 뛰어난 모든 것은 特이라고 하였고, 모든 사물의 이름 앞에 붙어서 접두사로 쓰여 特別하게 되었다. 옛날 봉건사회에서 선비들은 特權의식이 강했던 계층인데 그들이 가지고 있었던 특권의식을 선비정신이라고 한다. 그것은 지도계층으로서의 사명의식과 의무감이었다. 서양으로 말하면 이른바 Noblesse oblige이다. 선비들은 그것을 실천하기 위한 인격, 학식, 덕망, 지도력을 갖추기 위해서 일생동안 修身齊家수신제가의 노력을 아끼지 않았다. 그런데 요즈음 우리 특권층들 중에서 이러한 선비정신을 가진 사람이 얼마나 될지 매우 의심스럽다. 적어도 청문회에 나서는 고위층 특권층에서는 선비 같은 인물을 만날 수 없다. 그들은 지도층으로서의 노력 대신에 오로지 권력, 재력, 학력, 지연에 의지하여 그 자리에 선 사람들이다. 누리려고 하는 것은 많고, 책임의식은 없다. 능력은 제쳐두고 권력에만 혈안이 되어 국록이나 축내는 밥통 食蟲식충이들을 요직에 앉히려는 임명자는 그와 같은 수준이 아니기를 바랄 뿐이다. 하기야 特權層특권층이라는 말도 글자의 내력을 따져보면 牛部에 속하니 원래 짐승이나 갖는 권리여야 옳은 말이다. 그래서 그런지 특권층에 속하는 사람 중에는 하는 짓들이 짐승 같은 사람들이 적잖다. 지도계층으로서, 통치자로서 책임 있는 자세나 자신의 과오를 인정하는 일이란 좀처럼 없고, 사회의 어려움에 대해서 모든 책임과 해결책을 늘 앞 정권의 적폐나 힘없는 노동자, 서민층에게 돌렸으니 정상적인 사람이 할 도리가 아니었다. 앞 정권의 적폐를 주장하는 것은 현 정부는 잘못이 없다는 선언이다. 그러나 그럴 수도 없는 일이거니와 박근혜 정권을 무결점 정권이나 역대 최고 최선의 정권이라고 인정할 국민도 없다. 어떤 정권이든지 당연히 역대 정권의 성과와 失策 위에 세워진 정권이다. 물론 앞 정권의 적폐도 있었겠지만 積功[적공]은 없고, 사건이 터질 때마다 적폐 타령이라면 모든 앞 정권을 싸잡아 매도하여 책임전가하고 자신은 쏙 빠져나가자는 비열한 짓이었다. 설령 적폐가 확실하더라도 책임회피만 할 것이 아니라 그것을 척결하려는 노력과 실천을 했어야 옳았다. 그러나 개선은커녕 새로운 적폐가 산같이 쌓여있다. 앞 정권의 적폐를 가려내는 것도 중요하지만 스스로도 다시는 적폐를 남기지 않겠다는 굳은 의지가 있어야 한다.

한때 遺體離脫[유체이탈화법]이라는 신조어가 있었다. 자신이 책임져야 마땅한 나라의 이야기를 마치 남의 나라 이야기하듯 말하는 傍觀無情[방관무정] 화법이다. 그 모습이 영락없이 藏頭露尾[장두노미]를 닮았다는 지적이 있었다. 나만 머리 처박고 눈감고 있으면 다른 사람도 나를 보지 못한다고 생각하는 어리석은 꿩처럼, 그저 나는 모르는 일이라고 잡아떼면 책임에서 벗어날 수 있다고 믿었다. 그러니 국민들과 소통하는 대통령이 아니라 소통부재의 不通領일 수밖에 없는 일이었다. 박 전대통령이 不通領이었던 이유가 새로 밝혀졌다. 대통령의 소통대상은 원래 국민이 아니라 十常侍[십상시]와 崔순실 섭정이었던 것이다. 神通하게 충성스러운 그들을 두고서 불평불만이나 가득한 국민과 대화할 마음이 있을 까닭이 없었던 것이다. 국민과 대화할 기자회견을 기피하고, 하더라도 일체의 질문을 받지 않으니 국민과 담을 쌓고 살자는 것이다. 성격 탓도 있겠지만 그보다는 기자들의 질문을 알아들을 식견이 모자랐기 때문일 것이다. 선거토론회에서 상대방의 말귀를 못 알아들어 엉뚱한 소리를 하던 지적 수준을 기억하지 못하는 국민이 많다. 그래서 大統領이 不通領이 되고, 필경 不統領이 되고 말았다. 그야말로 봉건주의시대에나 있었던 제왕통치가 지난 사 년간 벌어졌던 것이다. 아니 옛날에도 현명한 제왕은 民心은 天心이라 믿고 국민의 소리에 귀를 기울였다. 21세기 민주주의 시대에 국민과의 소통을 포기한 그녀는 봉건주의시대 제왕만도 못한 不通領이었다. 우리의 특권층이란 원래 厚顔無恥후안무치한 얼굴에 철판을 깐 자들이다. 우리나라가 철강산업의 强者라서 그런가도 싶다.

그들은 철저하게 가진 자 편에 서서 부자감세, 법인세 인하를 강행하는 대신에 서민 봉급자의 유리지갑만을 샅샅이 뒤져내기에 혈안이 되어 있었다. 고대 로마의 특권층들은 배가 부르면 열심히 토하고 다시 먹었다고 한다. 하기야 그들이 토해 뱉은 음식도 적지는 않았을 것이다. 그렇다고 토한 찌꺼기나 주워 먹고 산다면 국민은 너무 비참하다. 우리나라의 경제구조는 점점 貧益貧빈익빈 富益富부익부의 기형적이고 천박한 자본주의 모습으로 변해가고 있는데 이러한 추세는 세계에서도 그 유례를 찾기 어려울 정도로 反민주적이고 反문화적이다. 국민소득은 선진국 문턱에 있다고 하는데 막상 국민은 도무지 실감할 수 없다. 한 나라의 소득분배 정도를 나타내는 것이 지니계수인데 우리나라가 OECD국가 중 최악이라고 하니 서민들의 상대적 박탈감이 당연한 일이다. 우리의 소득불균형은 역시 OECD국가 중 최하위 수준인 국가청렴도와 관련이 깊다. 국가의 부정부패가 중간만 가도 경제 성장률은 지금의 몇 배에 이를 수 있다고 한다. 우리의 지독한 정경유착은 이 모든 현상의 악성종양이다. 오늘의 경제난국을 세계적인 경제불황 탓으로 돌리고 있지만 그보다는 우리의 천박한 자본주의에 의해서 부정부패가 난무하고 소득이 극도로 편중되어있기 때문이니 이대로라면 세계경제가 좋아지더라도 국민들에게는 별 희망이 없다.

옛날에는 蔭敍制[음서제]가 있었다. 功臣의 자식들은 본인의 능력보다는 조상의 공덕으로 벼슬을 할 수 있었다. 조상보다 능력이 나은 경우도 있었겠지만 그렇지 못한 경우가 더 많아서 국가기강의 문란을 면할 수 없었던 악습이었다. 그러나 국가에 공을 세운 집안의 후손에게는 국가차원에서 代價가 있어야 하기 때문에 어느 정도 보훈의 혜택을 주는 것은 당연하다. 그래서 보훈연금을 지급하거나 공무원 응시에 附加點數[부가점수]를 주기도 한다. 그런데 요즈음 현대판 음서제라는 말이 심심치 않게 들려온다. 특권층의 자녀나 하수인들이 정해진 절차 없이 낙하산 타고 공공기관에 寄生[기생]하고 있는 일이 많다. 심지어는 사기업에까지 그런 짓을 한다. 국가사회에 공로도 없고, 능력과는 상관없는 일이었으므로 이들은 나라의 기강을 해치는 자들이다. 爲人設官[위인설관]은 특정인을 위하여 억지로 자리를 만드는 짓을 말한다. 무능한 자들이 자리를 차지하고 있으면 유능한 인사들이 설 땅이 없어 공정한 사회가 무너지고, 국가의 통치력은 손상을 입을 수밖에 없다. 금수저, 흙수저론이 풍미하고 있는 것은 지금 우리 사회가 얼마나 불공정한 사회인가를 입증하는 것이다. 공정한 사회는 공정한 기회가 보장되는 사회를 말한다. 결과는 각자가 책임져야 될 일이지만 기회는 사회와 국가가 보장해 주어야 한다. 그 기회마저 특권층이 독점한다면 힘없는 국민은 희망을 가질 수 없다.

요즈음 로스쿨과 사법고시를 두고 갈등이 많다. 사법고시는 적잖은 문제점을 가지고 있지만 누구나 참여할 수 있어 서민에게는 신분상승을 노릴 수 있는 소중한 기회였다. 최근에 자리를 잡아가고 있는 로스쿨은 그 선발단계에서부터 상위계층이 독점하는 형편이니 기회가 같지 않다. 그런 가운데에서 그나마 기회의 균등일 수 있었던 사법고시를 폐지하였다. 그럴 듯한 명분을 내세우지만 결국은 가진 자가 물불을 가리지 않고 더욱 탐욕을 부리는 짓이다. 위정자들은 국민이 절감하는 그 허탈감이 우리의 장래에 얼마나 큰 재앙인지 알아야 한다. 정의로운 정부라면 정작 보호해야 할 대상은 특권층이 아니라 서민들이다. 나라에서 감싸 돌고 있는 특권층은 혼자서도 잘 살고 있으니 나라에서는 힘없는 서민의 편에 서야 나라가 정상적으로 발전할 수 있다. 선거는 힘없는 시민의 힘을 발휘할 수 있는 유일한 수단이다. 국민은 자신의 이익을 지켜주는 대표자를 신중히 가려서 뽑아야 한다. 자신들의 권익에 상반하는 대통령을 당선시키는 우리 국민들의 딱한 모습을 보고, 주한 외국의 저명인사가 우리를 들쥐에 비유하는 말씽이 있었다. 모욕적인 말임에는 틀림없지만 오죽 답답했으면 그랬을까 하는 생각도 든다. 대한민국의 다수의 유권자들은 왜 소수의 특권층을 싸고도는 반민주시민적인 통치자를 뽑을까? 그들이 정말 대한민국 국민을 행복하고 잘살게 해 주었는가? 국민의 권익을 지키자는 건전한 민주시민의 주장을 좌경, 종북, 국론분열자로 매도하고 있는 색깔론에 국민은 속고 있는 것은 아닐까? 일부 외국 사람들이 말하는 것처럼 본래 우리 수준이 이렇다면 정말 슬픈 일이다.

회전문 인사

信賞必罰[신상필벌]이란 말은 사회의 기강을 바로 세우는 데에 있어 가장 중요한 원칙이다. 잘한 일에 칭찬하고, 잘못한 일에 벌을 내리는 것은 법치와 교육의 근간이 되는 원칙이다. 정치에서는 이를 敎化라고 하고, 교육학에서는 强化라고 한다. 행동에 대해서 응분의 대가를 지불하는 것은 당연한 일이다. 그러나 거기에는 공정해야 한다는 조건이 있다. 만약 적용하는 잣대가 일정치 않다면 교화, 강화의 효과는 없어진다. 공평이라고 하지만, 인간의 일은 객관화 할 수 없는 사정이 있기 때문에 공평하기 어렵다. 객관화, 공정을 위해 애써 마련한 신상필벌이 오히려 인간성을 획일화하려 한다면 불공정과 폭력이 된다. 전 정부에서는 공무원이나 국영기업체를 필두로 성과급제를 강력히 밀어붙였다. 신상필벌의 원리를 보수에 반영하자는 의도에 찬동하지만 문제는 그렇게 해서 공정한 평가가 가능한가에 있다. 그 등급을 세분해서 격차를 크게 하자는 건데 엄정한 기준에 정확한 평가를 한다는 보장이 있어야 그 의도를 달성할 수 있다. 그러나 실제로는 매우 어려운 일이다. 그보다 인간이 하는 일을 기계적인 기준으로 정확히 평가할 수 있다는 발상이 매우 무모하다. 참고자료로 활용은 가능하나 전적으로 그것에 의지해서는 평가의 오류에서 오는 그 부작용이 더 크다는 사실을 알아야 한다. 돈 주고 욕먹는 짓을 반복하는 이유는 통치자가 국민의 세금을 마치 자신의 권리요, 주머니 돈으로 착각하기 때문이다. 보수와 대가는 주는 사람을 위해서 있는 것이 아니라 받는 사람을 위해서 있다면 당연히 받는 사람의 입장을 먼저 생각하는 것이 바른 자세이다. 그것을 혹시라도 '쉬운 해고'의 비방으로 활용할 생각이라면 국민을 위한 정부가 아니었다.

이른바 信賞必罰은 우리 사회의 상식이지만 상식이 통하지 않는 정치판에 있어서는 그렇지만은 않다. 공이 있는 사람을 쓰기보다는 잘못이 있는 사람을 쓰는 것이 낫다는 말이다. 功臣은 공을 자랑삼아 요구하는 것이 많고, 교만하기 쉽고, 어지간한 대가에 만족하기도 어렵다. 그리고 주군의 약점도 소상히 알고 있어 위험하다. 통치자가 功臣과 權臣에 의지하면 그들에게 휘둘리게 된다. 그들은 통치자의 눈과 귀를 가로막는 장벽이다. 현명한 보스는 功臣과 權臣을 조심하고 살핀다. 약자에게 힘을 주어 그들을 견제한다. 그리고 조금이라도 위협을 느끼거나 이용가치가 떨어지면 가차없이 兎死狗烹[토사구팽]을 서슴지 않는다. 잘못을 저지른 부하에게 관용을 베풀면 자신의 잘못을 통감하고, 용서받은 것에 대하여 고마워하며 약간의 은혜에도 감동한다. 이른바 관용의 정치이다. 대통령이 그럴 수 있었다면 우리의 정치문화는 크게 달라졌을 것이다.

절대복종하는 부하만 가득한 정권은 절대 부패한다. 내 사람이 아니더라도, 선거에 공이 없더라도, 소신과 능력이 있는 인재를 쓸 줄 알아야 통치력 있는 지도자이다. 절대복종할 만한 走狗[주구]를 찾지 못해서 새로운 인재를 등용하지 못하고, 회전문 인사나 하는 지도자는 스스로 정치적 역량의 한계를 입증하는 것이다. 그 한계는 국민은 물론 자신에게도 불행한 일이다. 회전문 인사는 야바위꾼의 자리 바꿔치기, 빚쟁이 빚 돌려막기와 다를 바 없다. 면피용으로 회전문 인사를 하다보면 인사쇄신은커녕 전보다도 못한 저질인사를 피하지 못한다. 일의 본질을 모르고 임시방편으로 문제를 얼버무리려 하는 짓을 '언 발에 오줌 누기'라고 한다. 꽁꽁 언 발에 오줌을 눈다면 당장은 따뜻하겠지만 곧 오줌이 얼어붙어 사태는 더욱 악화된다. 회전문 인사가 그런 식이다. 이러고서도 나라살림이 제대로 꾸려진다면 오히려 이상한 일이다. 대통령의 탄핵은 헌정사의 불행한 사건이었지만 그나마 대한민국의 불행을 일 년이나 앞당겨 막았으니 그야말로 不幸中多幸이 아닐 수 없다.

파벌공화국

인간이 모여 이루는 사회에서 집단을 이루려는 의지는 피할 수 없는 현상이다. 인간은 사회적동물이라는 정의에도 이미 집단의식이 배어있다. 會, 사회, 집단의식이 모두 같은 속성을 담고 있으니 이는 인간의 본능에 속하는 셈이다. 그런데 인간이 모여서 바람직하지 못한 행동을 하는 자들을 우리는 패거리라고 한다. 패는 한자 派에서 유래한 말일 것이다. 派의 字義는 본류에서 갈라져 나온 지류이니 거기에는 이미 부정적인 시각이 드러나 있다. 파의 본음을 패로 바꾸어 발음한 것도 그러한 의식이 작용한 음의 변화이다. 옛날에는 왈패, 지금은 깡패, 패싸움이라고 하는 걸 보면 패의 의미를 알 수 있다. 여기에 '거리'라는 접사를 붙여 패거리라고 한 것에도 역시 너저분하고 잡다한 무리들이라는 뜻이 숨어있다. 결국 패거리란 '정당하지 못한 무리'이다. 이를 다시 한자로 돌리면 派黨이고, 파당을 뒤집어 읽으면 당파, 당파끼리 벌인 싸움이 조선의 당파싸움이다. 지금도 건전치 못한 무리들이 모여 나쁜 짓을 하는 자들을 패거리라고 하고, 그것들이 한 풍조를 이루었을 때 패거리문화라고 한다. 조선시대의 당파싸움의 전통이 있어서인지 우리 사회에는 패거리문화가 매우 성행하고 있다.

조폭이나 政派 이름에 같이 派가 붙는 것은 패거리라는 닮은 구석이 있기 때문이다. 지금 세계를 테러공포로 떨게 하는 IS는 가장 무서운 패거리이다. 자기들끼리도 수니파, 시아파 등으로 나뉘어져 서로 끔찍한 테러를 벌이고 있으니 알라를 가장 모독하는 자들이다. 관용을 베푸는 서방국에게는 끔찍한 테러를 저지르면서도 정작 철천의 적대국인 이스라엘에는 손도 못 대고 있으니 비겁한 패거리이다.

옛날에는 건전한 모임을 朋이라 했고, 그렇지 못한 모임을 黨이라 했고, 못된 짓을 하는 모임을 派黨이라 했으니 오늘날의 우리 政黨들은 어디에 속할지 생각해 보면 알 일이다. 위정자들은 입으로는 국론 통일을 외치면서도 국정원을 내세워 늘 국민을 편 가르기 하여 국민의 힘을 약화시킬 궁리나 하고 있다. 정부에 대한 비판은 左翼[좌익]·從北[종북]으로 몰고, 우익단체를 내세워 싸움을 붙이고는 한다. 끊임없이 세대, 지역, 계층 간의 갈등을 부채질해서 비판세력을 무력화시키는 것이 이들의 통치술이다. 그리고서는 늘 불순분자, 국론분열자라고 몰아세운다. 국민의 절반을 내팽개침으로써 정권유지를 하자는 교활하고 가증스러운 짓이다. 국민의 수준을 올려 나라수준을 높일 생각이 아니라 수준을 낮춰 부려먹기 편리하게 하자는 愚民[우민]통치술이다. 국정원의 댓글사건을 용서할 수 없는 이유이다. 통치자가 떳떳하고 자신 있다면 구태여 편 가르기를 할 필요가 없다. 걸핏하면 국론통일을 내세우지만 정당한 정권만이 국론통일을 이룰 수 있다. 국론분열은 국민의 책임이 아니라 통치자의 책임이 분명한데도 상습적으로 야당과 비판세력에 그 책임을 돌린다. 하기야 정치인들 뿐 아니라 派를 나누는 편 가르기 의식은 벗어날 수 없는 인간의 속성인 것 같다. 어느 한 편에 소속되어야 마음이 편해지는 심리는 약자의 특성 중의 하나이다.

영국의 근대화 운동과정에서 구체제를 지지하는 세력이 왕당파이고, 이에 저항하는 시민세력이 공화파이다. 프랑스의 右派는 기득권을 지키려는 보수파이고, 左派는 이에 맞서 개혁하려는 세력을 가리키는 말이다. 우리나라에서는 이데올로기적 성격이 강하여 공산주의 사회주의자들을 左翼[좌익]이라고 했고, 자본주의 성향이 강한 집단을 右翼[우익]이라고 했다.

혹은 우익과 보수, 좌익과 진보를 묶어 생각하기도 하지만 우리의 한 때 사정일 뿐이다. 지금도 보수파와 진보파로 나누어 말하기도 하지만 우리에게 진정한 의미의 保守나 進步는 없다. 지금도 이런 말들이 사용되고 있지만 원래의 의미와는 많이 멀어졌고, 정치적인 편 가르기에 이용되고 있는 실정이다.

보수의 본질은 가치 있는 문화와 전통을 긍정적으로 지켜내는 것이다. 지켜낼 가치가 없다든지 부정적인 가치를 버리지 않고 지켜나가는 것은 인습, 守舊[수구]에 불과하다. 우리의 보수정권이 지켜낸 것 중에 대표적인 것이 반공, 남북분단대치, 재벌확장, 빈익빈부익부, 지역감정, 신자유주의, 유전무죄무전유죄, 금수저, 친일, 미국 종속 등이다. 그들은 걸핏하면 從北타령이지만 그보다는 보수는 곧 從美親日라는 등식이 더 선명하다. 태극기 부대에 성조기가 펄럭이는 이유이다. 보수라는 이름하에 우리의 전통적 가치를 지키기는커녕 서구화, 미국화에 골몰하지 않았던가? 이러한 지적을 인정하지 않으려 하겠지만 이것이 지금 우리가 당면한 사회의 병폐이다. 현대 정치사는 보수정권이 주도하였으니 그 책임을 벗어날 수 없다. 그럼에도 불구하고 여전히 보수를 자임하고 있으니 참으로 뻔뻔한 짓이다. 보수의 본질이 가치 있는 문화와 전통을 지켜나가는 것이라면 지금 자칭, 타칭 보수라는 정치세력은 진정한 보수일 수 없다. 다른 것은 그만두고서라도 이명박, 박근혜 정권이 과연 우리의 역사발전과 행복증진에 공헌을 했는가, 아니면 저해가 되었는가? 그 판단은 이미 헌법재판소의 전원일치 탄핵인용으로 입증되었으니 말할 나위조차 없고, 시간이

지날수록 끝을 모르는 복마전의 죄악이 드러날 것이다. 그렇다면 지금의 자칭 보수라는 세력들은 스스로 구덩이를 파고 있는 셈이다.

이에 비해서 進步는 百尺竿頭進一步[백척간두진일보]라는 멈춤이 없이 끊임없는 개선의 노력을 기울이자는 입장이다. 원래 불교 精進[정진]의 자세를 나타낸 말이므로 부단한 삶의 개선의 자세가 본질이다. 사회적으로 말하면 정체된 문화와 전통을 긍정적으로 개선해 나가자는 것이다. 사회의 모순이나 정체현상에 눈감고 안주, 타협한다면 진보의 본분을 저버린 것이다. 그렇다면 그동안 우리의 이른바 진보정치집단들은 그 이념에 충실했다고 자부할 수 있는가? 혹시라도 권력을 위해서, 집권을 위해서 불의와 모순, 정체에 타협하고 물러서지 않았는가? 진보라는 이름하에 전통문화를 거부하거나 폭력시위, 과격노조, 귀족노조, 급진사상으로 사회불안을 조성한 적은 없었는가? 공산주의, 사회주의 이론에 매몰되거나 북한 정권에 동조하여 容共, 從北의 빌미를 제공한 적이 없었는가? 그 시비를 따지기 앞서 진보는 늘 보수의 세력에 눌려 그 뜻을 제대로 펼쳐볼 기회조차 적었으니 이 땅에 진정한 진보란 어설픈 존재였다.

어떠한 사상, 이념, 가치관도 인류행복증진이나 역사발전이라는 대의명제를 벗어날 수 없다. 생각해 보면 우리에게 보수, 진보는 그 본질을 떠나서 오로지 정권유지, 탈취의 수단으로 이용되었을 뿐이다. 마치 조선시대에 理氣論[이기론], 禮論[예론], 華夷論[화이론], 西學論[서학론] 등이 당쟁의 명분에 불과했던 것과 같은 이치이다.

보수와 진보는 대척관계가 아니라 순환관계, 상승관계라야 옳다. 무엇이 옳고 그르고가 아니라 시대의 흐름에 따라 요구되는 공존, 상승적 역사의 순환이어야 한다. 물론 단기적으로는 경쟁, 승부의 관계이지만 전체적으로 보아서는 절충과 相生의 관계가 맞다. 보수와 진보는 끊임없이 相生하는 正, 反이라는 변증법의 양대 축이다. 보수정권과 진보정권도 이 원리와 같아서 서로 절충 타협하여 일정한 주기로 순환적으로 교체되게 되어있고, 그로 인해서 역사는 上昇的[상승적]으로 발전되어 가는 것이다. 그런데 지금 우리정치판에서는 불구대천의 원수처럼 극단적으로 대립되어 서로가 타도의 대상이 되어있다. 심지어는 보수는 타락한 자본주의, 진보는 종북 좌경사회주의라고 서로가 극단적으로 몰아붙이고 있다. 우리의 보수, 진보는 본래의 뜻과는 상관없이, 오로지 파당을 지어 정권을 탈취하는 수단으로만 이용되고 있다. 그들은 자신들의 집권 권력을 위해서서는 조국의 발전, 통일, 행복, 정의 등은 안중에도 없다. 국민들은 치졸한 보수 진보의 놀음에 놀아나지 말고, 나라의 발전과 행복, 민족의 통일을 위하여 눈을 부릅뜨고 저들을 엄중히 감시해야 한다.

검찰공화국

法자의 字義는 水에 去의 뜻이 모인 會意로서 물이 높은 곳에서 낮은 곳으로 흐르는 대자연의 원리를 말한 것이다. 우선 法이란 물이 높은 곳에서 낮은 곳으로 흐르듯이 바르고 어김이 없어야 한다. 인간세계의 질서를 유지하려면 엄정하고 평등한 刑法[형법]으로 다스려야 한다는 생각이 法治主義요, 인간의 다양성을 법의 일률성으로 통제하자는 획일주의이다. 제자백가 중의 法家가 그런 사상이다. 그러나 물은 흐르는 것이 본성이지만 물이 낙차가 없을 때는 흐름을 멈출 때도 있는데 그것이 停滯[정체]이다. 물이 멈추다 보면 거꾸로 흐를 때도 있는데 그것이 逆流[역류]이다. 그것이 자연의 원리는 아니지만 자연에서 일어날 수 있는 현상이라면 역시 法일 수도 있다. 자연의 규칙도 그러한데 인간의 법은 그 유동성이 더 클 수밖에 없다. 법치주의가 능사가 아닌 것은 역사가 증명한다. 오히려 법치주의가 인간세계를 더 비인간적으로 만들었고, 법에 의존했던 국가와 집단이 더 단명하였다.

이러한 法의 한계를 보완한 것이 術[술]과 勢[세]이다. 같은 法家에 속하면서도 法이 철저한 信賞必罰[신상필벌]을 원칙으로 내세웠지만, 術과 勢는 형벌이 필요 없는 無刑을 표방했다는 점에서 다르다. 법은 法 규정대로 하자는 것이고, 術과 勢는 法의 운용의 묘를 살리자는 것이다. 法은 규정대로 수행한다는 점에서 기계적이며 비인간적이다. 術은 규정보다는 상황에 따른 자의적 판단을 허용한다는 점에서 인간적이며, 勢는 개인적 판단보다는 사회적 관습에 의존한다는 점에서 차이가 있다. 武가 전쟁을 억제하자는 뜻이듯이 法도 형벌을 없애자는 것이 그 이상이다. 그러니 넓은 의미에서 法家사상은 이 셋을 모두 포함하는 것이었다. 그래서 法術이라고도 했다. 엄정한 규정을 준수해야 하는 法家와 無爲自然을 내세우는 道家

는 서로 상반된 입장으로 보이지만 그 사상적 뿌리는 도가에 바탕을 두고 있다. 法이 추구하는 이상은 엄정한 법 규정을 통하여 법질서를 확립하고, 궁극적으로는 법이 필요 없는 무위자연의 세상을 이룩하자는 것이다. 다시 말하면 法은 수단이요, 無法은 목적이다. 그러므로 최선의 法은 곧 無法이니 이것이 道家 특유의 역설논리이다. 法, 術, 勢는 有法이 無法으로 진행되는 과정을 말한 것이다. 그런데도 법치주의가 성공하지 못한 것은 진정한 術과 勢의 경지에 이르지 못했기 때문이다.

'법대로 하자'는 말이 옳은 것 같으면서도 그렇게 될 수 없는 이유는 인간사회는 術과 勢의 세계이기 때문이다. 그래서 법은 분명히 존재하지만 '예외 없는 법은 없다'. 법의 형성과정을 보면, 법은 원래 약자를 보호하자는 것이 아니라 강자와 통치자를 위한 통치규정이라서 국민들에게는 처음부터 가혹한 멍에였다. 법가의 대표적 저술인 〈韓非子〉만 하더라도 그것은 군주의 統治術이었으니 국민이 법에 의지하여 보호받으려는 기대는 애초부터 큰 오해였다. 법의 일차적 목표는 통치자가 형벌로써 국민을 구속하자는 것이었다. 그러나 궁극적 목적은 형벌로써 범죄를 예방하여 형벌을 없애는 것에 있어야 한다. 그 사이에서 法이 우선하면 사회는 공평하나 각박하고, 術이 우선하면 사회는 인간적이나 질서가 흔들리게 된다. 법의 정신이 이렇건만 위정자와 권력자의 교묘한 邪術[사술]과 포악한 權勢[권세] 때문에 法이 제 구실을 못하는 것이 인간세계이니 이것이 또한 法의 한계이다. 더구나 勢와 權이 야합하면 權勢가 되어 法의 존재 자체가 국민을 위험하게 한다. 그래서 違法[위법], 不法, 脫法[탈법]天地가 되기 십상이다. 法出一門(법출일문)은 법은 법대로 반드시 지켜야 한다는 원칙주의이다. 法外施仁(법외시인)은 법에 얽매이지 말고, 인정을 베풀자는 온정주의이다. 신상필벌도 좋지만 경우에 따라서는 법을 뛰어넘는 仁政이 필요한 것이 인간세계이다. 본질적으로 법치는 통치자에게 유리한 통치술이고, 仁治는 국민에게 유리한 정치술이다. 無法은 법이 없어도 되지만 위법, 불법, 탈법은 있는 법도 지키지 않는다. 그 중에서도 탈법은 법을 알고 이를 악용하는 지능범이라 죄가 가장 무겁다.

그렇다면 지금 우리의 法治는 어떠한 상황에 처해 있을까? 앞에서 법에 관한 말들이 무색할 만큼 우리의 법조계는 어지럽다. 옛날에는 법은 멀고 주먹은 가깝다 해서 法遠拳近(법원권근)이라고 했지만, 지금은 법은 멀고 권력은 가까운 法遠權近(법원권근)의 시대이다. 예나 지금이나 권력에 눌려 법이 잘 지켜지지 않는다는 말이다. 우리의 사법부는 본분보다는 권력에 집착하여 스스로 청와대, 집권당의 시녀를 자청하고 있다. 그 중에서도 검사들이 가장 권력 지향적이다. 그들은 수사권, 기소권, 공소유지권을 독점하고 법의 칼날을 제일 먼저 들이대는 집행자이다. 마법의 칼을 다듬어 그 살상력을 높이려고 온갖 노력을 다하는 것이 검사의 생리요, 본분이다. 수사도 받기 전에 피의자가 지레 겁을 먹고 자살하는 일이 적지 않다. 오죽하면 법률가였던 대통령까지 그랬을까? 설령 범법자가 아니더라도 주눅이 들 정도이니 당사자에게는 저승사자나 마귀처럼 보일 것이다. 무림고수와 같은 그 檢事(검사)의 劍法(검법)에 대해서 변호사가 허겁지겁 방패를 마련하고, 판사는 검사의 눈치를 보아가며 판결을 한다. 檢事와 劍士

가 우리 음으로는 같은 것은 우연이 아닐지도 모른다. 그 무서운 마법의 칼을 오로지 자신들의 권력을 키우기 위해서 낭인검객처럼 휘두르고 있기 때문이다. 군인들이 정권을 쥐고 있던 시절도 있었지만 검사 중에서도 가장 센 公安검사 출신들이 黨·政·靑 요직을 점령하고, 無所不爲의 막강한 권력을 행사하고 있으니 대한민국은 검찰공화국이라는 말이 그냥 하는 말이 아니다. 그런데 검찰공화국이 된 데에는 그들의 뛰어난 활약도 있었지만 통치자가 그들을 일방적으로 총애하지 않았다면 불가능한 일이다. 신붓감이 결혼대상자로 검사를 좋아하는 일이야 세태이지만 처녀 대통령이 검사를 총애하는 이유는 어딘가 서로 상통하는 점이 있어서일 것이다. 그들의 목적은 국가의 기강확립이 아니라 권력과 부귀이고, 법은 그 수단에 불과하다. 그들은 자신들의 권력과 영달을 위해서 法을 모독하고 나라를 파탄에 빠뜨렸다. 이들이 횡행하는 한 우리에게 민주주의, 정의사회, 선진국이란 용어는 요원한 이야기이다.

作法自弊[작법자폐]란 말이 있다. 스스로 만든 법에 스스로 걸려들다. 제가 판 함정에 제가 빠지다. 제 꾀에 제가 넘어가다. 법에 지나치게 의존하다가는 스스로도 법망을 빠져나갈 수 없는 법이다. 秦[진]나라 商鞅[상앙]은 法家의 이상대로 엄격하고 가혹한 법률을 제정하여 강력한 법치국가를 만들었다. 그리하여 秦을 戰國의 霸者[패자]로 만드는데 일등공신이 되었다. 그러나 나중에는 失勢[실세]하여 쫓기는 신세가 되어 도망가다가 자신이 만든 엄격한 법률 때문에 체포되어 비참한 최후를 맞았다. 남에게 가혹하게 하면 나도 그렇게 당하는 법이다.

鷄鳴起舞[계명기무]란 말이 있다. 닭 우는 소리를 듣고 일어나 검무를 추다. 晋代에 祖狄[조적]과 劉琨[유곤]이라는 열혈애국지사가 있었다. 위기에 빠진 나라를 구하기 위해서 닭이 울면 일어나 무예를 연마하기를 그치지 않았다고 한다. 舞는 劍舞. 우리나라의 위대한 檢事들도 그랬으면 좋겠다. 劍舞 추는 劍士와 같은 '검사'이니 검무도 잘 출 수 있지 않을까? 法律의 기강은 아랑곳없이 검사들이 무시무시한 '검은 춤'이나 추고 있으면 국민들이 위험하다. 검사들이 추는 검은 춤을 舞文弄法[무문농법]춤이라고 한다. 그것은 법률, 법조문을 마음대로 해석 적용해서 죄를 뒤집어 씌우거나 무혐의, 기소유예로 면죄부를 주어 법의 정신을 무너뜨리는 막춤이다. 검사실에서 저 혼자 춘다면 상관할 바 아니지만, 신성한 법정에서 벌이는 막춤이기에 법의 기강은 무너지고, 억울하게 죽고 다치는 국민이 많다. 옛날 斬首[참수]집행 칼잡이를 휘광이라고 했다. 사형집행 할 때에는 사람의 목을 쳐내기가 괴로워서 막걸리를 취하도록 마셨다는데, 지금의 검사들은 폭탄주를 즐겨 마신다고 한다. 이들은 하는 일도 비슷하지만 휘광이가 마시는 막걸리와 검사가 마시는 폭탄주는 제 돈으로는 마시지 않는다는 공통점도 있다.

국망원을 아시나요?

국가정보원의 구호는 '오직 대한민국 수호와 영광을 위하여'로 되어 있다. 그러나 이 구호를 믿으려면 '대한민국'을 '정권'으로 바꾸어 '오직 정권 수호와 영광을 위하여'로 해야 한다. 이른바 국정원은 박정희 정권 때에 만들어진 중앙정보부 이래 몇 차례 이름을 바꾸기는 했지만 '대한민국'을 자신의 '정권'으로 착각하지 않았던 정권이 있었던가? 박근혜 정권의 국정원은 스스로 '대한민국을 수호하고 영광되게 한다'고 했지만 수호, 영광은 커녕 대한민국 이래 가장 형편없는 나라꼴을 만들어 놓았고, 그 주역이 국정원이었다. 그녀를 대통령으로 만든 것은 국민의 선택이 아니라 이명박 정권의 국정원 작품이었다면 국정원과 박근혜는 공동운명체에서 시작하여 결국 서로가 배신하고, 서로가 망친 셈이다. 재벌의 뇌물수수 옥쇄에서 벗어나면 될 줄 알았지만 결국 스스로 만든 국정원의 올무에서는 벗어날 수 없게 되었다. 중앙정보부, 국가안전기획부, 국가정보원을 불문하고 이들이 국가를 수호하고, 영광을 드러냈다는 데 동의할 국민은 없을 것이다. 오히려 그것들은 온 국민을 공포, 억압, 협박, 사찰, 고문, 납치, 암살, 조작, 매수, 음모의 도가니로 몰아넣었다.

국정원은 원래 국가의 이익을 위한 정보를 수집하는 것이 목적이었다. 중앙정보부의 이름이 KCIA였던 점을 생각하면 국내보다는 대외, 대공, 대북 정보수집이 주된 임무였다. 그러나 독재자들은 그것을 국내로 돌려 정권유지의 수단으로 변질시켰다. 잡으라는 간첩과 산업스파이는 안 잡고, 그 권력과 돈으로 선량한 국민들을 때려잡지 않았던가? 적어도 공식적인 발표로는 잡았다는 간첩도 진짜 간첩보다 조작된 간첩이 더 많지 않았을까? 수많은 애국지사, 정치인, 지식인, 예술인, 노동자, 학생들을 간첩이라는 올가미를 씌워 죽이고, 가두지 않았던가? 이른바 블랙리스트, 화이트리스트를 작성하여 건전한 사회예술 활동을 탄압하고 국론분열을 조장하지 않았는가? 그러나 역대의 어떤 조작사건도 국정원을 동원하여 민심까지 조작하여 국민을 속인 이명박, 박근혜 정부의 술수를 능가할 수 없다. 다른 자잘한 사건이야 일회성에 그쳤지만 이들의 흉계는 십 년 동안 지속적으로 벌어진 공작이었다. 李 정권은 자신의 부패와 비리를 숨기기 위해 국정원을 동원해 박 정권을 만들어 주었다. 국정원의 선거여론 조작공작의 지원을 받고 당선된 박근혜가 감히 자신의 치부를 드러낼 수 없을 것이라고 판단한 것이다. 그가 그녀를 선택한 이유는 그녀가 무능하고, 어리석어 자신의 죄를 건드릴 수 없다고 믿었기 때문이다. 실제로 그에게 선거부정이라는 결정적인 약점을 잡힌 그녀는 그의 덤터기까지 다 뒤집어 쓰면서도 그의 부정과 비리를 밝힐 수 없었다. 그녀가 할 수 있는 수단이란 그가 물려준 국정원 공작이라는 전가의 보도를 활용할 수밖에 없었다. 아니 국정원은 원래 아버지의 유산이었으니 내 것이나 다름없었을 것이다. 그러나 최순실의 국정농단보다 더 큰 폭발력을 가진 것이 국정원 공작정치였음이 드러나고 있다. 최순실은 미수범이지만 국정원 공작이나 뇌물은 현행범이기 때문에 그 형량이 더 무겁다. 국정원은 정권이나 대한민국을 수호한 것이 아니라 온 나라를 망국의 위기로 몰아온 주역이었다.

국정원이 내 건 구호를 보면 거기에 그 본색이 이미 드러나 있다. '음지에서 일하고 양지를 지향한다.' 음지에서 떳떳한 일을 할 수 없으니 그들이 하는 일이란 숨어서 음흉한 공작을 꾸미는 것이었다. '양지를 지향한다'는 공작의 대가를 받아 따뜻하게 일신상의 영화를 누려보자는 심보이니 나라의 이익을 그르친 대신에 자신의 영화를 차지하는 매국행위이다. '자유와 진리를 위한 무명의 헌신'이라고 했지만 자유와 헌신은 안중에도 없고, 자신의 죄악을 감추려는 匿名[익명]만 있다. '헌신'이란 '자유와 진리'가 그들에게는 헌신짝에 불과하였음을 말한다. 국정원이란 합법을 가장한 불법의 私조직이다. 국정원은 합법조직인 정부와 청와대의 법적 한계를 뛰어넘을 수 있는 超法[초법], 脫法[탈법], 越權[월권]조직이다. 그들은 정부와 청와대에서 합법적으로 해결할 수 없는 문제들을 불법, 비리, 음모, 공작 수법으로 실천하는 집행자요, 행동대이다. 정부기관이면서도 국정원은 일정한 예산도 없이 필요한 대로 돈을 마구 써도 통제 수단이 없다. 감사도 없고, 영수증도 필요 없이 만지는 대로 돈이 되는 마이다스이다. 청와대의 불법탈법 대행은 물론 그 공작비용, 자질구레한 용돈까지 책임졌다니 국정원은 대통령의 하수인이요, 私금고였다. 국정원장 스스로가 국정원 돈은 청와대 돈인 줄 알았노라고 할 정도이니 나라의 기강이 어느 정도였는지 알 만하다. 국정원이 상납한 그 돈의 본래 용도는 대공, 대외 특수공작비였다니 이명박, 박근혜는 삐뚤어진 일신상의 영화를 위하여 국가안보를 팔아먹은 셈이었다. 국가를 지키고 간첩을 잡을 돈으로 성형

시술을 하고, 불법정치자금으로, 어용단체 운영자금으로, 반정부 조직 탄압 수단으로 유용하였으니 국가안보는 안중에도 없었던 것이다. 그러면서도 그들은 입을 열 때마다 국가안보를 입에 달고 산다. 국정원장을 지낸 인물이 뱉어놓은 말이 '법 지킬 거면 국정원이 왜 필요해?'였다 하니 국정원의 본질을 찌른, 정말 국정원스러운 명언이다.

국정원은 無所不爲, 불가능이 없는 만능조직이다. 나라의 어떤 조직도 그들의 손아귀에 들어 있다. 그러면서도 대통령에게는 철저한 走狗주구, 忠犬일 뿐이었다. 개는 힘이 센 주인을 선택하는 본능이 있다. 박근혜와 최순실 중에 누가 주범인가에 대해 의문을 갖는 사람이 많을 것이다. 그 판별은 국정원의 뇌물이 어디로 많이 갔느냐를 조사해 보면 가능하다. 통치자로서 노무현 대통령의 최대 실수는 최고 권력기관인 국정원과 검찰과 언론을 개혁하려는 것이었다. 역대 대통령이 한결같이 이들에게 의지해서 정권을 꾸려왔는데 이들의 횡포를 잡으려 했으니 그는 가장 양심적인 지도자였지만 동시에 가장 무모한 대통령이었던 것이다. 노대통령의 비극적인 말로는 이들이 획책한 공작, 음모, 복수의 결과였다. 국정원, 검찰, 언론은 재벌과 더불어 대한민국을 위험하게 하는 원흉들이다.

지금 정부에서 대대적인 사정작업을 벌이고 있어 국정원의 죄과를 더 두고 보아야 하겠지만 지금까지의 결과만 가지고 말하더라도 국정원이 개입되지 않은 비리는 별로 없는 듯하다. 워낙 음지에 가려진 조직이라 그 실상을 잘 알 수는 없지만 나라를 망치는 조직임에는 틀림없어 국정원을 國亡院이라고 부르는 것이 더 적당하지 않을까?

사기강을 아시나요?

湖南, 湖西는 지역 이름으로 湖의 남쪽, 서쪽이란 뜻일 것이다. 호남은 전라도, 호서는 충남 서부를 말한다. 그런데 그 기준이 되는 湖가 무엇인지 분명치 않다. 중국의 경우 湖北과 湖南을 가르는 洞庭湖^동정호^라는 큰 호수가 있는데 비하여 우리는 그와 같은 호수가 없다. 그래서 궁리 끝에 김제에 있는 碧骨堤^벽골제^를 기준으로 삼아 그 아래를 호남이라고 말하기도 하는데 그렇게 하자니 저수지가 너무 작고, 그 북으로도 역시 호남이라 설득력이 부족하다. 湖西는 제천에 있는 義林池^의림지^를 기준삼아 그 서쪽이라고 말하기도 하지만 충북을 호서라고 하지는 않는다. 호남은 벽골제가 기준이 되고, 호서는 의림지가 따로 기준이 된다는 것도 어색한 일이다. 그런 억측보다는 錦江을 기준 삼는 것이 더 나아 보인다. 〈삼국사기〉에 '백제부흥군이 江西에서 일어났다'라고 했는데 이른바 江西가 지금의 湖西지역과 일치한다. 또 그 세력이 江東까지 세력을 뻗쳤다고 했는데, 그것은 공주를 기점으로 한 錦江의 동쪽을 말한다. 江과 湖는 상통하며, 그래서 錦江을 湖江이라 부르기도 했다. 옛날 熊州였던 지금 세종시에는 錦湖라는 지명도 있었다는 점도 이와 관련이 있을 것이다. 그러므로 호서는 공주 금강 서쪽지역이라고 정하는 것이 좋을 듯하다. 그러나 중국의 洞庭湖^동정호^의 이름을 기준삼아 생각하는 이러한 발상들이 부질없는 짓인지도 모른다.

湖가 접미사로 쓰이면 호수의 이름이 된다. 始華湖시화호 挿橋湖삽교호, 천수만湖, 새만금湖 등은 국력을 기울여 만든 대표적인 人工湖들이다. 그러나 원래의 의도와는 전혀 다르게 부작용이 심각하다. 그 중에 시화호는 제방을 철거하여 원래의 생태를 되찾았으니 애초의 인공호 조성이 실패작임이 분명해졌고, 그 해결방안도 도출된 셈인데 이 소중한 교훈을 무시하고 있으니 답답한 일이다. 삽교호도 이미 무용지물이 된 지 오래이다. 세계 3대 갯벌인 새만금을 무참하게 망가트려놓고서 할 일이 없어 거기에다 카지노나 만들 궁리를 한다니 기가 막힐 일이다. 그럼에도 불구하고 역사의 만행을 위정자들이 애써 못들은 척하는 것은 자신들의 실패를 인정하고 싶지 않아서다. 시차를 두고 이루어진 大役事였고, 그에 대한 비판과 반대가 거세었지만 환경파괴의 만행은 끊이지 않고 이어졌다. 이해할 수 없는 역사는 필경 4대강사업에까지 이어져 온 국토를 거대한 오염지대로 만들었다. 당대의 위정자들의 잘못이야 말할 나위도 없지만 지식인, 전문가를 자처하면서 사실을 왜곡하여 정권에 아부, 曲學阿世곡학아세한 자들과 언론매체들의 책임도 잊어서는 안 될 일이다. 그러한 한심한 역사를 반복하는 짓을 막지 못한 국민의 책임 또한 적지 않다. 우리 역사의 가장 큰 약점은 반성이 부족하다는 것이다. 조선의 역사를 반성하지 못해 일제에 나라를 빼앗겼고, 일제시대의 반성이 없었기 때문에 친일파 청산이 없었다. 친일파 청산이 없었다는 것은 민족을 지켜내기 위해 모든 것을 희생했던 정의가 나라를 팔아먹은 不義에 압살당한 역사를 말하는 것이며, 이 땅에 정의가 설 자리가 없어졌다는 비극적 현실을 말하는 것이다. 만약에 시화호, 삽교호, 천수만호에 대한 올바른 비판과 반성이 있었다면 새만금호, 4대강사업 같은 만행은 저질러졌을 리가 없다.

流水不腐[유수불부]란 말이 있다. 강은 흘러야 썩지 않는다. 흐르지 못하게 하면 강은 썩는다. 정말 수자원이 부족하다면 乾期[건기]에는 물을 저장해 놓더라도 최소한 雨期에는 터놓아야 강과 사람이 생명을 유지할 수 있다. 물의 본성이 '흐르는 것'이라는 사실은 水의 글자가 흘러가는 물의 모양을 그린 상형자라는 데에서도 분명하다. 氵부에 속하는 글자는 모두 흐르는 물이다. 그런데 4대강사업은 모든 강의 물길을 틀어막아 거대한 댐으로 만든 것으로도 부족하여 여러 번 막고, 또 막아놓았다. 강물의 숨통을 조이고, 또 조른 것이다. 그러니 하류로 갈수록 강물은 빈사상태에 가깝다. 물론 저수지도 필요하고, 수자원을 효율적으로 이용해야 한다는 점도 인정한다. 그러나 江河와 貯水池[저수지]를 구분해야 한다. 江河는 흘러가야 하고, 貯水池는 물을 담고 있어야 한다. 그런데 지금 우리는 흘러야 할 4대강을 온통 거대한 貯水池로 만들었다. 저수지도 흘러야 하는 강물의 생리를 최대한 보장해 주는 범위 내에서 만들어야 한다. 강물의 생명인 흐름이란 하류로 내려갈수록 커지는 것은 당연한 이치이다. 사람의 생명의 요처는 신체 위 부분인 목에 있지만, 강물의 생명의 요처는 아래 부분인 하류에 몰려 있다. 그러므로 강의 하류, 하구를 막는 것은 강의 목줄을 조이는 것과 같다. 그래서 지금 우리의 4대강은 빈사상태에 빠져 가쁜 숨을 몰아쉬고 있다. 녹조가 퍼렇다 못해 더께를 입고, 강바닥은 썩어 문드러지고, 허옇게 떠오르는 물고기를 보고서도 남의 일처럼 넘기는 우리의 무감각이 더 무섭다. 재앙도 문제이지만 재앙의 원인 규명은 더욱 중요한 문제이다. 재앙의 진실이 밝혀져야 人災가 되풀이되지 않기 때문이다. 저수지를 최대한 강의 상류로 올라가서 만들어야 한다는 것은 상식이다. 그래서 성공적인 저수지인 소양호, 대청호, 충주호 등은 모두 강의 상류에 있는 것이다. 그런데 4대강 공사는 이렇게 지극히 상식적인 원리마저 어긴 것이다. 상류로 올라가서는 안 될 것이 따로 있으니 그것은 축사와 공장이다. 이들은 강의 상류에서 환경오염물질을 대량으로 쏟아내고 있다. 그들이 쏟아내는 오염물질은 육류수입에 드는 외화보다 그 손해가 더 크다. 설령 그 시설이 필요하더라도 최대한 하류지역으로 유도해야 한다. 그런데 댐은 아래로 내려오고, 축사는 위로 올라가고 있으니 이런 청개구리 짓으로 우리의 자연환경과 미래를 어떻게 지켜낼지 난감하다.

4대강사업은 국력을 기울인 단군 이래의 대역사였다. 그렇다면 그에 대한 반성, 평가도 역사적이어야 한다. 그 대역사의 평가를 한답시고 환경파괴의 정도나 따지고, 홍수조절 능력의 효율성을 가지고 왈가왈부하는 것이 우리의 의식수준이다. 기껏해야 강의 오염과 녹조의 심각성을 알리는 정도가 고작이다. 최소한 그 막대한 예산을 다른 사업에 투자했더라면 그 결과는 어떻게 달라졌을까를 따져보는 것이 올바른 평가이다. 예를 들면 인공지능개발사업, 3D프린트사업, 로봇산업, 드론산업, BT산업, 우주산업, 4차산업 등 선진국들이 이룩한 것을 좇아가기만 했어도 지금 우리의 위상은 훨씬 달라졌을 것이다. 4대강사업은 민족적인 도약을 할 수 있는 귀중한 시간과 예산을 날려버린 역사적 과오였다. 그것은 세계적 추세와는 터무니없이 동떨어진, 미국이 백 년 전쯤 벌였던 뉴딜사업 수준의 전근대적이고, 시대착오적인 토목사업에 불과하였다. 우리가 엄청난 착오로 헤매고 있는 동안에 주변의 경쟁자들은 어떻게 발전했는가를 따져보는 것이 4대강사업에 대한 올바른 손익계산법이요, 역사에 대한 반성평가이다. 그 사이에 중국은 G2로 성장하였고, 일본은 아베노믹스를 성공시켰다. 글자 한 자만 바꾸면 그대로 '사기강사업'이 되는 것은 우연이 아니다. 그러고 보면 이 대통령이 자주 사기혐의로 거론되는 것은 우연이 아닐 것 같다. 앞으로는 이러한 일이 다시는 없도록 엄정한 역사의 교훈을 세워야 하는 것이 올바른 반성과 평가이다. 그러려면 우선 역사의 범죄자들이 잘못을 인정하기는커녕 궤변을 늘어놓으면서 뻔뻔스럽게 활보하지 못하도록 하는 것이 우선 필요한 반성과 평가이다. 그들이 활개치고 다니는 것은 불의가 횡행하는 것을 방관하는 것과 같다. 요즈음 댓글사건이나 DAS, 原電비리 등에 쏠려 자원외교나 사기강사업이 뒷전에 밀려있는데 절대로 그냥 넘어가서는 안 될 중대범죄이다. 그것만으로도 탄핵사유는 충분할 것이니 그는 운 좋은 대통령이었다. 그 좋던 운이 언제까지 갈 것인지 지켜 볼 일이다. 박근혜는 현행범이었기 때문에 탄핵을 당하고 중형을 면하기 어렵지만 이명박의 수법에 비하면 순진한 구석이 있고, 죄질도 오히려 가볍다. '역사를 관용하는 것은 관용이 아니라 무책임이니, 관용하는 자가 잘못하는 자보다 더 죄이다'라는 도산 안창호 선생의 말을 새겨볼 일이다. 정치보복을 하고, 전직 대통령을 함부로 하자는 것이 아니라 옳고 그름을 가려 후세에 교훈을 삼자는 말이다. 정부에서 그것을 실행하지 못한다면 무능한 까닭이고, 실행하지 않는다면 그 과오에 동조한 것과 다르지 않다. 무능이건, 동조이건 역사적 책임에서 벗어날 수 없다.

SAMSUNG 재판

삼성 총수 이재용에 대한 유죄선고는 우리 헌정사상 획기적인 판결이다. 주지하다시피 한국은 세계에서 유례를 찾기 힘들 정도로 강력한 재벌공화국이고, 삼성은 그 재벌 중에서도 단연 독보적인 존재이다. 그 자산규모는 물론 정보운용역량에서도 청와대를 능가한다고 한다. 주인의식이 결여된 정부기관의 인력보다 소속의식이 뚜렷한 사기업 삼성의 응집력이 강하다면 어떤 의미에서 정부 이상의 조직을 가진 곳이다. 우리의 재벌들은 역대 정부의 절대적인 지지와 보호를 받아왔기 때문에 지금은 국가와 사회로부터 그 지위를 자연스럽게 인정을 받은 상태이다. 나라의 國富와 국민의 생존권을 통째로 장악하고 있으면서도 그것을 당연한 것으로 여기고 있으니 한국의 재벌은 나라를 쥐고 흔들 수 있는 위력을 가지고 있다. 정경유착이란 말로 대변되듯이 그들은 정치권력과 바짝 붙어 철두철미 공생한다. 정객들은 재벌에게 수출과 국가경쟁력을 높인다는 명목으로 국민세금과 각종 利權과 특혜를 몰아주고, 재벌은 정객들에게 부당한 비자금으로 정치자금을 제공한다. 재벌은 정객들의 축재와 통치자금 공급자이다. 이러한 짬짜미 가운데에서 국민은 필연적으로 정당한 기회와 대가와 이익을 그들에게 빼앗기게 된다. 우리나라에서 중소기업이 성장할 수 없는 이유도 재벌이 이권을 독점하기 때문이다. 재벌이 국부를 독점하고 있다면 국민들은 그 하수인일 수밖에 없다. 정권이 국민이나 중소기업을 무시하고 홀대하는 이유는 거기에서는 거액의 비자금과 뇌물을 기대할 수 없는 잔챙이들이기 때문이다. 사회주의자들이 말하는 이른바 노동력 착취가 여전히 성행하는 곳이 대한민국이다. 그래서 우리는 소득분배의 편중이 심각한 나라 중의 하나이다. 대한민국 재벌 중에서 기업의 이익을 국민과 공유하겠다는 기업윤리를 가진 재벌이 몇이나 되겠는가?

삼성은 세계적으로 자타가 공인하는 철옹성 재벌이다. 그동안 여러 재벌들이 司法의 처분을 받은 적이 있었지만 삼성은 모든 위기를 교묘하게 빠져나갔던 것은 또 하나의 삼성신화이다. 그 신화가 이번에 처음으로 깨진 것이다. 그것은 정경유착의 고리를 끊을 수 있다는 가능성을 보여준 것이고, 재벌공화국도 난공불락의 철옹성은 아닐 수 있다는 가능성을 보여 주었다는 점에서 우리나라에 희망을 준 역사적 사건이다. 이 땅에 이제 법의 정의가 섰다는 긍지를 준 것이고, 국민도 재벌을 이길 수 있다는 믿음을 준 쾌거이다. 우리가 그토록 갈망해왔던 정의사회를 이룰 수 있다는 희망을 주었고, 어그러진 우리의 역사를 바로 세울 수 있다는 자신감을 심어 주었다. 물론 양심적인 사법부를 칭찬해야 되겠지만 과거의 정부에서는 기대할 수 없었던 사건이었다는 점에서 현 정부에 큰 기대를 걸어도 좋을 것 같은 이유이다. 이참에 세습재벌이라는 악습을 청산할 기회로 삼았으면 좋겠다.

세습재벌도 우리나라가 아니면 그 유례를 찾아보기 어려운 구시대의 적폐이다. 이재용이 없으면 삼성과 나라가 흔들릴 것이라고 걱정하는 사람들이 많다면 우리의 모든 가능성과 희망은 사라지고 만다. 나라의 운명이 일개 재벌에 의해 좌우되고, 대한민국 최대 재벌의 운명이 한 사람에 의해 좌우된다면 어차피 우리나라는 위험한 나라이다. 삼성이 무너지면 나라가 위험할 것이라고 염려한다면 미래에 대한 의지가 없이 노예근성에 젖어있는 사람들이다. 아직 확신할 수는 없지만 총수 부재에서 '17년 삼성전자 영업실적이 창사 이래 최고였다는 사실은 그들의 생각이 어리석었다는 것과 삼성의 저력을 입증하는 낭보이다. 이제 삼성은 총수세습 없이도 굳건한 바탕을 가지고 있음이 입증되었고, 이러한 사실은 다른 재벌에서도 얼마든지 가능하다는 희망을 보여 준 것이다. 설령 이번 판결로 삼성이 경영이 흔들려 국가경제가 어려움에 처한다 하더라고 그동안의 모순과 적폐에서 벗어나 정의사회를 이룰 수 있다면 그것이 훨씬 가치가 큰 것으로 기꺼이 감수할 가치가 있다. 알다시피 재벌중심 구조를 중소기업 중심으로 바꾸는 것이 국가경제를 튼튼히 하는 길이다. 세습재벌에서 능력본위 경영체제를 구축하는 것이 주식회사의 민주적 정신을 살리는 길이다. 모처럼 내린 사법부의 용단을 기업의 건전한 발전과 사회정의와 역사를 바로 세울 수 있는 소중한 기회로 삼아야 한다. 더 두고 보아야 하겠지만 이번 판결은 일개 재벌에 대한 단죄에 그치는 것이 아니라 박근혜 대통령 탄핵판결과 함께 우리에게 아직 이성과 저력과 희망이 남아있음을 보여준 역사적 쾌거이다.

졸부 천하

'갑자기'를 猝地[졸지]라고 하고, 갑자기 운이 좋아 부자가 된 사람을 猝富[졸부]라고 한다. 拙[졸]은 졸렬하고 못난이다. 그런 자가 부자가 되었으니 영락없는 拙富이고, 이어서 拙丈夫를 면하기 어렵다. 우리나라의 재벌들은 자수성가한 경우도 있지만 대개는 정부의 재벌양성정책의 특혜를 받아 졸지에 부자가 된 졸부들이다. 우리나라 재벌들의 비도덕적이고 천박한 기업윤리는 우연이 아니다. 그러니 그들이 돈의 가치를 제대로 살려 쓰기가 쉬운 일이 아니다. 로또에 당첨되고서 잘 사는 사람보다 그렇지 못한 사람들이 더 많다고 한다. 부모 덕택에 힘 안들이고 富를 누리는 사람들도 이와 크게 다르지 않다. 우리나라처럼 세습재벌이 당연한 일로 받아들여지는 나라도 드물 것이다. 세습재벌은 재벌의 기업윤리가 없음을 입증하는 것이다. 우리나라의 재벌 형성기를 보면 대부분 정부의 금융특혜와 부채탕감이라는 불공정 봐주기로 기반을 다졌고, 그것은 통치자의 은혜가 아니라 모두 국민의 피땀어린 혈세와 저축이었다. 그러므로 재벌들은 원천적으로 국민에게 빚이 있다는 사실을 똑똑히 알아야 한다. 이러한 형편에서 세습재벌은 윤리적으로 국민에게 떳떳하지 못하며, 법리적으로 정당하지 못하고, 기본적으로 불공정한 경쟁에서 이루어진 결과이므로 도덕적 부담을 가져야 마땅하다. 그러한 재벌들이 1, 2대를 누리고, 이제는 3, 4대가 스스로 세습기업주가 되는 것을 당연한 권리로 안다면 염치없는 일이고, 그것을 당연한 것으로 용인하는 국민은 愚民을 벗어나지 못한다. 재벌들은 워낙 뻔뻔스런 독종이라서 '부자 3대 가지 못한다'라는 속담도 옛말이 되었다. 새 정부가 들어서 잘못된 재벌의 체질개선을 다짐하고 있으니 그에 대한 국민의 기대가 자못 크다. 그래도 국민으로서 재벌들의 양심에 호소하고 싶다. 바라건대 치사한 탈세를 통한 유산상속으로 떳떳치 못한 재산을 독점할 궁리를 하기보다는 이제는 사회로부터 받은 혜택을 사회에 환원하는 성숙한 기업정신을 발휘했으면 좋겠다. 그렇게 한다면 先代는 비록 拙富였더라도 후손은 존경받는 지도층이 될 수 있다.

사회의 기대와 상관없이 우리나라의 기업주는 突出[돌출]한 猝富, 拙富라서 그들에게 國富를 다 맡기자니 나라의 장래가 위험하기 짝이 없다. 국부는 나라의 주인인 국민이 갖고 있는 것이 옳다. 만약 정부에서 國富를 차지하고 있다면 국민의 지갑은 그만큼 얇아질 수밖에 없다. 서민의 지갑이 비어있는데 소비가 살아날 리 없다. 경제를 살리려면 재벌을 살찌우기보다는 서민의 지갑부터 채워야 한다. 그런데 우리나라의 國富는 국민도, 정부도 아닌 재벌이 독점하다시피 하고 있다. 정부가 말로만 경제정의 실현, 재벌 개혁을 내세우지만 개혁은커녕 재벌의 눈치를 살펴야 하는 이유이다. 그러니 힘없는 봉급쟁이와 양식 있는 지식인들이 아무리 경제 개혁, 경제 정의를 외쳐보아도 소용없는 일이다. 국부를 쥐고 있는 재벌의 눈치를 보지 않고서는 정권유지가 어렵기 때문이다. 國富[국부]와 局部[국부]가 발음이 같은 것은 우연이 아닌 성싶다. 재벌은 정부의 局部도 같이 쥐고 있기 때문이다. 국부라는 말이 심하다면 아킬레스건이라 해도 좋다. 중소기업 육성이 공염불에 그치는 것도 '가난한 다수'인 중소기업을 상대해서는 부정한 돈과 정치자금을 거두어들이기가 번거롭기 때문이다. 그들은 통 큰 재벌들을 통 크게 봐주고, 통 큰 떡고물을 챙기는 것이 통 큰 정치라고 생각한다. 소시민이나 중소기업들을 상대하는 것은 치사한 토큰정치에 불과하다고 믿고 있다. 토큰은 동전처럼 만든 옛날 서울시내 버스 승차권이다.

재벌들이 정부의 국부를 틀어쥐고 있으면 재벌들의 손에 나라의 운명을 맡겨야 한다. 국민과 정부는 나라를 떠날 수 없지만 재벌들은 언제라도 보따리를 싸가지고 나라를 떠날 수 있다. 아니 지금도 상당부분의 國富[국부]를 알게 모르게 해외로 빼돌려놓았다. 이른바 Paper Company라는 것이 國富유출 수단의 하나이다. 그것도 모자라서 수틀리면 기업을 통째로 해외로 옮기겠다고 정부에 대놓고 협박까지 하고 있는 형편이다. 재벌이 해외로 나가면 재벌에서 흘러나오는 국물이나 받아먹으려는 국민들의 소박한 소망도 날아갈 판이다. 재벌은 망해도 기업주는 끄떡없고, 애꿎은 노동자만 실업자가 된다.

최근 造船, 海運회사들의 사태는 그들이 얼마나 추악하고 파렴치한들

인지 여실히 보여준다. 그들은 경제적인 반역자들이어서 옛날 같으면 극형을 받을 죄인들이다. 가난한 노동자의 최저임금은 한 시간에 7천여 원이 고작이지만 나라 돈 뭉텅 떼먹은 권력자, 악질 기업주는 노역 시늉만 해도 일당 수백, 수천만 원을 주는 기막힌 일이 지금 우리나라에서 벌어지고 있다. 도대체 그렇게 말도 안 되는 일이 우리나라에서 벌어지고 있다니 믿을 수 없는 일이다. 天人共怒할 일이어서 이것만은 특별히 하느님께 하소연하고 싶다. 하느님! 저들에게 최저임금을 받는 서민들은 무엇일까요? 우리가 파렴치한 猝富[졸부]와 拙富[졸부]들에게 천벌을 내리기를 기도해야 할까요, 엉터리 법을 집행하는 법관들을 저주해야 할까요, 아니면 저것들을 싸고도는 정부를 심판해 달라고 기도할까요? 저기는 소돔입니까, 고모라입니까? 저들 중에 義人이 한 사람이라도 있답니까?

국민이 주인이다

맹자는 임금 전용의 정원이나 사냥터는 좁을수록 좋다고 했다. 그럴수록 상대적으로 백성의 농지는 늘어나기 때문이다. 예나 지금이나 관청의 건물이 크고, 首長의 화려한 집무실과 호화 승용차는 후진국 현상 중의 하나이다. 그것은 힘없는 백성들의 혈세를 거두어서 권력자의 권세를 과시하는 행위이다. 그런 뻔뻔스러운 행위를 하는 권세자들은 국민의 권익을 무시하는 것이며, 그것에 맹목적으로 굴복하는 납세자들은 민주시민의 기본적인 권리마저 모르는 어리석은 국민이다. 靑瓦臺[청와대], 國會, 政府廳舍[정부청사] 郡守室, 校長室이 작을수록 국민의 권익은 커진다는 사실을 맹자가 일찍이 선언했었다. 대한민국에서 가장 염치없는 국회의원들의 혈세낭비도 참기 어려운데 요즈음은 지방의회 의원들까지 나서서 그 못된 흉내를 내고 있다. 그들이 누리는 권세를 돈으로만 따져보아도 분노를 참기 어려울 정도이다. 국민의 고혈을 짜낸 세금을 축내면서도 하는 작태를 보면 도둑에 가깝다. 그런 자들이 국민의 대표라니 국민까지 도둑이 될 판이다. 선거는 자신의 수준에 맞는 대표를 뽑는 것임을 알아야 한다. 자신들이 낸 세금이 오히려 자신들의 권익을 짓밟는 권력이 되어 돌아온다는 사실을 잊지 않는 지각이 있어야 위정자들이 함부로 부당한 권세를 휘두르지 못한다. 관청의 건물이 작을수록 국민의 권익은 커진다는 사실을 안다면 웅장한 관청 건물에 대해서 자부심이 아니라 분노를 느껴야 지각 있는 국민이다. 정부와 고급관리에 대한 선망과 공경만을 미덕으로 삼아 온 봉건주의 잔재가 세계 최고의 교육수준을 자랑하는 국민을 '개, 돼지'로 비하하는 발언을 서슴지 않게 만들었다. 취중失言이라고 변명하지만 국민에 대한 평소의 인식과 잠재의식이 가감 없이 드러난 사례의 하나에 불과하다. 권력자들이 하는 짓이란 늘 그렇다. 하나를 보면 열을 미루어 아는 것이 見一知十, 작은 것에서 큰 것을 미루어 짐작하는 見微知著[견미지저]의 지혜와 지각이 있어야 공정사회를 이루고, 민주시민이 될 수 있다.

관 쓴 도둑

맹자의 어머니는 자식 교육을 위해서 이사를 세 번이나 했다는 고사가 孟母 三遷之敎삼천지교이다. 이와는 전혀 다른 이야기이지만 우리 사회에서는 移徙이사도 자주 해야 집안이 발전하고 돈을 벌 수 있다는 믿음이 있다. 영악한 아내를 두어 이사를 몇 번 재치 있게 하면 남편이 피땀 흘려 평생 받는 봉급보다 더 많은 돈을 벌 수 있다. 옛날 중국의 聖君은 세 번 쫓겨 이사를 했어도 백성들이 모여들어 나라를 이루었다는 고사가 三徙成國삼사성국이다. 그런데 진짜 고수는 번거롭게 직접 이사를 하지 않고, 위장 전입을 해서 더 큰 일을 할 수 있는 힘을 기르는 것이 우리의 사회풍토이다. 그래서 고위직 임명을 위한 청문회에서 부동산 투기와 위장 전입은 빠지지 않는 기본요건이다. 부정축재, 탈세와 세금체납, 전관예우, 논문표절, 교묘한 병역기피, 이중국적 등 고위직에 오르려면 이런 정도의 부정행위를 할 수 있어야 한다는 사실을 보여주는 것이 국회 청문회이다. 이는 범법행위가 상류사회로 진출할 수 있는 기반이 되므로 법을 곧이곧대로 지키다가는 하류층을 면할 수 없다는 해괴한 논리를 성립시키는 짓이다. 새 인물을 등용하기를 꺼려하거나 회전문 인사를 할 수밖에 없는 이유가 청문회를 통과할 인물이 없어서라고 하니 이 나라는 범법자들의 세상이다. 회전문 인사의 또 다른 이유는 내놓고 쓸 만한 인물이 없어서라고 한다. 그 '쓸 만한'이라는 것이 그 사람의 '능력'이 아니라 통치자가 '마음대로 할 수 있는'이기 때문에 이런 범법자와 아첨배들이 권력층에서 횡행하는 것이다. 그들은 정도의 차이가 있을 뿐 기본적으로 권력만을 쫓아다니는 도덕불감증 환자들이다. 그들에게 관직을 주었으니 관 쓴 도둑을 만들어 준 것이다. 옛날에는 양반들이 홍패를 휘두르더니 지금은 관 쓴 도둑들이 횡행하는 대한민국, 이것이 사회구조의 잘못인가, 아니면 통치자의 잘못인가? 그도 아니라면 국민들의 어리숙함인가? 일국의 대통령이 소신 있는 공무원을 찍어냈으니 이러한 풍토에서 어떻게 국가기강이 설 것이며, 소신 있는 공무원, 滅私奉公[멸사봉공]하는 淸白吏[청백리]를 어디 가서 찾을 것인가? 부패가 만연한 공직사회로 나라가 잘 되기를 바라는 일처럼 어리석고 절망적인 일이 없다. 공무원이 부패한 사회는 엔진이 썩은 자동차이다. 그런 의미에서 박근혜 탄핵은 우리를 절망의 구렁텅이에서 구해낸 역사적 사건이었다. 무엇보다도 국가기강을 바로 세우는 일이 급하다. 적폐청산은 그러한 정신에 의해서 추진되어야 한다. 현 정부에서 벌이는 적폐청산이 또 다른 적폐가 된다면 우리에게 희망이 없다.

언론 작란

글을 잘 써 오히려 화를 입는 것이 筆禍[필화]이다. 예나 지금이나 입과 붓을 잘못 놀려 화를 당하는 일이 많은 것을 보면 언론은 양날의 칼이다. 펜은 총보다 강하다는 생각은 서양 사람들의 언론관이다. 우리는 그것을

直筆[직필]이라고 했다. 우리 언론매체들의 筆力은 어떤지 생각해 볼 일이다. 筆力은 글 쓰는 재주가 아니라 올바른 가치관에서 나온다. 요즈음 각종 언론매체들의 기사나 사설을 보면 문장력이나 論調[논조] 論理力에서 옛날에 비해서 손색이 많다. 그들의 문장력, 수사력의 부족도 있겠지만 권력에 야합하는 筆客, 論客, 앵커들이 많다는 것이 문제이다. 그들은 언론인으로서의 사명보다는 개인의 편의와 영달에 눈이 멀어 필력의 약화는 물론 진실마저 왜곡하는 일이 허다하다. 언론사 역시 본분을 망각하고 권력과 야합하여 기업의 이익을 추구하는 데에만 몰두한다. 옛날에는 논객과 언론사가 권력에 맞서 투옥도 되고, 굴복도 하였지만 지금은 스스로 알아서 권력의 비위를 맞추기에 바쁘다. 사회의 목탁, 정의의 수호자가 스스로 권력의 시녀가 된 것이니 그야말로 移的就箭[이적취전]하는 천박한 市井잡배, 무뢰배들과 다르지 않다. 的은 과녁이다. 과녁을 향하여 화살을 쏘아 맞추는 것이 궁도인데 과녁을 들고 오는 화살에 갖다 맞추는 극단적인 아첨행위이다. 국내 최다 부수를 자랑하는 일간지와 그 主筆이 벌인 사회적 추행은 그들도 타락한 재벌, 법관, 고위공무원, 추악한 정객들 못지않은 伏魔殿[복마전]임을 입증한 것이다. 언론의 간교한 글장난과 말장난을 浮筆浪墨[부필낭묵]이라고 한다. 이들의 간교한 붓장난은 作亂[작란]에서 온 말이니 그야말로 장난이 아니다. 정의롭지 못한 지도계층, 바르지 못한 사회에서는 총보다 강한 정의로운 언론이 나올 수 없다. 우리의 민주주의를 쓰레기통에서 장미를 찾는 격이라고 매도한 외국 언론의 일갈이 옛날인데도 잊혀지지 않는다.

떠도는 나그네는 근심이 많을 수밖에 없는데 그래서 나그네를 騷客[소객]이라 한다. 騷客은 자연 넋두리 한탄이 많은 詩人, 文人이 될 소질이 다분한데 그래서 그들을 騷人墨客[소인묵객]이라 한다. 墨客은 먹을 갈아서 먹고사는 사람이다. 요즈음으로 말하면 言論人, 論客, 作家, 詩人, 앵커 같은 사람들이다. 이들은 원래 사회를 깨우치는 바른 글로써 筆禍[필화], 옳은 말로써 舌禍[설화]를 입기 쉬운 사람들이다. 그런데 이러한 위험성을 轉禍爲福[전화위복]으로 삼는 언론이 官治언론이요, 御用언론인들이다. 요즈음 筆禍를 입는 정직한 騷人은 적고, 富貴를 누리는 간교한 글쟁이, 말쟁이들은 많다. 사회의 올바른 길을 제시하는 木鐸[목탁]이 되어 국민의 눈과 귀와 입이 되어야 할 언론인, 지식인들이 천박하고 교묘하고 달콤한 巧言利說[교언이설]로 국민을 속여 여론과 민심, 천심을 조작하고 있다. 그 대가로 국민의 혈세를 축내고 부귀를 보장받는 국회의원이 되는 일이 잦다. 아무 쓸모없이 양식만 축내는 물건들을 옛날 사람들은 酒瓮飯囊[주옹반낭] 술단지 밥통이라고 했다. 그들은 그만도 못하여 하늘과 국민의 눈과 귀를 속이는 기만행위를 일삼고 있으니 천벌을 받을 일이다. 그런데도 아직 그들이 살아있는 것은 아직 일부 괜찮은 언론이 남아있기 때문이다. 언론이 죽은 사회는 전체주의 독재국가이다. 대한민국이 아직 그렇지 않은데도 언론이 제구실을 못한다면 언론탄압이 아니라 순전히 언론인들이 스스로 택한 타락이다. 자유당, 군사독재정권 시대에 수많은 언론인 지식인들이 희생을 무릅쓰고 서슬퍼런 正論直筆[정론직필]을 토해냈기 때문에 지금의 민주사회가 있을 수 있었음을 알아야 한다. '16년 우리나라의 언론자유지수는 세계 70위라고 한다. 세계 10위 안에 든다는 국력을 가진 나라에서 70위의 언론능력밖에 유지하지 못한다면 우리나라의 언론인들은 용서받지 못할 역사의 죄인들이다. 이들의 作亂이 그치지 않는다면 나라가 위험해지고, 나라가 무사하려면 이들이 크게 각성해야 한다.

백년하청

조선시대에 청렴한 관리를 선정하여 청백리로 기록하여 역사에 명예로운 이름을 남긴 전통이 있었다. 요즈음에 더 절실한 제도이지만 지금의 힘 있는 자들은 이러한 제도를 달가워하지 않는다. 권력은 늘 부정한 재물과 부패를 먹고 살기 때문에 소신있고 청렴한 공무원을 좋아하지 않는다. 정치인이 청렴하기를 기대하는 것을 百年河淸이라고 한다. 중국의 黃河는 늘 흙탕물이어서 백 년이 지나도 한 번도 깨끗해질 리 없으니 아예 기대할 수 없다는 말이다. 그러한 중국도 요즈음 국운을 걸고 부패척결에 나섰다고 한다. 부패는 중국의 발전을 가로막는 족쇄였기 때문에 이에 성공한다면 중국은 더욱 강해질 것이다. 중국이 그렇다면 漢江물이 깨끗해지려면 몇 년이 걸릴지 궁금하다. 그래도 한강은 황토물이 아니라 더 희망적이다. 다만 환경오염에 의한 중금속 오수가 그리 간단할 것 같지는 않다. 우리나라의 국가청렴도는 OECD 중 최하위에 가깝다. 이 썩은 내장을 도려내지 않고서는 우리에게 희망은 없다.

清君側[청군측]은 군주의 주변을 깨끗이 해야 한다는 말이다. 부패는 항상 권력자로부터 나오므로 권력자의 주변부터 숙청해야 나라가 깨끗해진다. 자고로 친인척과 측근들을 정리하지 않으면 설령 청백리가 있다 하더라도 견뎌낼 수 없다. 역대 대통령들이 친인척 비리에 시달렸으며, 박 대통령은 피붙이 형제들은 멀리 했으면서도 엉뚱한 최씨 일가에 사로잡혀 더 큰 화를 면치 못했다. 권력자는 淸白吏를 요구하기 전에 먼저 자신의 주변부터 먼저 살펴야 한다. 권력자가 깨끗하면 탐관오리가 스스로 견디지 못하고 물러가는 법이다. 그렇지 못하면 탐관오리가 오히려 청백리를 쫓아내게 된다. 악화가 양화를 구축하는 '그레샴의 법칙'이 우리 사회에 만연하여 소신 있는 청백리가 탐관오리나 복지부동파에 밀려나고 있다. 청와대나 권력기관을 사칭하는 범죄가 성행하는 현상을 범죄자 탓으로 돌리지 말고, 통치자부터 깨끗이 하고 清君側을 서둘러야 한다.

청군측이 처음부터 좋은 뜻은 아니었다. 漢나라에 早錯[조조]라는 사람이 제후의 세력을 견제하려는 정책을 펴자 위기를 느낀 제후들이 조조를 제거하기 위하여 그를 부패한 관리로 내몬 정치적 모략이었다. 결국 청군측의 정략이 성공하여 충신이었던 조조가 속절없이 희생당한 슬픈 역사이다. 통치자가 부패하고 어리석으면 청백리도, 충신도 배겨나지 못한다. 肅淸[숙청]은 원래 깨끗하고 맑게 하는 것이다. 숙청이 절실히 필요한 곳은 우리 공직사회이다. 그러나 탐관오리가 널려있는 우리사회에서는 그런 말이 잘 안 들리고, 오히려 북한에서 자주 들린다. 북한에 탐관오리가 특별히 많아서가 아니라 숙청이라는 억울한 누명을 쓰고 희생당하는 사람들이 많은 탓이다. 숙청이란 우리에게는 팔리지 않는 약이고, 북한에서는 약물남용이다.

고용의 도리

요즈음 雇用法을 두고 노사정 간에 갈등이 많은데 예로부터 노동자와 사용자 사이에는 이익이 상충되는 면이 많았지만 우리의 歌辭 雇工答主人歌고공답주인가를 읽어보면 요즈음 정부에서 노사 간에 어떠한 해법과 정책을 세워야 할지 시사하는 바가 많다. 여기에서 雇工은 주인에게 고용된 머슴이고, 주인은 통치자인 임금이다. 관리를 집사로 비유하고, 백성을 일꾼으로 비유하고, 임금을 주인으로 비유한 것은 왕정시대에 있을 수 있는 발상이지만 관리는 임금의 심부름꾼에 불과하므로 임금의 선정이 백성에게 골고루 미칠 수 있도록 해야 하는 책임을 다해야 한다는 발상은 지금도 본받아야 할 탁견이다. 더 소중한 교훈은 고용은 사용자의 권리가 아니라 노동자를 보호하는 치세의 도리라고 했다. 노동자가 기업의 이익창출을 위하여 존재하는 것이 아니라 기업이 노동자의 생존을 위하여 존재해야 한다는 것이 봉건주의 조선시대에 있었던 고용의 철학이었다. 그런데 민주주의 시대인 지금에 와서 그 실상이 거꾸로 되었다면 봉건주의,

사회주의만도 못한 천박한 자본주의가 틀림없다. 오로지 사용자의 이익과 편의를 위해서 노동자의 解雇해고를 능사로 아는 雇用主고용주는 부도덕한 기업주요, 그러한 악법을 제정하여 기업주의 이익만을 보장해 주는 정부는 국민을 재벌에게 팔아먹는 짓이다. 노동자가 자산가가 쓰다 남은 찌꺼기를 얻어먹고 사는 모순된 경제구조가 사회주의와 공산주의를 성립시켰다. 사회정의가 실현되면 구태여 강압수단을 쓰지 않더라도 공산주의는 스스로 견디지 못하고 소멸된다는 사실을 역사가 증명하고 있다. 국가안보는 군비를 증강하고, 핵무기로 무장하고, 대북압박으로 되는 일이 아니다. 그것은 오히려 대량살상과 전쟁을 재촉하는 길이다. 공정한 사회가 실현되면 구태여 반공, 멸공을 외치지 않아도 공산주의는 설 땅이 없으며, 북한 공산당 정부와 핵무기는 더 이상 위협이 되지 못하고 스스로 무너지고 만다. 이것이 병법에서 말하는 싸우지 않고 이기는 不戰而勝부전이승이다. 노동자들의 간절한 절규를 걸핏하면 좌경, 종북, 빨갱이로 몰아세우지 말고, 왜 그런 주장을 하는가를 성찰하는 것이 국민을 위한 따뜻한 정치이다. 설령 일부 과도한 요구를 하고, 다소 폭력적이라 해도 증오어린 억압보다는 관용을 베푸는 것이 국민을 위한 정치의 기본이다. 기본적으로 그들은 보호받아야 할 약한 국민이기 때문이다. 반항하고 저항하는 국민은 최루탄이나 물대포로 쏘아죽일 정도로 악질국민이 아니라 대개는 불우한 국민이다. 불우한 그들에게 참을성 있게 따뜻한 손을 내밀어 본 적이 있는가? 막강한 권력을 가지고 사사건건 국민과 대립하는 것은 정치가 아니라 국민과 척을 짓고 싸우자는 것이다. 지금 정작 민주주의를 위험하게 하는 것은 좌경, 사회주의가 아니라 천박하고 타락한 자본주의와 위정자들이다.

세금 이야기

井田制는 고대의 납세제도였는데 재배면적 1/9의 소출을 세금으로 냈다. 井자는 아홉 개의 네모 칸으로 되어 있기 때문에 붙여진 이름이다. 그 과정에서 백성들은 세금으로 낼 부분을 최대한으로 줄여 私有를 늘리려고 노력하였다. 주어진 경작지에서 公田을 줄이고 私田을 늘리려는 짓이 私利私慾이다. 私는 禾에 厶의 뜻이 모인 會意자이다. 厶는 我, 私이다. 〈설문해자〉에 禾利重이라고 했으니 곡식은 원래 탐나는 물건이므로 소출에서 최대한 자신의 이익을(私) 챙기기 마련이다. 私자가 곡식인 禾部인 이유이다. 공적인 세금을 우선 납세하고 나서 개인의 재산을 챙기라는 말이 先公後私선공후사이다. 그러니 납세는 민주시민이 지켜야 할 기본 덕목임을 말할 것도 없다.

稅政은 예로부터 국가경영의 기반이요, 핵심이었다. 지금도 國稅廳국세청은 정부의 실질적 3대 권력기관이다. 稅政이 올바르면 국가는 건강해지고, 반대이면 국가는 스스로 무너진다. 조선의 멸망도 세정의 문란에서 시작된 것이다. 나라를 밖으로 지키는 것은 국방, 외교이지만 안으로 지키는 것은 교육과 세정이다. 세금이 공정하게 매겨지고 거두어지고 있는가, 정당하게 사용되고 있는가에 대해서 관심을 갖는 것이 민주시민의 권리요, 책임이다. 우리 주변에는 이른바 '눈먼 돈'이 그렇게 많다고 한다. 눈먼 돈이란, 박봉을 쥐어짜낸 혈세가 누수되는 수도관처럼 아무 의미 없이 낭비되는 돈이다. 믿기 어려운 말이지만 국가예산의 절반만 제대로 쓰여도 성공이라고 한다. 우리 국방예산은 북한의 30배가 넘는다고 한다. 그러면서도 우리는 미군이 없으면 북한을 감당할 수 없어 전시작전권마저 없으니 분통이 터질 일이다. 그 많은 국방예산은 어디로 가는가? 가끔 터지는 방사청 비리로 미루어 볼 때 우리 국방비는 눈먼 돈이 확실하다. 방사청 비리야 국방예산 부정의 빙산의 일각일 뿐이고, 전시작전권이 없는 가장 큰 이유는 눈먼 국방예산 때문이다. 국방예산만 제대로 집행되었다면 전시작전권은 벌써 우리 것이었을 것이다. 그러므로 국방예산의 엄정한 집행이 안보의 첫걸음이다. 세금이 올바르게 쓰여진다면 세금 내기를 억울해 하는 사람도 크게 줄어들 것이다. 알고 보면 눈 먼 돈은 공짜 돈이 아니라 모두 우리가 낸 血稅이므로 남의 일이 아니다. 눈먼 돈을 하나라도 밝히려는 의지를 가지고 정당한 예산집행을 요구하는 것이 국력의 낭비를 막는 민주시민 정신이다. 매사에 '누가 낸 세금인데—'를 입에 달고 살아야 한다.

성실한 봉급 納稅者납세자가 있는가 하면, 脫稅탈세를 능사로 하는 사업자가 있다. 그들은 세금을 곧이곧대로 내다가는 사업을 할 수 없다고 대놓고 말하니 애초부터 脫稅를 작정한 것이다. 정작 돈 많은 사람은 탈세할 궁리나 하고 있으니 어쩔 수 없이 힘없고 돈 없는 봉급자가 납세할 수밖에 없는 것이 우리 세정의 현실이다. 그것은 자본주의와는 상관없는 일이요, 민주주의는 더구나 아니다.

直接稅[직접세]는 납세자가 알고 내는 속 쓰린 세금이고, 間接稅[간접세]는 납세자의 의사와 상관없이 내는 억울한 세금이다. 目的稅는 특별한 목적을 두고 한시적으로 거두는 세금이다. 적어도 세금 앞에서는 억울하지 않은 사람이 없다. 이렇게 많은 세금을 내고서 그것이 잘 쓰이고 있는지에 대해서 무관심하다면 의무에만 충실하고 권리를 포기하는 것이다. 권력자들은 그러한 국민에 감사하기는커녕 오히려 우습게 본다. 위정자들이 좋아하는 것은 국민이 아니라 국민의 순진, 우매, 맹종이다.

富者減稅[부자감세]를 선거공약으로 내걸고 대통령에 여유 있게 당선된 적이 있었다. 부자들이 많은 자본주의 국가에서 있을 법한 일이 우리나라에서 벌어진 것이다. 가만히 생각해 보면 당시에 유권자들이 스스로 부자라고 생각한 사람이 많았거나, 아니면 그것이 무엇을 의미하는지 몰라서였을 것이다. 부자들의 세금을 덜해 준다면 당연히 가난한 자가 세금을 더 내야 한다는 사실을 모른다면 어리석은 국민이 틀림없다. 기업이 내야 하는 法人稅를 감면해야 한다는 정책을 버거운 세금에 시달리는 국민들에게 뻔뻔스럽게 내세우는 것이 우리의 현실이다. 가정용 전기세가 터무니없이 비싼 이유는 서민들이 부자들의 몫까지 내 줘야 하기 때문이다. 이런 희한한 일이 벌어지는 것은 정부가 국민을 얕보거나 국민이 실제로 어리석기 때문이다. '가진 자가 더 욕심이 많은 법'을 정당화해 주는 구조가 자본주의이다. 기업의 조세부담을 줄여주는 법인세 감면은 필연적으로 봉급자 증세를 동반한다. 숨길 방법이 없는 소득세를 비롯하여 건강보험료와 주민세는 봉급자가 만만한 봉임을 확인시키는 것이다. 이것이 공자가 말한 호랑이보다 더 무서운 苛斂誅求[가렴주구]가 아닌가? 이러한 제도로 어떻게 사회정의, 공정한 사회를 이룰 수 있을지 궁금하다.

법인세 감면, 부자 감세는 기업과 부자의 세금을 깎아 줄 테니 노동자, 봉급자들은 세금이나 더 내다가 재벌들이 배를 불린 다음에 쓰고 먹다 남은 나머지나 얻어먹으라는 말과 다르지 않다. 그러니 기업이 배를 불리지 못하여 넘쳐나는 것이 없으면 국민은 굶을 수밖에 없다. 만약 기업이 경영에 실패하여 이익을 얻지 못한다면 그 피해는 고스란히 노동자가 져야 한다. 그 대책이란 것이 일방적인 구조조정이고 감원, 해고이다. 그러면서도 같이 책임지는 기업주는 없다. 기업은 망해도 기업주는 망하는 법이 없다는 사실을 지금껏 뼈저리게 목격해 왔다. 국민 세금으로 만들어진 금융특혜를 받아서 일어난 기업이 국민에 대한 보답은커녕 국민을 실직으로 내몰고 있는 것이 현실이다. 이런 말도 안 되는 행태에 번번이 공적자금이란 것을 풀어 무책임하고 실패한 기업을 구제한다. 국민의 혈세를 몰아 무능하고 부도덕한 기업을 살리면서 그것이 곧 노동자를 살리는 길이라고 강변한다. 결과적으로 기업의 무능과 부정의 결과를 국민이 도맡아 감당해야 하고, 그 중의 일부는 실업자가 되어야 한다. 이런 어처구니없는 짓을 우리의 정부가 하고 있으니 국민을 위한 정부가 아니라 재벌을 위한 정부가 확실하다.

〈周易〉에 上損下益(상손하익) 下損上益(하손상익)이란 말이 있다. 위를 덜어서 아래에 더하고, 아래를 덜어서 위에 더한다. 옛날의 점괘 이야기이지만 국민이 주인이라는 지금 우리에게 上損下益이 옳은가, 下損上益이 옳은가를 가지고 새삼스럽게 생각해야 한다는 현실이 슬프다. 남는 것을 덜어서 모자라는 것에 보태고, 있는 자의 것을 덜어서 없는 자에게 나누어주는 것이 당연한 사람의 도리이다. 그러려면 부자증세, 기업의 법인세 인상은 지극히 당연하고 자연스러운 민주시민사회의 원리이다. 그런데 이 당연한 이치를 어기고 부자감세, 법인세 감면을 시행한 것이 과거 정부였다. 정상이 아닌 정권이었으니 그렇다 하더라도 거기에 동조했던 언론이나 조세 이론가들은 역사의 죄인들이다. 아직도 새 정부의 부자증세, 법인세 인상 정책에 반대하는 자들이 있으니 기가 막힌 일이다. 강한 자를 더욱 강하게 해야 약자들이 보호를 받을 수 있다는 논리이다. 일면 현실적인 이익이 있어 보이지만 사람으로서 차마 할 생각은 아니다. 눈 앞의 이익을 위해서는 양심, 도덕, 윤리 따위는 팽개쳐버리는 냉혈한들이다. 이들이 약자인 국민을 희생물 삼아 재벌공화국, 검찰공화국을 만들어 사회를 파국으로 몰았고, 나라를 어지럽게 만들었던 것이다. 緣木求魚(연목구어)란 나무에 올라가서 물고기를 잡는 터무니없는 짓이다. 맹자가 이렇게 말한 전국시대의 사정이 오늘날과 별로 다를 것이 없다. 그래도 맹자는 백성을 굶주리게 할 바에야 차라리 왕을 바꾸는 것이 낫다고 왕의 면전에서 호통을 쳤다. 통치자가 어리석다면 맹자와 같은 志士, 지성인이라도 있어야 할 것이다. 설령 賢君(현군)이라도 아첨모리배를 감당하기 어려울진대 어리석은 昏君[혼군] 밑에서 아첨꾼이나 득실댄다면 최악이다. 이것이 북핵보다 더 무서운 內賊[내적]이다. 북핵은 사드로 막는다지만 집안 도적은 막을 길이 없다는 말이 家賊難防[가적난방]이다. 그런데 나라 망치는 내적들이 북한을 붕괴시키고, 북핵을 포기시킨다고 설쳐대니 기가 막힐 노릇이다.

옛날에 나라 망치는 간신들 중에 환관이 있었다. 宦官이란 性불구자로 궁중에서 허드렛일이나 하던 미천한 신분이었는데 황제 측근에서 황제의 눈과 귀를 막고 권력을 농단한 일이 많았다. 어리석은 군주일수록 아첨이나 해대는 환관들을 가까이 하고, 직언을 하는 대신들을 멀리해서 나라를 파국으로 몰고 갔다. 秦나라를 망친 趙高를 필두로 한나라의 十常侍, 송나라의 동관, 명나라의 위충현 등은 중국을 통째로 들어먹은 통 큰 환관들이다. 황제의 여자들은 황제나 망쳤지만 이들은 나라를 들어먹었으니 美色보다 폐해가 더 컸다. 그들은 性을 포기했기 때문에 권력에 대한 집착은 더욱 강했다. 요즈음은 性 대신에 양심을 포기하고 국정을 농단하는 法官, 비서관들이 횡행한다. 그들은 환관보다 우수한 두뇌를 가지고 당과 관료들을 제압하고, 권력유지를 위해서는 미천한 환관이 하던 짓조차 서슴잖으니, 조선시대에도 없던 환관정치가 저질러지고 있다. 황제의 똥맛까지 다셔가면서 나라를 망쳤던 십상시의 역사가 남 일 같지 않은 이유이다.

복지부동의 시대

伏地不動복지부동이란 말이 새로 생겼다. 옛날에는 없던 말이었는데 근래 우리사회에서 만들은 新故事成語신고사성어이다. 伏이란 개가 주인 앞에서 땅에 납작 엎드려서 복종하는 모습이다. 伏날이란 일 년 중 가장 더운 날로 개의 목숨이 가장 위태로운 날이다. 예부터 더위를 이기는 데에는 보신탕만한 것이 없다고 했다. 그래서 三伏더위를 제일 무서워하는 것은 犬이다. '복날 개 패 듯한다'라는 속담이 있듯이 우리는 전통적으로 보신탕을 먹어야 복더위를 이길 수 있다고 했다. '미친 개는 때려잡아야 한다'라고 했으니 멀쩡한 개는 그러지 말아야 할 텐데 복날에는 예외가 없다. 그것도 그냥 하면 안 되고, 반드시 때려잡아야 맛이 있다고 하니 정말 서양 사람들이 들을까 걱정이다. 옛날에는 '개팔자 상팔자'라고 했다. 아마도 위기의 삼복더위만 잘 넘기면 일 년은 보장된다는 것도 여기에 한 몫했을 것이다. 그러나 요즘의 개는 그러한 보장이 따로 없다. 요즘은 그냥 보신탕이 아니라 사철탕이라고 해서 개잡는 날이 시도 때도 따로 없으니 上八字가 아니라 不知八字이다. 팔자란 生年月日時를 나타내는 2자씩 8자이다. 그것에 의해 인생의 운명이 결정되어진다는 것이다. 그런데 엄밀히 말하면 命은 八字이고, 運은 자신의 노력이라고 한다. 命은 어쩔 수 없지만 運은 내 몫이기에 인생은 살맛이 있다.

총탄이 날아드는 전쟁터라면 땅에 납작 엎드려 총알을 피하는 伏地不動이 맞는 말이겠지만 公明正大하게 임무를 수행해야 할 사람들이 당연히 해야 할 일을 젖혀놓고 백주대낮에 보이지 않게 숨어서 넙치눈깔을 하고 눈치만 살피고 있다면 그 사회는 암담하다. 땅에 엎드렸다면 비굴한 자세요, 움직이지 않는다면 일을 하지 않는 것이요, 눈치만 살핀다면 기회주의자이다. 공무원이 그 지경이라면 나라가 망할 일이고, 회사라면 회사가 망할 일이다. 그러한 일이 사회적 풍조를 이룬 지가 오래이다. 이러한 풍조가 만연하니 정작 사명감을 가지고 창의적으로 열심히 일하는 사람들이 오히려 어리석고 고지식한 사람 취급을 받고 있다. 良貨[양화]가 惡貨[악화]가 되는 사회이다. 자신의 책임을 다하는 사람이 인정을 받지 못하고, 복지부동하는 사람이 힘을 얻어가는 사회가 정상일 리 없다. 소신 있는 교육자가 평교사로 늙고, 양심이 살아있는 법관은 옷을 벗어야 하고, 군인정신에 충실한 장교는 전역을 당하고, 청렴한 공무원은 말단을 면치 못한다면 우리의 미래는 암담할 수밖에 없다.

사이코패스의 시대

作賊心虛[작적심허]라는 말이 있다. 우리 속담으로 '도둑이 제 발 저린다.'와 같은 말이다. 죄를 지으면 스스로 불안한 법이다. 보통 사람은 양심이라는 것이 있기 때문이다. 그러나 죄의식이 없는 인간 이하의 사이코패스도 있다. 사이코패스라면 얼핏 흉악범들을 떠올리겠지만 정도의 차이일 뿐이지 이러한 사람들은 도처에 널려 있다. 평범한 사람들보다는 사회지도층에 있는 고매한 인격을 가지고 있을 것 같은 사람들 중에 더 많다. 지식은 자기합리화의 수단으로 사용되기 쉬워서 지식인들은 대개 자기합리화에 능숙한 사람들이다. 매사에 자기합리화를 정교하게 하고, 그러한 일이 반복되다 보면 스스로도 자기가 하는 일을 정당한 것처럼 착각하게 되어 죄의식이 없어지게 되는 것이다. 이런 사람들에게 양심이란 이미 사치품이며, 도덕 윤리의식이란 소심하고 어리석은 사람들에게나 해당하는 일이 되어버렸다. 그러므로 내가 하는 일은 언제나 옳고 정당하다. 다수의 국민이 반대하더라도 오히려 그들이 못내 답답할 뿐이라니 정상적인 양심이 아닌 것이 틀림없다. 물론 다수가 항상 옳은 것은 아니지만 다수의 의견을 존중하고 고민할 줄 아는 것이 지도자의 기본적인 자질이요, 良識이다. 지금 이렇게 추악한 지식인, 지도층이 넘쳐나는 세상이니 사이코패스들이 또한 후리패스이다.

그들은 막강한 권력을 가지고 있으니 그 폐해가 더 크다. 이들은 늘 권력을 남용하여 몹쓸 짓을 밥 먹 듯 하면서도 그것을 당연한 권리라고 생각하니 심각한 도덕불감증에 걸려있다. 정상적인 사람이라면 그때마다 죄의식을 느끼거나 제발이 저려 차마 그런 짓을 하지 못할 것이다. 그러나 그들은 아주 떳떳하게, 거침없이 못된 짓을 자행하고 있으니 중증 환자들이 틀림없다. 그들에게 도덕, 윤리 같은 것들은 거추장스럽고 유치한 관행일 뿐이다. 자신들의 범법행위가 입증되어도 반성은커녕 지독히도 운이 나빴을 뿐이라고 생각한다. 주변에 늘 그런 사람들이 널려 있기 때문이다. 그래서 일국의 대통령이었던 사람이 '왜 나만 가지고 그래'라고 한 말이 한때 유행어였던 적이 있었다. 지금도 그런 사람이 널려 있어 천문학적인 국고를 낭비하고, 전 국토를 심각한 환경오염지대로 만들어 놓고도 잘못을 조금도 인정하지 않고 있다. 엄청난 국정농단으로 국민에게 씻지 못할 상처를 주고, 나라를 휘청거리게 해 놓고 자신은 무죄라고 버티고 있다. 문제는 갈수록 이런 사이코패스들이 늘어간다는 것이고, 자신도 사회도 사태의 그 심각성을 모르고 있으니 통제할 방법이 없다는 것이다. 그래서 전통적인 도덕, 윤리, 정의, 양심, 진리, 상식, 격언, 속담 – 이런 것들이 신뢰와 설득력을 잃어가고 있다. 흉악범이나 성범죄자는 감옥에 가두고, 전자팔찌를 채워 경계하지만 이들은 격리는커녕 감투를 쓰고서 막강한 권력까지 쥐고 온 나라를 활보하고 다니니 북한의 이동미사일보다 더 위험하다. 나라를 뒤흔들어 놓은 범죄자들을 아직도 옹호하고 있는 집단들이 있으니 같은 부류가 아닐 수 없다. 지금 우리는 사회체제, 윤리, 전통이 무너져가고 있는 현장을 목도하고 있다. 어차피 그들에게는 기대하기 어려우니 최소한 국민이라도 정신 차려서 현실을 직시해야 한다.

늑대와 양

使羊將狼[사양장랑]이란 말이 있다. 양보고 늑대 지키라고 하다. 늑대보고 양을 지키라고 해도 안 되지만 양을 시켜 늑대를 지키라고 해도 말이 안 된다. 우리의 관리들이나 司法部에게 권력자, 재벌들을 규제 감독하라고 한다면 이와 같아서 늑대들을 통제하기는커녕 잡혀 먹히기 십상이다. 우리나라의 재벌들은 정말 지독한 독종들이다. 그 늑대들은 권력자들이 만들어 주는 '특혜'라는 특수 배합사료를 먹고 자라서 眼下無人, 도무지 눈에 보이는 것 없이 닥치는 대로 집어삼킨다. 도무지를 한자로 쓰면 都無知[도무지], 아무것도 아는 것이 없다, 아무것도 보이는 것이 없다. 한국의 재벌들이 오랫동안 견고하게 맺어온 정경유착의 전통은 어떠한 어려움에도 견뎌낼 수 있는 초강력 耐性[내성]을 가지고 있다. 代를 이어 끈질기게 닳고 닳은 재벌의 초강력 바이러스 내성을 賊皮賊骨[적피적골]이라고 한다. 전국경제인연합회는 이들 닳고닳은, 질기디질긴 賊皮賊骨들의 조직이다. 흔히 줄여서 전경련이라고 한다. 이들이 하는 일을 잘 모르지만 근래 좋은 일보다는 정경유착의 선봉에 서서 국가경제의 정상적인 흐름에 장애와 경련을 일으키는 짓을 더 많이 하는 것 같다. '경련'이라는 이름을 달리 고치면 국가경제 경련이 풀릴지도 모른다.

虎前乞肉[호전걸육]이란 말이 있다. 배고픈 호랑이에게 먹고 있는 고기를 나누어 달라면 줄 리가 없다. 고기를 얻어먹기는커녕 물려죽기 십상이다.

與虎謀皮[여호모피]라는 말도 있다. 호랑이와 호랑이 가죽을 벗기는 일을 상의한다는 말이다. 호랑이한테 네 가죽을 어떻게 벗기는 게 좋으냐고 물어본다면 제정신이 아니다. 그럴 사람이 어디 있겠느냐고 하겠지만 실제로는 이런 일이 다반사이다. 해방 후에 친일파 정권에 친일파 청산을 맡겼으니 與狐謀皮[여호모피]가 아니고 무엇인가? 국회의원들에게 자기들의 대우와 세비를 삭감하라고 하고, 검찰에게 법조계 비리를 수사하게 하고, 경찰에게 경찰 비리를 조사하라고 한다면 이와 무엇이 다르겠는가? 그래도 호랑이는 가죽을 내놓고 살지만 인간은 본색을 감추고 살기 때문에 누가 호랑이고 누가 그 가죽을 벗기려 하는지 알 수조차 없다. 그런 형편에서 현 정권에게 재벌개혁을 맡긴다든지, 국세청에게 재벌 탈세 비리를 밝히라고 한다든지, 검찰에게 청와대 비리를 수사하라고 한다면 호랑이보고 제 가죽을 벗기라는 말과 다름이 없다. 이는 가정이 아니라 지금도 벌어지고 있는 생생한 사실이다. 이들은 이름만 다르지 그 본색은 호랑이요, 그 가죽이다.

聲東擊西[성동격서]란 동쪽에서 소리 내고 서쪽으로 공격하는 기만전술이다. 의도하는 것과 반대의 행동으로 적을 속이는 술책이다. 원래 군사작전용어였지만 정치인들이 상용하는 국민기만수법으로 애용되고 있다. 정부에 불리한 사건이 터지면 으레 다른 사건을 만들어 국민의 관심을 다른 곳으로 돌려 위기를 모면한다. 이른바 국면전환법이다. 관심 돌리기, 물 타기, 맞불 놓기, 바람 빼기, 딴전부리기, 서로 뺨때리기, 오리발 내밀기, 등치고 간 내먹기, 눈 가리고 아웅 등 속임수가 눈부시니 국민이 속지 않을 재간이 없다. 이른바 색깔론이란 미술의 색채론도 아니고, 미국의 흑백갈등도 아닌 우리나라의 독특한 정치문화이다. 색깔의 공격을 받고서는 누구도 배겨날 수 없을 만큼 우리는 색깔에 트라우마를 앓고 있다. 아무리 떳떳한 인물·정당한 주장도 색깔론 앞에서는 무력해지고, 정부의 모든 失政·폭정·비리도 색깔론으로 덮을 수 있었다. 동족상잔의 비극을 평화적으로 해결하려는 어떠한 통일의 노력도 색깔의 공세 앞에서는 容共분자, 종북이 되는 판이니 남북분단은 색깔의 비극인 셈이다. 세계 유일의 분단국·대한민국 유일의 정부에서 동족인 북한과 대화나 협상을 벌이지 않았다면 무책임한 직무유기요, 반민족적 행위로 지탄을 받아야 마땅하다. 그런데 그 당연한 의무수행이 오히려 종북·북괴의 하수인·적과의 내통으로 매도되고, 정당한 의무를 수행한 당사자는 魂飛魄散혼비백산하여 길길이 잡아떼어야 하는 우리의 정치풍토는 지금 우리에게 진정한 민족주의는 없고, 어느새 분열주의자들이 판을 치고, 분단국가에 안주하고 있음을 보여주는 증거이다. 통일을 위한 노력을 색깔론으로 매도하는 정권은 그 자신이 통일을 위한 노력을 전혀 하지 않았고, 통일을 바라지도 않았음을 국민 앞에 고백하는 것이다. 정치꾼이야 정권유지에만 혈안이 되어있으니 그렇다지만 국민은 언제나 이 분단주의자들의 치졸한 통치속임수에서 벗어날 수 있을지 난감하다. 그렇게 빨간색이 막무가내 싫으면 태극기에 있는 빨강은 왜 그대로 놓아두는지 모를 일이다. 정치판에서는 늘 닭 가리키고 개 욕하는 指鷄罵拘지계매구의 속임수가 자행되고 있다. 그보다 심한 경우는 닭 욕하고 개도 때리는 罵鷄打狗매계타구도 있으니 정치는 사기와 다르지 않다. 그런 정치를 하면서 어떻게 국민과 신뢰로운 소통을 할 수 있겠는가? 그러니 정치꾼들은 교활한 늑대이고, 국민은 어리석고 불쌍한 양일 수밖에 없다.

정치와 배우

지금은 俳優가 선망의 대상이지만 글자의 뜻으로 말하면 人에 非이니 人이 아닌 것(非)이니 사람이 아니다. 배우의 優는 지금 優秀라는 뜻으로 통하지만, 원래는 人이 근심(憂)하고 있으니 불행한 사람이라는 뜻에서 시작했다. 字義로 보면 사람 취급도 못 받았고, 항상 눈물로 살아야 했던 사람이 俳優이다. 또한 말로 재주부리는 자가 俳, 노래로 재주부리는 자가 倡이라고 했으니 옛날의 배우란 광대였다. 그들은 천민 중의 천민으로 사람대우를 받지 못했던 사람들이었다. 배우란 정해진 내용과 역할을 허수아비나 꼭두각시처럼 행동하는 것이었으니 자기소견과 주장이 있을 수 없었다.

오늘날에는 배우가 스타라고 해서 전혀 사정이 달라졌지만 俳優에는 아직도 옛날의 흔적이 남아있기도 하다. 배우 같다면 어딘가 진실하지 못한 면이 있어 보여 칭찬만은 아니다. 그리고 실제로 그러한 사람이 우리 주변에 적지 않다. 그 중에서도 정객들은 영락없는 배우이다. 자기소신을 가지고 있다든지 허위가식의 연기력이 없으면 배겨낼 수 없는 자리이기 때문이다. 국가의 운명과 국민의 권익이 결정되는 국회에서 거수기 노릇을 하는 국회의원들은 허수아비 단역 광대들이다. 청문회에 나와서 실감나는 연기를 하거나 일체를 모른다고 잡아떼고, 눈물까지 흘리는 고위 권력자들은 모두 뛰어난 배우들이다.

말끝마다 '사랑하는 국민, 존경하는 국민'을 찾으면서 실제로는 옛날의 절대 권력자를 부러워하고 흠모하며, 국민을 초개로 보는 통치자는 아주 유능하고 능력 있는 연극의 총감독이다. 통치자와 국가를 동일시하는 위험한 생각을 숨기지 않는 총감독도 있다. '내가 흔들리면 나라가 흔들린다'라는 말은 루이14세나 했음직한 말이다. 생각해 보면 '짐이 곧 국가이다'라는 말과 별로 다를 바 없다. 말 타고 전쟁할 때에 一騎當千[일기당천]이란 말은 들어보았지만 민주주의 시대에 一當五千萬이란 발상은 상상조차 안 된다. 4백 년 전 어느 절대군주의 폭언이 민주주의 대한민국에서 혼잣말도 아니고, 국제회의장에서 선언된다면 타임머신을 타고 하는 시간여행이 아니고서야 소름끼치는 일이다. 그러한 엄청난 발언을 박 전대통령이 했다니 자신의 생각이 아니었을 것이다. 그 말이 무엇을 의미하는지 잘 몰랐기를 바랄 뿐이지만 어떤 경우도 민주시민이 수용할 수 있는 말은 아니다. 그것이 나름대로 책임감의 표현이라면 통치철학의 부족이고, 그 의미를 몰랐다면 인지의 결여이거나 無知의 소치이다. 옛날의 배우는 스스로 분수를 알고, 사람들에게 즐거움을 주는 존재였지만 지금의 배우들은 가당찮게 스스로 스타로 착각하고 하늘의 별처럼 국민 위에 군림한다.

거기에 북치고 장구치는 무리들은 배우가 조종하는 꼭두각시다. 그런데 그녀도 북치고 장구치는 광대에 불과했다는 말도 있고 보면 국민은 허탈에서 무기력, 우울에 빠져 분노할 기력조차 차릴 수 없을 정도이다.

4

건전한 사회문화를 위하여

이 사회의 성패는 정치지도자들에 달려있지만 국민의 의식수준이 따라주지 않으면 좋은 정치지도자가 나올 수 없다. 건전한 사회문화가 형성되지 않으면 정의사회도 구현될 수 없고, 정의사회가 구현되지 않으면 민족의 역사도, 국가도 지켜낼 수 없다. 정치지도자들에게 정의사회를 요구하기 전에 국민들이 갖추어야 할 덕목들을 생각해 보는 것이 민주시민의 자세일 것이다. 그러한 덕목들을 사회문화라고 하였다.

건전한 사회문화란 민주시민이 갖추어야 할 사회문화를 말한다. 건전한 사회문화는 정의사회를 구현할 수 있는 국민의 저력이요, 바탕이다. 건전한 사회문화가 성숙된다면 정치지도자에 대한 의존도 줄일 수 있다. 건전한 사회문화를 이루기 위해서는 국민이 민주시민의 자질을 갖추어 자신과 사회를 올바로 진단하고, 그 해결책을 모색할 수 있도록 노력해야 한다. 아울러 정치인들과 공무원, 언론기관을 감시하여 그들이 국민을 존중할 수 있도록 만들어야 한다. 그러나 이러한 일은 매우 어려운 일이다. 옛날부터 통치자들은 국민을 우습게 보아온 전통이 있다. 고대 중국에서는 民을 愚라고 간주하였다. 백성은 어리석다는 뜻이다. 공자와 같은 성인도 民을 다 알게 해서 이끌 수는 없다고 하였다. 공자마저 그랬으니 통치자가 국민을 존중할 리 없는 일이다. 지금도 통치자는 이러한 습성이 뼛속까지 배어있지만 겉으로만 존중하는 척할 뿐이다. 그러나 〈설문해자〉에서는 民을 뿌리에서 싹이 왕성하게 돋아나는 모양으로 해석했다. 民자는 원래 氏자에서 비롯되었고, 氏는 나무뿌리를 본딴 글자이고, 民은 나무뿌리에서 어린 새싹이 무성하게 돋아난 모양이라고 하였다. 흔히 民草,

풀뿌리 민주주의라는 말이 결코 우연이 아닌 셈이다. 그러므로 국민의 의미와 역할을 바로 깨달아 통치자들의 그릇된 인식을 고쳐주어야 사회정의도 실현하고, 건전한 사회문화도 세울 수 있다.

여기에서는 그러한 노력으로 우리사회의 일반적인 사회문화를 중심으로 한 시민의식과 수준, 사회풍조, 사상, 종교 등을 생각해 보았다. 어떤 면에서 이는 우리의 자화상이요, 민낯이기도 하다.

우리의 민주주의 수준

우리는 스스로 민주주의 사회라고 믿고 있다. 그러나 생각해 보면 민주주의란 그렇게 간단한 말이 아니다. 말처럼 모든 국민이 나라의 주인이 된다는 것은 실제로는 불가능한 일이다. 주인은 객체를 전제로 하는 개념이기 때문에 모든 국민이 주인이라는 말은 논리적으로 오류이다. 그러므로 '모든 국민이 주인이다'라가 아니라 '모든 국민이 주인이 될 수 있다' 정도로 해야 옳다. 만약에 모든 국민이 주인이라면 그 나라에 지도자는 따로 있을 필요가 없다. 그러나 시대를 막론하고 일정한 영도자가 없었던 시대는 없었다. 위대한 지도자가 있었던 시대는 국민도 살기 좋았으며, 그렇지 못했던 시대는 국민도 불행했다. 그러므로 어느 시대이건 지도자는 어떤 국민보다 중요한 역할을 했던 것은 분명하다. 국민이 주인이 되어야 하는 것은 맞지만 지도자는 반드시 필요하며, 어떤 국민보다 더 큰 힘을 가져야 한다. 그러므로 헌법에 '모든 권력은 국민으로부터 나온다'라는 말은 처음부터 실행이 불가능한 이상적 선언에 불과하다. 우리가 말하는 민주주의란 매우 광범위하고 자의적인 용어이다. 세계에 민주주의를 자칭하지 않는 나라는 없지만 실제로는 국민이 전혀 주인노릇을 못하는 나라가 더 많다는 사실만 보아도 민주주의의 허실을 알 수 있다. 우리는 정말 민주주의 사회라고 자신 있게 말할 수 있는가?

우리 민주주의 정치체제는 생각보다 그 역사가 짧다. 그것도 명백한 반민주주의 시대였던 독재정권을 제하면 채 오십 년도 벅차다. 서구의 선진 민주주의사회는 오랜 시련을 거쳐 수많은 시행착오를 거쳐서 정착된 것이라면 우리가 짧은 시간에 그것을 따라 잡기는 쉽지 않다는 사실을 인정해야 한다. 그러므로 우리의 민주주의의 수준을 서구의 선진민주주의와 단순비교하기 어렵다. 우리의 형편에서 민주주의를 실현하려면 모든 국민이 주인이 될 수 있는 능력은 아니더라도 적어도 다수의 국민이 그럴 수 있어야 한다. 다수의 국민이 주인이 될 수 있는 능력을 갖춘 가운데에 뛰어난 지도자를 내세울 수 있어야 우리의 민주주의는 실현될 수 있다. 혹은 민주주의 사회에서 무슨 지도자 타령이냐고 할지 모르지만 어느 조직이건 지도자가 없을 수는 없다. 다만 국민의 능력이 크면 지도자의 역할이 줄어들 것이고, 국민의 능력이 부족하면 지도자의 역할이 커질 것이다. 그러므로 민주주의 관건은 국민의 수준에 달려있고, 우리 민주주의 성패와 미래도 국민에 달려있다. 과거 우리의 독재자들이 내세웠던 '한국적 민주주의'는 국민의 의식수준이 낮았음을 증명하는 역사적 흔적이고, 아직도 거기에 강한 향수를 갖는 사람이 많은 것은 우리 민주시민의 의식수준이 미숙하다는 증거이다. 그러나 박근혜 정권 4년을 겪고 나서도 아직 우리나라가 유지되고 있는 것을 보면 우리 민주시민의 의식수준에 희망을 걸어볼 수 있다.

20세기까지 왕권주의 체제에 젖어있던 우리의 습성이 짧은 시일 내에 민주주의 의식구조로 바뀌기를 기대하기 어렵다. 왕권절대주의와 신분계급주의였던 유교정치이념은 민주주의와는 대척적인 면이 많았다.

우선 지배계층을 군자라 하고, 피지배계층을 국민이 아닌 백성이라 불러 엄격히 구분하였다. 왕권과 지배계급은 곧 하늘의 뜻이었다고 믿었던 봉건주의 치하의 百姓들은 그야말로 왕권체제를 이루는 일부분이었지 나라의 주인인 민주國民일 수 없었다. 시대와 세대가 바뀌었지만 아직도 노년층에서는 과거의 관습에 젖어 민주의식에 어두운 사람들이 많다. 나라를 망친 허울뿐인 조선 황제의 장례식에서 온 백성이 애통해 한 무의식은 구시대적 유물이라 해도, 국민을 속이고 몰래 한강다리를 폭파하고 달아나고, 나라를 세계 최빈국으로 만들어 놓은 독재 대통령에게 국부라는 칭호와 함께 건국의 공로를 돌리는 짓은 민주주의 국민수준이라고 말할 수 없다. 아버지의 후광에 눈이 어두워 무능하고 무책임한 딸을 대통령으로 뽑고, 그에 대한 역사적 평가를 거부하는 국민은 아직도 왕권시대, 계급주의에서 벗어나지 못한 전근대적 백성들 수준에 머물러 있다. 과거의 잘못된 역사를 바로 잡아 나라의 건전한 국가기강을 바로 세우자는 정책을 정치보복으로 매도하며 사사건건 국정의 발목을 잡고 늘어지는 정치인들의 반역사적 행위는 민주시민은 커녕 국민의 대표가 될 수조차 없는 자들이다.

민주주의란 말이 좋다 보니 민주주의의 이름과 명분을 훔치거나 혼동하는 일이 많다. 우리 국민 중에는 민주주의와 자본주의를 분별하지 못하는 일이 많다. 민주주의는 독재주의, 전체주의, 왕권주의, 봉건주의 등의 상대어로 쓰이는 정치사회적인 용어이고, 자본주의는 사회주의, 공산주의에 상대적으로 쓰이는 경제 용어로 단순대비가 되지 않는다. 민주주의

이면서 자본주의일 수는 있어도 민주주의가 곧 자본주의일 수는 없다. 민주주의는 분명히 가장 우월한 정치사상일 수는 있어도 자본주의가 가장 이상적인 경제체제일 수는 없다. 그런데도 우리는 자본주의를 민주주의와 연계시켜 쉽게 정당한 것으로 간주하는 경우가 많다. 자본주의의 모순 때문에 이를 비판한 사회주의가 나왔고, 자본주의 문제점을 수정하여 나온 것이 수정자본주의이다. 그러므로 자본주의의 모순을 역사적으로 이미 인정한 것이고, 자본주의는 이미 그 정당성을 잃은 셈이다. 그런데도 수정자본주의를 마다하고, 신자유주의를 부르짖는 데에는 모순투성이의 자본주의로 복귀하자는 반역사적인 의도가 들어있다. 무한경쟁을 내세우는 신자유주의는 타락한 자본주의일 가능성이 많다. 타락한 자본주의가 어찌 민주주의와 같을 수 있겠는가? 민주주의에서 타락한 자본주의를 용납한다면 그것은 이미 진정한 민주주의가 아니다.

민주주의와 평등주의를 혼동하는 일도 많다. 흔히 공산주의에서 평등주의를 내세우지만 사람은 본질적으로 평등할 수 없다는 점에서 그것은 허구이다. 사람은 누구도 똑같은 사람은 없다. 생김새, 성격, 능력, 취향, 조건 등이 모두 다른 사람이 어떻게 똑같이 일하고, 잘 먹고, 잘 살 수 있겠는가? 인간관계에서 어떻게 모든 사람을 똑같이 대할 수 있으며, 구분 없이 생활할 수 있겠는가? 사람마다 다른 조건에 맞게 맞추어가며 어울려 사는 것이 인간사회이며, 각기 다른 조건을 존중하는 것이 민주주의 사회의 원리이다. 그것은 평등이라고 하지 않고, 공정이라고 해야 옳다. 평등은 결과를 따지지만 공정은 원인과 기회를 중시한다. 민주주의는 결과의 평등이 아니라 원인과 기회를 공정하게 하자는 것이다. 만약에 우리 사회가 그렇지 못하다면 우리 사회는 진정한 민주주의가 아니다.

타락한 자본주의와 결과만을 따지는 평등주의를 민주주의로 오인하지 말아야 한다. 우리 사회는 어디에 가까운지 심각하게 고민해 보아야 한다.

촛불의 힘

촛불하면 나약하고, 외로운 風前燈火[풍전등화]가 연상된다. 또는 부처님의 가난한 과부의 燈이 생각난다. 그러나 개미구멍이 모여 둑을 허물 듯이 나약한 촛불이 모여 국민의 타오르는 열망을 담아 혁명을 이루었다. 우리의 촛불은 작고 어린 것이었지만 수백만, 수천만의 염원을 실어 온 나라의 밤하늘을 밝혔다. 바람이 불면 꺼질 것 같은 촛불이었지만 타오르는 국민의 뜨거운 불은 어떤 거센 바람도, 매서운 추위도 꺼트릴 수 없었다. 우리는 이미 3·1운동도, 4·19혁명도 있었고, 광우병 촛불집회도 있었다. 그러나 3·1운동은 수많은 목숨을 던졌지만 뜻을 이루기에는 너무도 무모했었고, 광우병 파동 때에는 같은 촛불이긴 했지만 그 폭발력에 있어 많이 달랐다. 4.19는 정권을 바꾸긴 했지만 많은 혼란과 희생을 치루어야 했다. 촛불이라는 가장 미약하고 평화로운 방법으로 정권교체라는 혁명을 일으킨 사건은 일찍이 우리 역사에 없었다. 외신에 의하면 세계역사에도 그 유례를 찾을 수 없을 것이라고 한다. 그래서 2017년도 독일의 인권단체에서 우리나라 일천만 시민에게 세계인권상 에버트인권상을 주었는데 이것도 전례가 없던 일이었다고 한다.

역사적 계기가 된 사건에는 반드시 그 필연적인 원인이 있었다. 필연적인 원인이 있었는데도 그 계기를 마련하지 못한 집단은 정체되고, 필연적인 원인이 없는데도 역사적 계기를 마련하려면 실패하기 마련이다. 박 정권의 국정농단과 우매, 무책임은 필연적 원인이 충분했지만 힘 있는 자들은 그 계기를 마련하려 하지 않았다. 그 때 분연히 촛불을 들고 일어선 사람들이 힘없고 나약한, 어리고 젊은 소시민이었다. 처음에는 이들을 과소평가하고 눈치만 살피던 정객, 언론들도 점차로 적극 동참하게 되어 마침내 혁명이 일어나게 되었다. 국회에서 압도적으로 탄핵을 결정하고, 언론들이 앞 다투어 동참하게 된 것은 국가의 장래를 위한 사명의식이라기보다는 불타오르는 촛불민심을 두려워했기 때문이다. 촛불민심이 아니었다면 그들은 그러한 일을 하지 못했을 것이라는 점에서 이번 사건은 대한민국의 역사를 바꾸어 놓은 국민의 위대한 힘이다.

촛불혁명은 민주시민의식의 발현이요, 승리이다. 정권에 대한 의분을 품고, 수백만 군중이 운집했으면서도 조금도 군중심리에 쏠림 없이 시종일관 완벽한 질서와 절제와 화합의 자세를 잃지 않았다. 그 성숙한 모습에 우리 국민은 물론, 외신들도 경탄해마지 않았다. 소름끼치도록 성숙한 우리 국민의 모습은 세계 어디에서도 찾아보기 어려운 일이었다. 이제야 우리가 평화를 사랑하고 누릴 줄 아는 민족이라는 사실을 자신있게 말할 수 있게 되었다. 이제는 우리에 대하여 외국이 함부로 가혹한 저평가와 푸대접을 할 수 없을 것이다. 그동안 우리의 왕성한 교육열의 의미를 찾지 못해 고민했던 일이 한꺼번에 풀린 것 같았다. 오늘 우리의 촛불혁명은 바로 세계적인 우리 교육열의 결과가 아니었던가?

촛불혁명으로 인하여 우리도 이제는 민족의 저력을 세계에 마음껏 자랑할 수 있게 되었다. 우리의 희망찬 미래를 부르짖을 수 있게 되었다. 이제는 배달겨레, 대한민국의 자부심과 긍지를 가질 수 있게 되었다. 이제는 동쪽 끝 극동의 작은 새우의 신세가 아니라 민주시민 혁명의 본보기가 될 수 있게 되었다. 주변의 반민주적인 나라에게는 두려움과 경외의 대상이 되었다. 아직도 일부 태극기 부대의 맹목적인 저항과 방해가 남아 있지만 이제 그들의 무지한 개인숭배와 민족분단주의, 외세의존 주장에 귀담아 들을 국민은 없다. 일부에서는 보수 진보, 세대 간의 갈등을 염려하지만 정작 걱정해야 할 일은 망국적인 지역갈등과 소득격차에서 오는 빈부갈등이다. 촛불정신은 무능정권교체, 탄핵요구보다는 기본적으로 정의사회 구현을 갈망하는 시민정신에서 출발하였다. 그러므로 그 정신은 완성된 것이 아니라 정의사회가 구현될 때까지 계속되어야 한다. 촛불혁명정신은 우리 민주주의 역사에서 가장 자랑스럽고 획기적인 희망의 역사였음을 다시 한 번 되새기며 그 위대한 정신을 靑史에 길이 남겨야 한다.

스포츠와 정치

체력은 국력이란 말은 수렵과 육박전을 벌여야 했던 고대사회에 더 적절한 말이었지만 지금도 틀리는 말이 아니다. 특히 육체의 힘을 많이 필요로 하는 사회일수록 그렇다. 그래서 체력과 건강을 기르는 일은 국가의 중요한 정책이다. 그 수단의 하나로 현대사회에서는 운동경기, Sports 활동을 국가적인 사업으로 벌이고 있다. 모든 국민이 운동을 통해서 체력과 건강을 기르는 것은 과연 국력과 관계가 깊다. 그러나 운동경기를 잘하는 선수를 가진 나라의 국민이 체력과 건강도 좋다는 보장은 없다. 운동경기, 스포츠가 모든 국민에 고루 보급되어 있다면 국력과 체력과 건강이 두루 좋아지겠지만 국가의 정책에 따라 일부 소수의 선수들에게 집중된다면 일반국민은 오히려 운동경기, 스포츠와는 거리가 멀어져서 체력과 건강이 좋아질 리가 없기 때문이다.

야구명문학교의 학생은 야구를 잘 해야 하겠지만 학교의 예산이 일부 엘리트 선수에 지원과 훈련이 집중되었기 때문에 선수 아닌 다수의 학생들은 야구를 전혀 하지 못한다. 그들은 야구를 못하는 데에서 그치는 것이 아니라 학교의 예산이 야구부에 집중되어 야구는 물론 다른 운동도 제대로 못하게 된다. 결국 다수의 학생들은 야구명문학교에 다니지만 야구도 못하고, 다른 운동도 못하는 손해까지 보아야 하는 모순과 역설이 교육의 현장 학교에서 벌어지고 있는 것이다. 그리고 이러한 모순이 그치지 않는 것은 다수의 학생들이 자신이 피해자라는 사실을 깨닫지 못하기 때문이고, 사실을 깨닫지 못하는 이유는 야구선수의 영광을 자신의 영광으로 착각하고, 그 영광이 자신의 손해를 바탕으로 얻어졌다는 사실을 모르기 때문이다. 그래서 그들은 야구부 때문에 많은 손해를 보면서도 야구부를 위한 성금도 내고, 수업도 전폐하고 버스를 전세 내어 서울로 가서 목이 터져라고 응원하고, 우승이라도 하면 내가 우승한 것처럼 기뻐하고, 지면 내 일처럼 안타까워한다. 학교의 영예를 자신의 영예로 삼은 것은 아름다운 일이나 냉정하게 생각하면 그것은 허울과 명분에 속은 착각이요, 군중심리에 쏠려버린 도취행위이다. 그것은 잠시 분위기에 마취된 쾌감일 뿐, 자신에게는 아무런 실익도 없이 언제나 그랬듯이 야구부로 인한 손해를 깨닫지 못한다. 아직 순진한 어린 나이라서 그럴 수 있겠지만 커서도 달라지지 못하는 것이 문제이다.

스포츠 중에서도 엘리트 스포츠란 국가적 정책적 차원에서 관리되는 스포츠를 뜻하는 것으로 국가스포츠라고 할 만하다. 이는 국민보다는 국익을 우선으로 하기 때문에 엘리트스포츠에서는 다수의 평범한 사람은 제외되어 있고, 국가스포츠에서는 국민은 뒷전에 밀리게 되어있다. 그러다보니 국가스포츠가 발달할수록 국민스포츠는 위축될 수밖에 없는 반비례의 구조가 되어버렸다. 이렇게 되면 체력은 국력, 운동 경기력은 국민의 체력, 건강이라는 등식이 성립되지 않게 된다. 그런데도 우리는 국가대표 운동선수가 메달을 따오고 경기를 이기는 데에 열광한다. 나하고는 아무 관계가 없거나 오히려 손해가 되는 일인데도 내 일처럼 기뻐하는 것은 맹목적에 가까운 애국심이다. 야구명문학교의 일반 학생들처럼–후진국일수록 정치인들은 이러한 맹목적인 애국심을 이용하기 위해서 국가스포츠를 중요한 정책으로 삼는다. 그러나 국민들에게 돌아오는 것은 금메달을 따는 선수들에게 줄 연금을 위한 세금부담이다. 이번에 완공된 진천선수촌은 세계최대 규모라고 한다. 이는 결코 자랑스러운 일이 아니다. 그 돈으로는 전국에 고루 국민의 건강과 체력향상을 위한 시설을 갖추어야 옳다. 그러나 평창 동계올림픽 개최와 비교하면 훨씬 낫다. 소치올림픽에서 보았듯이 IOC에서 염려할 정도로 대형적자가 염려되는 형편인데도 단독개최를 고집한 이유가 따로 있을 법하다. 국력을 기울여 개최한 올림픽을 개인의 치부수단으로 삼아 무모하게 단독개최를 고집해서 국가재정과 외교에 엄청난 부담을 남겨 주었다. 평창올림픽 주최는 외교적 업적이 아니라 우리가 짊어진 또 하나의 騎虎之勢기호지세이다. 설상가상으로 김정은이 올림픽 성패의 열쇠를 쥐고 있다니 기가 막힐 노릇이다. 북한에서 미사일을 가지고 장난만 해도 올림픽은 국내경기로 그칠지도 모른다. 다행히 북에서 올림픽 참가의사를 밝히고, 남북단일팀도 운영된다고 하니 매우 다행한 일이지만 저들의 진의를 알 수 없으니 늘 살얼음판이다. 저들의 올림픽 참가에는 무서운 꿍꿍이가 숨어있을 것이니 경계를 늦추지 말아야 한다. 그러나 속아도 그럴 수밖에 없는 것이 민족의 애증이다.

야구명문학교의 보통학생들이 그랬듯이 올림픽에서 금메달을 많이 따는 나라들의 국민은 스포츠의 혜택에서 멀어지게 된다. 일부 엘리트

선수들에 의해서 이루어진 성과와 일반국민들의 건강 체력과는 오히려 반비례하는 경우가 많다. 그래서 스포츠 강국은 국민생활은 약소국이 되고, 국민행복은 최빈국이 되기 쉽다. 금메달은 마약과 같은 것이라서 지속적인 국민행복이 될 수 없다. 그것은 국력과 국민의 건강이 아니라 독재정부의 완력과 정당성으로 작용하기 마련이었다. 스포츠는 독재자들이 아주 잘 활용하는 우민통치술의 하나이다. 히틀러, 북한정권의 공통점이 스포츠와 우민통치술이었다면 우리는 여기에서 멀수록 좋다. 하기야 로켓, 핵무기를 개발하여 그것이 마치 국력의 상징인 것처럼 내세워 국민들을 열광하게 만드는 것보다는 스포츠는 매우 신사적인 수단이다. 그러나 국민을 우습게 아는 우민통치술이라는 원리는 마찬가지이다.

국가스포츠의 원리와 비슷한 것이 재벌국가이다. 재벌은 국가대표선수이고, 국민은 재벌을 응원하는 응원단이다. 재벌국가에서는 재벌이 먼저 성장해야 나라가 부강하고, 국민이 잘 살 수 있다고 주장한다. 그래서 엘리트선수를 양성하듯이 재벌을 전폭적으로 지원한다. 재벌의 성장이 국가의 성장이므로 세계적인 규모의 재벌을 만드는 것이 국민을 잘 살게 하는 길이라고 강변한다. 올림픽에서 금메달을 따야 국민이 건강해지는 것처럼– 국민은 허기진 배를 주려가며 모은 저축을 몰아 재벌에게 특혜를 주고, 수출고를 높이는 데 혼신의 힘을 다 기울였다. 명문야구학교의 학생들처럼 짬도 모르고 재벌의 성장과 수출탑의 높이에 감격해했다. 그것이 나의 부와 명성인 것처럼– 그러나 그것은 명문야구학교의 학생들과는 비교할 수 없는 거대한 국민의 착각이요, 도취였다. 물론 올림픽 금메달이 국민의 사기와 긍지를 높여주는 것도 사실이고, 재벌들로 인하여 국력이 성장하고, 국민의 생활수준도 높아진 것도 사실이다. 그러나 국민을 위한 체육시설이 확충되고, 재벌이 아니라 중소기업 중심의 민주적 경제정책이었더라면 국민의 실익과 행복은 훨씬 커졌을 것이라는 사실을 깨달아야 성숙한 민주시민이다. 생각해 보면 지금의 정치사회적, 경제적, 교육적 위기는 엘리트스포츠 정책이나 재벌중심의 경체정책과 무관하지 않다.

병역의무와 배반의 나라

병역의 의무는 납세, 교육, 근로의 의무와 같이 국민이라면 누구를 막론하고 지켜야 할 신성한 의무이다. 그런데 국민의 4대의무 중 유독 병역의 의무만은 이상하게 남자에게만 부과되고 있으니 평등의 법 정신에 어긋난 것이다. 그렇다면 왜 여자는 병역의 의무를 지키지 않아도 되는 걸까? 그보다 더 이상한 일은 그 이상한 불공정 관행에 대해서 왜 우리 사회는 지금까지 이를 용납하여 온 것인가? 거기에는 남녀불평등, 남성우월주의 같은 전통적인 관념이 작용한 듯싶다. 남성의 완력이 주요생활수단이었던 고대사회에서 수렵, 농경, 전투행위를 남자가 도맡아 오던 관습이 지금까지도 영향을 미친 까닭이 아닌가 한다. 남녀의 역할분담에서 남자의 우월의식이 병역을 기꺼이 도맡아 하게 하였고, 여자에게는 집안일을 맡겨 여자에 대한 아량과 관용을 베풀어 온 관행이 지금까지 이어져 온 것이다.

그러나 지금은 완력의 시대가 아니라 인지력의 시대이다. 남자의 완력은 현대기계문명이 대신하게 되었고, 현대기계문명을 움직이는 것은 이성적인 인지력이다. 그 인지력에 있어서는 남녀의 구분이 있을 수 없으며 어떤 면에서는 여자가 남자보다 우월할 수도 있다. 실제로 우리 사회생활 전반에 걸쳐 여성이 남성을 능가하는 부분은 얼마든지 있다. 그런데도 아직 완력으로 남성이 우위를 보이는 분야가 병역이다. 그래서 전통적인 남성우월주의가 살아있는 곳이고, 남성만이 병역의 의무를 지고 있는 제도가 아직까지 사회에서 용인되고 있는 것이다.

그런데 문제는 남성이 가지고 있었던 우월의 격차가 크게 좁혀졌는데도 불구하고 남성의 실속 없는 우월의식이 계속되고 있다는 것이다. 전에는 완력과 인지력 모두 여성에 앞섰으나 지금은 인지력에서 우위를 잃어버려 완력만으로는 남성의 우월성을 유지할 수 없게 되었다. 남자만이 병역의 의무를 지켜야 할 이유가 없어진 것이다. 그럼에도 불구하고 여전히 과거의 관행을 되풀이한다는 것은 남자의 주제넘은 허세이다. 그런 가운데에서 병역의무 이행은 여성과의 경쟁에서 치명적이다. 남자의 병역의무 기간에도 여성은 멈추지 않고 계속 사회적 능력을 키워나가는데 남자는 병역의무기간에는 젓지 않는 배처럼 뒤로 밀려나는 일이 더 많다. 여자는 앞으로 나아가는데 군대 간 남자는 뒤로 밀려난다면 그 격차는 더욱 커질 수밖에 없다. 병역의무 기간에 잃어버린 젊은 시절은 무엇으로도 대신할 수 없는 인생의 황금기이다. 그런데 무엇으로도 대신할 수 없는 금쪽같은 청춘과 가치가 철저히 무시된다.

병역의무 이행자가 희생하는 황금기 2년은 단순한 24개월이 아니라 그 이상의 가치를 매겨주어야 한다. 아무리 봉급을 올려주고, 군 복지를 향상시킨다 해도 그 청춘을 보상할 수는 없다. 병역의무 기간 동안 벌어진 여성과의 격차는 평생 동안 노력해도 극복하기 어렵다. 병역의무를 신체 건강하게 마치기도 쉽지 않다. 심한 경우는 전사, 불구가 되는 경우도 있고, 지병을 얻거나 영창을 가는 수도 있다. 이 모든 불행이 병역의무 때문이라면 오로지 민족과 국가를 위한 희생이 분명하다. 직업군인이 아니고, 병역이 의무가 아니라면 군대에 스스로 좋아 갈 사람이 몇이나 되겠는가? 병역의무 동안 입는 정신적인 피해는 더 크다. 군대는 매우 특수한 집단인데 조직을 위해서 개인의 희생을 철저하게 강요한다. 군대라는 조직의 생리는 철저한 현실주의요, 실리주의요, 임시방편, 임기응변을 강요한다. 정상적인 사고를 하다가는 잠시도 배겨나기 어려운 조직생리이다. 이렇게 2년 이상을 살다보면 그 군대생리가 몸에 배기마련이고, 이 습성은 사회에 나와서도 치유되기 어려운 병이 된다. 군대 가서 사람이 된다는 말도 있지만 사회에서 비정상이었던 사람의 드문 경우일 뿐, 다분히 역설적인 말이다. 이 사회의 부조리와 비리는 군대에서 비롯된 것이 많고, 이것이 이른바 군사문화라는 것이다. 군사문화는 민주시민사회 문화와는 매우 이질적이다. 인생의 황금시기에 이러한 삶을 2년 이상이나 살아야 한다는 것은 너무 큰 희생이다. 반민주적인, 비인간적인 조직에서 장기간 받는 스트레스는 평생을 두고 잊혀지지 않는 악몽이 된다. 병역 이행자가 꾸는 악몽 중에 가장 끔찍한 악몽이 군대에 다시 끌려가는 꿈이요, 말년에 제대특명이 안 내려오는 꿈이다. 군대에 가 보지 않은 여성이나 병역의 의무를 기술껏 빠져나가는 간교한 자들은 상상도 할 수 없는 정신적 상처이다. 그러나 그 끔찍한 희생에 대하여 국가 사회가 아무런 보상도 하지 않는데 대한 상실감, 배반감은 또 하나의 상처이다. 대가를 바라고 병역의 의무를 수행한 것은 아니었지만 목숨과 황금시대를 바친 결과가 보상은커녕 불리해진 조건에서 약아빠진 병역미필자와 여성에게 경쟁에서 밀려났을 때 겪는 좌절감은 내 몸 바친 이 사회가 매우 불공정한 사회라는 사실을 절감케 한다. 병역의무를 영예로 알기는커녕 몸서리치는 후회로 만들어 주는 일은 올바른 국가가 할 일이 아니다.

국가와 사회에서는 이들의 희생에 대한 최소한의 보상을 해 주어야 할 의무가 있다. 더구나 그들은 우리의 금쪽같은 아들이요, 형제이다. 아무리 같은 자식이라지만 아무런 의무도 하지 않은 자식과 부모를 위해 신명을 바친 자식을 똑 같이 대한다면 공정한 부모가 아니다. 그래서 오래전부터 공무원 채용 시에 군가산점수제를 추진해 왔으나 여성부의 반대로 실현되지 못했다. 반대의 명분은 남녀평등의 원칙에 어긋난다는 이유이지만 병역의무에는 애초부터 남녀평등은 없었다. 입대시에는 불평등이 었는데 제대 후에는 평등이라니 이런 불공정한 역차별이 어디 있는가? 말로만 '신성한 국방의 의무'라고 사탕발림하지 말고 '속은 국방의 의무'

가 되지 않도록 하는 것이 국가가 해야 할 최소한의 염치이다. 공무원뿐만 아니라 병역을 마친 젊은이에게는 사회진출 시에 어느 정도의 우대를 해 주어야 건전한 국가관과 애국심을 북돋아 줄 수 있다. 그것은 남녀차별이 아니라 공정한 대우요, 희생에 대한 정당한 대가이다. 최근 병역의무기간 단축안에 대한 우려가 이해되는 측면도 있지만 그것은 가혹한 이기주의 발상이다. 안보가 그렇게 걱정된다면 병역의무자들의 막중한 희생과 고통을 모른 체 하지말고 간교한 병역기피자들과 여성들이 분담하는 사회적 각성이 있어야 한다. 심지어 병역 이행자에 대한 역차별을 여권 신장의 계기로 이용한다면 그들은 참으로 억울하다.

죄의 종류를 일일이 들어 말할 수 없을 만큼 많지만 그중에는 良心犯도 있다. 양심을 가지고 죄를 지을 수 있다면 죄의 규정과 판결도 간단한 문제는 아닐 것이다. 어차피 인간이 만든 法으로는 神이 만든 心을 제대로 다룰 수 없다. 그러나 적어도 병역 거부자에게는 良心犯이란 말을 쓰지 않았으면 좋겠다. 총을 들고 나라를 위해서 나선 이는 양심적인 국민이지만 자신의 가치관에 따라 병역을 범죄행위라는 이유로 거부하는 자들은 자신을 위해서 국방의 의무를 저버린 극단적 이기주의자이다. 그들은 사회를 지킬 의무를 거부하였으므로 사회로부터 보호받을 권리도 없어야 옳다. 이들의 반사회적인 이기주의를 양심이라고 하여 보호한다면 이 사회는 참으로 양심 없는 사회이다. 누구도 병역의 의무를 좋아서 하는 사람은 없다. 병역의무를 지키는 사람은 국가를 위해서 기꺼이 개인을 희생한 양심으로 가득 찬 젊은이들이다. 2년의 군 복무가 얼마나 쓰라린 희생인지 양심이 없는 사람들은 모른다. 권력과 술책으로 교묘하게 병역의 의무를 기피, 회피하는 권력층들에게는 병역의무가 못난 사람들에게나 해당되는 일이다. 빽도, 돈도, 권력도 능력이라고 공언하는 양심 없는 세상이다. 하늘로부터 받은 良心이란 말을 이런 뻔뻔스러운 이기주의자들에게도 붙여준다면 청춘을 희생하며 목숨을 걸고 국방의 의무를 이행하는 대부분의 선량한 애국자는 良心不良者가 될 판이다. 그러한 부당한 제도를 만드는 국회의의원들도 양심의원이고, 그런 판결을 하는 법관들도 양심법관인가? 이래저래 지금은 양심의 수난시대이다. 그래서 양심선언을 하는 사람들이 많은가보다.

이기주의자인 병역 거부자들에게 무죄를 선고하거나 간교한 병역회피자들을 합법화하는 법원은 양심적인 병역의무자들을 허탈하게 하고, 그것도 모자라서 전범자나 살인자로 모독하는 짓이다. 병역 기피자에게는 면죄부를 주고, 병역 의무자에 대한 무대접은 이 사회 전체가 공정하지 못한 비양심적 사회라는 사실을 보여주는 것이고, 그것은 병역의무 이행자에 대한 가혹한 나라의 배반이다.

자동차 허세

자동차라는 말 자체가 自動－Auto이니 이는 현대기계문명을 상징적으로 보여주는 대유이다. 우리나라는 세계적인 자동차 강국이고, 자동차 강국이란 기계문명의 강국이란 말과 같으니 매우 자랑스러운 일이 아닐 수 없다. 자동차는 현대기계문명의 총아로서 하나의 자동차 문화를 이루고 있다. 자동차 문화는 우리의 모습을 돌아 볼 수 있는 좋은 통로이다. 그런데 우리가 자동차 강국이듯이 우리의 자동차문화도 선진이라고 할 수 있을지 의문이다.

우선 자동차를 인식하는 우리의 관점에 문제가 있다. 자동차는 편리와 능률을 위한 생활의 도구이지 장식이나 허세를 위한 수단이 아니다. 그러나 우리는 생활의 도구라기보다는 처음부터 허세나 과시를 위한 수단에서 출발하였다. 극소수의 사람만 자동차를 소유할 수 있었던 우리의 형편에서 그럴 수밖에 없었던 사정이 있었다. 그러한 사정으로 인하여 지금도 자동차란 늘 그러한 수단에 머물러 있다. 그러나 이제는 자동차 본래의 기능을 찬찬히 살펴 바람직한 자동차문화를 모색해야 할 필요가 있다.

자동차는 분명 편리하게 사용할 수 있는 교통수단이지만 모든 국민이 자동차를 가지고 있을 필요는 없다. 우리나라 같이 넓지 않은 국토와 생활반경에서는 대중교통수단이 훨씬 효율적이다. 대략 말하면 버스 한 대로 자가용 50대를 대신할 수 있다는 말이다. 그럴 수 있다면 우리의 자동차 문화는 획기적으로 개선될 수 있을 것이다. 그런데 우리는 대중교통수단을 자랑스럽게 생각하지 않는 이상한 편견을 가지고 있다. 자가용을 나홀로 널찍이 타야, 그것도 남다른 고급승용차를 타야 체면이 서고 행세할 수 있는 허세의 사회적 풍토 때문이다. 그러나 잘 생각해 보면 대중교통수단은 넓고 안전한 차에 운전기사가 알아서 운전을 해 주고, 졸아도 되고, 자도 되고, 사고나도 책임이 없고, 술을 마셔도 되고, 보험료도 없고, 세금도 없고, 기름값 걱정 없고, 교통경찰 무서울 것 없고– 좋은 점을 이루 다 말할 수 없다.

반면에 운전을 한다는 것은 이 모든 장점을 스스로 포기하는 대신에 돈 싸들고 언제라도 감옥 갈 각오가 되어 있어야 한다. 초창기에는 우쭐한 마음에 그럴 수도 있었겠지만 이제는 성장한 민주시민의 수준을 보여주어야 할 때이다. 자동차 연료가 조금도 생산되지 않는 나라에서 비싼 연료를 낭비해가면서 대기오염을 시키는 우리의 자동차문화는 매우 잘못되어 있다. 에너지 낭비와 대기오염은 지구촌을 위협하는 최대 난관이다. 에너지 빈국인 우리가 좁은 면적의 대기에다 대고 마구 쏟아내는 오염물질은 세계 어느 나라보다 오염의 상태를 심각하게 만들었다. 에너지 절약과 대기 환경보존의 필요성이 우리보다 절실한 나라가 드물다. 그런데도 우리는 에너지 낭비와 대기오염의 주범인 자동차에 대하여 무감각하다. 자가용이 없으면 큰 수치로 여기고, 한 가구에 한 대 이상의 자가용을 갖는 것을 자랑으로 여기며, 경차 타는 것을 부끄럽게 생각한다. 경차가 너무 작아 길바닥의 껌에 늘어붙어 움직이지 못한다고 하면서 그것도 유머라고 너스레를 떤다. 자동변속장치는 연료소모가 많아 매우 비경제적인데도 불구하고 연비가 좋은 수동변속장치는 찾아보기 어려운 실정이다. 분수를 모른 채 편리만 찾고, 경제성은 전혀 생각하지 않는 잘못된 풍조 탓이다. 우리보다 형편이 나은 일본이나 유럽에서는 경차가 흔한데도 그보다 못한 우리나라에서는 경차를 타면 구두쇠나 변변치 못한 사람으로 취급받기 십상이니 우리 국민의 허세가 경멸할 만큼 심각하다. 그래서 우선 연료를 쏟아붓는 덩치 큰 차를 타야 체면이 선다. 요즈음은 중고차라도 비싼 외제차라야 행세할 수 있다고 생각한다. 우리의 형편을 생각하면 자가용을 최대한 억제해야 하며, 다소 불편하더라도 1500 미만의 배기량에 수동식 기어를 장착하고, 나 홀로 운전을 피해야 상식적인 국민이라고 할 수 있다.

우리의 잘못된 자동차문화는 단순히 자동차에 그치는 문제가 아니라 우리의 겉치레 의식구조의 문제이다. 수십억짜리 집에 살고, 수천만 원짜리 시계를 차고 다니고, 수백만 원짜리 가방과 옷을 걸치고 다녀야 행세할 수 있는 곳이 우리나라이다. 어느 나라이건 마찬가지라고 말할지도 모르지만 중국의 실용주의나 일본의 현실주의와 비교하면 분명히 드러나는 우리의 병폐임을 알아야 한다.

음주가무의 나라

예부터 우리 민족은 음주가무를 특별히 즐겼다고 했다. 흥겨운 술자리에서는 당연히 술을 마셔야 한다. 祝杯도 들고, 건배도 하고, 술잔을 주고받는 返盃[반배]도 하고, 술잔을 돌리는 巡杯[순배]도 하다보면 흥에 겨워 충분히 그럴 일이다. 그런데 우리가 술을 마실 때 외치는 '건배'가 건강을 주는 健盃인지, 술잔을 비우는 乾杯인지 분별이 곤란하다. 원래 술이 약이 되는 藥酒라면 健盃라야 당연히 옳을 것이다. 건배사라고 하는 것이 대개는 '우리의 건강을 위하여!'라고 목청을 높이는 것을 보면 영락없이 그렇다. 그런데 건강을 비는 건배사가 끝나자마자 이어서 '원샷' 하는 소리가 더 크게 울린다. 당장 술잔을 깨끗이 비우지 못하면 온갖 덤터기를 다 뒤집어쓰게 마련이니 누가 감히 잔을 꺾으랴? 이렇게 되면 결국 잔 밑바닥까지 말려야 하는 乾杯가 아닐 수 없다. 健杯는 원래 건강을 위하여 마시는 술이었지만 술잔을 다 비우다가는 오히려 건강을 잃게 되므로 거꾸로 말하기에 해당한다. 건배는 지금도 중국 사람들이 술 마실 때 하는 소리이지만 여간한 자리가 아니고서는 함부로 남발하지 않는다. 설령 乾杯를 외치고 나서도 곧 이어서 작은 소리로 '마음대로'라고 덧붙인다. 건배의 무모함을 잘 알기 때문이다. 그런데 우리는 그런 안전장치가 없다. 우리는 처음에는 건강을 부르짖다가 끝에 가서는 인사불성을 부르고, 중국인들은 처음에는 호기를 부리다가 나중에는 슬그머니 건강을 찾는다. 우리가 중국인들처럼 그랬다가는 정말 치사한 사람이 되기 십상이다. 그러므로 술자리를 견디지 못하면 亡酒를 하는 수밖에 없다. 술자리에서 도망치는 것이 망주이다. 이러한 건배문화는 자칫 우리의 금쪽같은 건강을 말라버리게 할지도 모른다.

傳杯換盞전배환잔은 술잔을 주고 받다라는 뜻이다. 우리 음주습관으로 보면 술잔을 서로 바꾸어가며, 또는 한 잔을 쭉 돌려가며 마시니 여기에 딱 들어맞는 成語이다. 술잔을 돌려가며 마시는 것은 신뢰의 정을 나누는 푸근한 행위여서 매우 인간적이다. 그러나 위생적인 면으로 보면 매우 꺼림칙한 일이다. 막상 이 말을 만든 중국인들은 자기 잔이 따로 있는 것을 보면 정작 이 成語의 본의를 충실히 지키는 것은 우리 주당들뿐이다. 술이 사람 사이를 가깝게 해주는 윤활유이니 우리는 술의 본질을 잘 이해하고 활용하는 민족이라고 할 만하다. 우리 국민의 일인당 술 소비량이 세계적이라는 통계가 우연이 아닌 성싶다. 옛 중국의 기록에도 우리의 飮酒歌舞음주가무 솜씨를 감탄해 마지않았다. 중국에 있는 우리 동포들의 술 솜씨도 중국인들보다 월등하다. 우리 酒黨들이 중국에 가서 남긴 飮酒武勇談음주무용담을 들어보면 적어도 그 방면에서만큼은 압도적이어서 고구려, 백제의 멸망이나 병자호란 때에 당한 수모를 갚을 듯하다. 신고 있던 구두를 벗어 술잔삼아 傳盃換盞전배환잔하여 중국인들을 아연실색케 하기도 했다. 그러나 술로 민족, 국가가 흥성했다는 역사를 들어 본 적이 없고, 술잔을 돌려 건강해졌다는 말을 들어 본 적도 없다. 오히려 그 반대의 경우가 많은 것을 보면 전배환잔이 그리 낭만적이기만 한 것은 아니다.

건강을 해치는 우리의 과도한 음주문화는 고쳐져야 한다.

특히 걱정스러운 일은 우리 청소년, 학생, 젊은이들의 음주문화이다. 고등학생들의 음주야 일부 일탈로 치더라도 정당화 된 대학생들의 음주문화는 매우 심각하다. 가장 왕성하게 공부해야 할 시기에 음주가무로 대학생의 멋과 낭만과 젊음을 찾는다면 한참 잘못된 풍조가 틀림없다. 그것이 대학생의 본분도 아닐뿐더러 그럴만한 돈을 벌 처지도 아닌 가운데에서 벌어지는 이러한 풍조는 본분과 책임을 망각한 반사회적인 행동에 가깝다. 일시적으로 그럴 수도 있겠지만 그것이 습성이 되고, 대학의 축제가 음주가무의 난장판이 되어서는 도무지 명분이 서지 않는 짓이다. 과거에는 대학생의 희소성으로 이러한 관행이 용납되던 시절도 있었지만 지금은 이러한 무책임한 행동을 관용해 줄 사회도 아니다. 그럼에도 불구하고 아직도 몰지각한 젊은 음주가무자들은 몽롱한 눈으로 자신들의 일탈을 받아주지 않는 사회를 원망하고 있다. 다른 나라에, 아니 당장 가까운 일본이나 중국에 가보라. 우리 젊은이 같은 음주가무론자들이 얼마나 되는지-

투기라는 망국병

우리나라에서 가장 손쉽게 돈을 버는 수단이 땅 투기이다. 아무리 평생을 피땀 흘려 일을 한들 영악한 복부인 하나 따라가질 못한다. 오죽하면 돈 잘 버는 재벌들도 생산시설 투자보다는 땅 투기를 먼저 할까. 땅 투기는 땅값을 올려놓아 철부지 졸부들을 낳았지만 돈 없는 서민들은 이 대지에 발 디딜 한 치의 땅도 없게 만들었으니 자본주의의 비극이 재현되는 현장이다.

자본을 정당하게 운용했을 때 투자라고 하고, 우리는 거기까지 자본주의의 원리로 존중한다. 그러나 투기는 정당한 자본의 운용원리를 벗어나 요행이나 우연으로, 노력과는 상관없는 이득을 목적으로 하기 때문에 반사회적이고 비윤리적이다. 요행이나 우연이 들어맞기를 바라는 것을 사행심이라고 하는데 역시 마찬가지이다. 그래서 자본주의사회에서도 투기나 도박을 정상적인 경제활동으로 보지 않아 법적인 제재를 한다. 투기와 도박이 성행하는 사회는 건전하지 못한 위험한 사회이다. 경제적인 위험이야 단기간의 노력으로도 극복이 가능하지만 윤리적인 타락은 돌이키기 어렵다. 우리 사회를 위험하게 하는 투기 중에서도 땅 투기가 가장 심각하다. 조물주는 하늘 다음으로 땅을 만들어서 사람이 생존하는 바탕으로 삼았다. 하늘을 모든 사람이 공유하듯이 땅도 모든 사람이 공유하도록 한 것이 조물주의 뜻이었다. 그러한 땅을 일개인이 독점하여 농단하는 것은 하늘의 뜻을 어기는 반윤리적인 행위이다. 투기에 성공한 사람은 노력과 성실의 가치를 알 수 없다. 얻은 것은 재산과 부이지만 잃은 것은 그보다 더 소중한 인간성과 가치관이다. 땅투기가 성행하는 사회에서는 성실하게 노력하는 사람은 상대적인 허탈감에 빠져 삶의 의욕을 상실하기 십상이다. 투기꾼도, 성실한 사람도 정상적인 가치관을 가질 수 없으니 그 사회는 위험이 코앞에 닥친 사회이다. 비정상적인 인간이 큰소리 치고, 행세하는 사회는 역시 비정상적인 사회일 수밖에 없다. 투기는 건전한 자본주의마저 병들게 하여 타락한 자본주의를 만드는 주범이다. 타락한 자본주의를 극복하고 공정한 사회, 정의가 구현되는 사회를 건설하려면 우선 땅투기부터 근절해야 한다. 땅투기는 망국의 병이라는 사실을 직시하고 국력을 모아 근절해야 한다.

아파트 투기는 땅 투기와 함께 부동산투기의 쌍두마차이다. 아파트는 조물주가 직접 만든 것은 아니지만 모든 사람이 공유할 목적으로 지어졌다는 점에서 땅과 닮은 공간이다. 그런데 이것도 땅과 같이 투기꾼이 몰려들어 마구 사들여서 아파트 숲 속에서도 세 들어 사는 사람이 그렇게 많다. 가진 자가 매점매석하니 없는 자는 평생 일해도 아파트 한 채 마련하기 어렵다. 아파트 투기자들은 땅 투기자와 다를 바 없는 도덕적, 윤리적 불구자들이다. 그들에게는 땀 흘려 일하는 사람들이 딱하고 불쌍하게 보일 뿐이다. 평범한 사람들이 노력과 성실을 바탕으로 부를 창출하였지만 투기꾼들은 그 부를 빼앗아 독점한다. 이러한 자들의 위세가 클수록 그 사회는 위험한 사회이다.

투기 다음으로 위험한 것이 사행심리이다. 투기도 사행심에서 나온 것이지만 사행심은 그 행위의 규모가 비교적 적고, 일과성에 그친다는 점에서 상대적으로 그 죄가 가볍다. 그러나 거기에 가담하는 자가 많아서 문제이다. 경마장, 카지노, 복권은 정부가 아예 공식적으로 허가한 도박이다. 도박은 분명히 비윤리, 비도덕적인 악습 악행인데 이를 다스려야 할 정부에서 합법적으로 보장한다는 것은 이유야 어쨌든 비도덕적인 일이다. 더구나 도박인 경마를 스포츠처럼 대우하는 것은 사행심을 조장하는 일이다. 카지노는 외국인을 대상으로 한다고 하고서는 대부분이 내국인의 사행심을 조장하여 개인의 경제파탄과 폐인을 양산하는 정부는 과연 누구를 위한 정부인가를 의심하게 한다. 최근 가상화폐라는 신종 투기가 성행하고 있다. 그것도 정상적인 경제활동을 할 수 없는 젊은이, 학생들 사이에게 성행하고 있다니 국가적 위기로 인식해야 한다. 투기도, 도박도 자본주의의 경제적 행위라고 정당화 한다면 그 사회는 위험하다. '투기에서 돈을 땄다면 인생을 잃은 것이고, 잃었다면 물질을 잃은 것이다.' 이런 도덕적 해체가 신세대에서 벌어지고 있는 것은 기성세대의 책임이요, 나라의 위기가 틀림없다. 이것을 모를 리 없는 정부에서 삐뚤어진 여론과 선거를 의식하여 망국의 병을 방치한다면 이 정부도 기대할 것이 없다. 가상화폐의 실체를 두고 논란이 많지만 지금 우리나라에서 벌어지고 있는 실상은 투기가 확실하다. 단언컨대 투기는 경제유통구조가 아니라 청산되어야 할 명백한 망국의 병이다.

상부상조

상부상조는 우리 사회의 아름다운 전통문화이다. 그러나 冠婚喪祭관혼상제에서는 미풍양속이 아니라 심각한 사회문제가 되고 있다. 옛날에는 능력껏 성의표시를 하는 것으로 만족했는데 지금은 능력과는 상관없이 관습화된 액수가 정해져 있어 거기에 미치지 못하면 부조가 되지 못할뿐더러 아예 안 하니만 못한 경우도 허다하다. 그러다 보니 관혼상제는 서로가 엄청난 부담을 주는 불상사가 되었으며 慶事인 혼례식마저 哀事와 다를 바 없게 되었다. 청첩장은 노골적인 고지서가 된 지 오래이니 그것을 받아들고 기뻐할 사람은 거의 없다. 그런 형편이니 기꺼이 예식장을 찾을 사람이 얼마나 되겠는가? 십중팔구 억지로 끌려가는 심정일 것이다. 억지로 끌려가는 사람들로부터 무슨 축복을 받아 행복한 결혼생활을 할 것이며, 무슨 애도를 받아 명복을 기대할 것인가? 세상인심을 탄식하기 전에 청첩장과 부고장을 보내서 물질적, 심리적 부담을 안겨준 자신을 먼저 탓해야 옳다. 그런데도 나도 남에게 부조했으므로 나도 당연히 부조를 받을 권리가 있다고 확신하고 있다. 그것이야말로 바로 상부상조의 정신이라고 생각하니 관혼상제를 빚 받을 좋은 기회로 삼는 것이다. 이참에 그동안 피 같이 들어갔던 투자금을 회수해야 한다고 작정하기도 한다. 그래서 관혼상제가 생기면 모든 수단을 동원하여 명단을 준비하여 통지하는 일에 골몰한다. 이 정도라면 상부상조가 아니라 돈 빌려주고 돈 찾아

오는 相貸相還상대상환 –이른바 계 타는 날이다. 일이 끝나면 부조자 명단을 일일이 확인하여 감사의 인사를 하는 것이 사람의 도리이지만 내심 기대했던 사람들의 이름이 없다면 매우 서운하지 않을 수 없는 것이 역시 인지상정이다. 나는 분명히 부조를 했던 사람의 이름이나 평소 가까웠던 사람의 이름이 없다면 배신감이 들기도 한다. 그래서 애경사를 인간관계의 멀고 가까움과 그 인간성을 확인할 수 있는 호기로 삼는다. 방명록을 확인하는 순간 감동과 위안도 얻지만 배신감과 서운함은 새로운 불행의 시작이다. 봉투 속 몇 푼의 고마운 부조금은 새로운 빚이 되고, 봉투도 없는 친구는 나쁜 놈이 되어버린다. 오래 살다 보면 깜빡 잊을 수도 있고, 바쁠 수도 있고, 형편이 어려울 수도 있고, 잠시 서운할 수도 있는 법이다. 빚은 갚으면 된다지만 가까웠던 사이가 한 번의 실수나 착오로 멀어진다면 회복하기가 어렵다. 경우에 따라서는 배달사고도 있고, 방명록 정리과정에서 누락과 착오도 생기고, 심지어는 봉투도난사고도 있을 수 있다. 이런 형편에서 빚과 서운함만 쌓인다면 돈은 돈대로 들고, 오해는 오해대로 쌓이는 相負相怨상부상원이 된다.

애경사에 찾아오는 손님과 꽃다발은 그 사람의 인간성과 사회적 지위를 판단하는 기준이 된다. 그래서 평소에 교제에 유의하여 손님과 화환을 관리하는 노력을 기울여야 한다. 그러나 이러한 노력들을 나쁘다고 할 수는 없다. 이 사회 문화에 능동적으로 적응하는 것은 적극적인 삶의 자세이기 때문이다. 그러나 이러한 사회풍조는 막중한 물질적, 정신적 부담을 주는 허례허식이다. 정말 순수한 인간의 정을 주고받던 본래의 상부상조문화와는 전혀 다르게 지금은 위장된 부의와, 허세와, 철저한 거래와, 예리한 이해타산이 가득하다. 과도한 부조금은 웬만한 봉급쟁이로서는 감당하기 어려울 정도로 큰 액수여서 애경사 통지서는 세금고지서보다 더 무섭다. 세금이야 탈세도 하고, 면제도 되지만 부조금은 빠져나갈 구멍도, 에누리도, 융통성도 없다. 그러니 그것은 이미 서로 기쁨주고 칭찬받는 상부상조가 아니라 서로 걱정주고 근심받는 相憂相患상우상환이된 지 오래이다. 권력자나 공직자가 해야 할 일 중의 하나는 힘 있을 때, 현직에 있을 때 애경사를 서둘러 치르는 것이다. 권력과 현직이 없어지면 많은 부조를 기대하기 어렵기 때문이다. 부조는 죽을 때까지 물어야 하지만 권력이 없어지면 받기 힘들어지니 상부상조는 시한부 마일리지이다. 애사야 마음대로 할 수 없지만 경사는 얼마든지 가능한 일이라서 밀어내기 식의 경사를 바쁘게 치르는 사람이 적지 않다. 허례허식의 문화를 개선하려는 노력이 이 시대를 사는 민주시민이 해야 할 일이다.

이렇게 부담을 주는 상부상조이지만 막상 애경사의 당사자는 특별한 경우가 아니고서는 금전적인 도움이 크지 않은 경우가 많다. 결혼인 경우 기본이 5만원이라면 대접해야 할 식단은 그것을 넘는 경우도 있다. 사정이 이러니 10만원은 해야 하는데 그런 부담으로는 감당해 내기가 어렵다. 손님은 손님대로, 주인은 주인대로 금전적인 실속이 없다. 그래서 요즈음은 결혼식장에 가서 비용을 축내기보다는 계좌이체해서 축의금을 전달하는 것이 진정으로 혼주를 돕는 길이다. 청접장을 돌려 부담을 주고, 하객으로 가서 역시 부담을 준다면 차라리 서로 알리지 않는 것이 좋을 것이다. 그것이 차라리 상대방을 돕고, 아끼고, 존중하는 방법이다. 서로가 이럴 정도라면 이는 보존해야 할 전통이 아니라 청산해야 할 인습이다. 혼례는 기를 쓰고 널리 알리려 하지 말고, 정말 알리지 않으면 안 될 가까운 사람에게만 알릴 일이다. 이것을 '작은 결혼식이'라고 하는데 한 여론조사에 의하면 여기에 공감하는 국민이 8할이라고 한다. 그런데도 그렇게 못하는 것은 관례를 깨기 어렵기 때문이다. 나만 손해 볼 수 없다는 오기도 작동되었을 것이다. 그러나 더 넓게 생각하면 부조를 받아도 결국은 빚이다. 나부터 손해를 무릅쓰고 악순환을 끊겠다는 의지를 실천해 보자. 평소에 가깝게 생각했던 사람에게 부조가 없었다고 해서 서운해 할 일도 아니다. 어쩌면 내가 먼저 결례를 했었는지도 모르고, 기억해야 할 빚도 없게 된 것도 좋은 일이다. 애경사에 알리지 않으면 서운할 사람은 생각보다 많지 않다는 사실을 알아야 한다. 애경사를 알리지 않았다고 애써 서운해 하는 사람치고 속으로는 다행으로 여기는 사람이 더 많다. 易地思之[역지사지] 해 보면 하면 쉽게 알 수 있는 일을 모른 척하지 말 일이다.

신앙과 미신

예부터 우리나라는 巫覡[무격]신앙이 성행했다고 기록되어 있는 것을 보면 우리는 초자연적, 신비적 성향이 짙은 민족이지 않았나 싶다. 짧은 기독교 전래의 역사에도 불구하고 우리나라만큼 교회의 뾰족탑이 많은 나라도 드물 것이다. 세계의 십대교회가 모두 우리나라에 있다고도 한다. 미국과 일본에서 교세가 있는 통일교도 우리나라에서 발생한 것이고, 기독교 불모지였던 중국을 비롯한 동남아시아에서 많은 신도를 확보하고 있는 선교사도 우리나라 사람이라고 한다. 선교사가 아니라면 미국인, 일본인, 중국인을 복종시킬 수 있는 우리나라 사람이 얼마나 될까를 생각해 보면 적잖은 위안이 되기도 한다. 북한의 독재자들이 말도 안 되는 신격화, 우상화에 성공하고 있는 것도 우리 민족의 돈독한 신앙적 기질과 관련이 있을 것 같다.

종교란 인생을 바람직하게 인도하는 역할을 하는 것이니 교회가 많은 것은 우선 좋은 일이다. 信仰은 종교적인 믿음을 말한다. 한자 字義로 말하면 사람이 무릎을 꿇고 하늘을 우러러 소원을 비는 모습이다. 인간이 하늘에 비는 것이란 자신의 능력이 닿지 않는 일일 것이라는 점에서 신앙은 비현실적, 초현실적인 행위일 가능성이 많다. 만약에 자신의 능력으로 충분히 할 수 있는 일이었다면 구태여 하늘에 빌 필요가 없기 때문이다. 信仰이란 두 글자 모두 人부인 것으로 보아 사람의 행위이다. 만약에 사람의 행위가 올바르지 못하다면 사람이 하늘에 비는 소원도 올바르지 못할 가능성이 크다. 사람마다 하늘에 올바르지 못한 소원을 빌어 그것이 이루어졌다면 세상은 벌써 망했을 것이다. 그렇다면 신앙은 매우 위험한 것일 수도 있다. 우리는 그러한 신앙을 祈福기복신앙이라고 해서 경계한다. 복을 비는 행위가 잘 못된 것이 아니라 그 복이 자신만을 위한 복이었을 때, 그것이 사회의 복과 상치되었을 때는 신앙이 재앙이 될 수 있다.

바람직한 신앙은 자신의 복보다는 사회의 복이 우선되어야 한다. 원시시대의 신앙은 집단적이어서 지금의 개인적인 신앙보다 오히려 건전할 수 있었다. 개인의 소원이 사회의 소원과 일치된다면 좋겠지만 지금은 대개 다르기 마련이다. 왜냐하면 내가 복을 차지하고 나면 다른 사람의 복은 그만큼 줄어들 가능성이 많기 때문이다. 만약에 모든 사람이 자신만의 복을 기원해서 그것이 이루어진다면 이 세상은 유지될 수 없다. 신앙 행위가 반사회적이고 다수의 행복을 해칠 때 우리는 그것을 미신, 미친 신앙이라고 한다. 무속신앙, 불교신앙을 미신이라고 매도하기 좋아하는 기독교신앙도 기복신앙적인 성격이 강하다면 역시 迷信미신, 사이비종교를 면하기 어렵다. 무슨 종교든지 미신, 기복신앙에 빠져있다면 사회를 불행하게 만든다. 종교가 말세를 재촉한다면 결국 인류의 불행을 재촉하는 것이므로 미신, 사이비종교를 면할 수 없다. 종교는 내세를 추구하는 것이 본질이지만 인간의 행복을 도외시한다면 하늘에서는 행복할지라도 인간에게는 결국 불행한 일이다. 인간의 불행이 전제된다면 그 종교는 인간에게 행복을 줄 수 없고, 그것은 우리가 바라는 종교일 수 없다. 종교가 오로지 내세에 모든 인생을 건다면 종교적으로는 옳겠지만 그것은 또한 현실적으로는 반인간적, 반사회적이다. 신이 인간을 만들고 인간에게 부여한 임무는 이 세상을 아름답게 다스리는 것이었다. 신의 무한한 사랑을 전제한다면 신은 자신을 위해서 인간을 만든 것이 아니라 세계와 인간을 위해서 만든 것이다. 만약에 신이 자신만을 위해서 살라고 했다면 그 신은 이기적인 신일 뿐, 사랑과 자비의 신은 아니다. 그래서 예수님은 먼저 네 이웃을 사랑하라고 했다. 그러한 신의 사랑을 실천하여 세상을 아름답게 만드는 것이 이 세상에서 참다운 종교가 할 일이다.

신앙이란 신의 뜻대로 인간다운 인간이 되기 위해서 그 모자란 부분을 하늘에 의탁하는 것이다. 하늘은 스스로 돕는 자를 돕는다고 했다. 인간 스스로의 노력이 없는 신앙이라면 내세도, 현세의 행복도 없다. 신앙은 인간의 행위이기에 인간적이어야 하고, 인간의 일을 하도록 돕는 조직체가 종교여야 하지 않을까? 종교가 해야 할 일 중의 하나가 종교인의 납세의무 이행이다. 신도들은 납세의 의무는 물론 헌금도 하는데 성직자라는 사람들이 국민의 기본의무도 하지 않는다는 것은 당연히 신의 뜻도 아니다. 구약시대에 요구했던 십일조는 그것으로 모든 세금을 대신했던 납세의 의무였다. 국민의 8할이 종교인 납세에 찬성한다는데 각종 세금에 시달리는 신도들에게는 꼬박꼬박 십일조와 시주를 강요하면서 자신들은 세금을 한 푼도 내지 않겠다는 것은 어떤 이유로도 설득력이 없다. 좋든 싫든 납세의무는 정의로운 신의 뜻에 부합되는 것이요, 보편적인 국민의 의무이다. 종교인의 납세거부는 국민으로서 의무 불이행이요, 특권적인 행위요, 더구나 신이 원하는 바도 아닐 것이다. 이는 어떠한 구차한 이유로도 합리화 할 수 없는 탈세행위이다. 더구나 자신들의 부정한 행위를 감추기 위한 것이라면 숫제 범죄행위이다. 그러고서야 하느님의 영광은 커녕 신을 모독하는 행위가 아닐 수 없다.

늙어 가세

우리 노래 가사에 '노세노세 젊어노세'라는 말이 있다. 그 때에도 그랬지만 한창 일할 때 놀자타령은 지금 생각해 보아도 터무니 없는 말이었다. 그래서 '노세노세 늙어노세'로 합의된 지 오래이다. 지금 노인들이 젊어서 고생한 덕으로 지금 나라가 이 정도로 살게 되었으니 이제는 그 보상으로도 편안히 놀게 해 드리는 것이 도리이다. 그러나 지금 우리는 심각한 노령화사회에 들어섰다. 노인의 숫자가 어린이보다 많다고 하니 이제는 '늙어 노세'도 마음 편하게 할 말이 아닌 것 같다. 어려운 경제 형편에 오로지 노는 데 열중인 노인이 14%를 차지한다면 나라살림이 위험하다. 게다가 퇴직, 은퇴, 무직인 노인들이 저마다 팔팔하게 구구까지 놀면서 백 살이 넘을 때까지는 저 세상에 못간다고 버틴다면 이건 보통일이 아니다. 나잇살이나 먹어가지고, 젊은이의 모범이 되어야 할 나이에 후손의 무거운 짐이 된다면 도무지 체면이 서지 않는 일이다. 건강하다면야 백 살이 어떠냐고 하겠지만 그때까지 심신이 같이 건강하기도 지극히 어렵고, 설령 그렇더라도 그 노인을 모시는 자식한테는 효도의 즐거움보다 그 부담이 훨씬 더 크다. 국가에서는 병든 장수노인을 모시기 위해서 많은 예산을 쏟아부어야 하고, 설령 건강하더라도 그 건강관리하기 위한 재정지출이 또한 젊은이의 부담을 가중시킬 수밖에 없다. 경로효친이 우리의 전통적인 미풍양속이었지만 노인 때문에 앞날이 창창한, 미래의 주인이 될 젊은이에게 투자할 여유가 없다면 미풍양속을 지키기 위해서 후세의 미래가 제한 받을 수밖에 없을 것이다. 민족중흥의 주역이었던 노인한테는 대단히 죄송한 말이지만 이제는 절대숫자가 늘어난 노인을 더 이상 극진히 모실 수 없을 만큼 희소가치가 줄어들었고, 노인부양에 대한 사회적 부담은 민족과 국가를 위한 백년대계를 세우기 어려울 만큼 커졌다. 불행한 일이지만 이제는 늙은이도 노세타령을 할 시대도 아니요, 더 불행한 일은 이제는 노인이 건강해도 젊은이와 같이 산다는 자체가 버거워진 시대이다. 늙어서도 병들고 쇠약한 몸으로 열심히 일해야 한다면 차라리 죽느니만 못할 수도 있다. 병든 독거노인이 쪽방에서 더위와 추위에 시달리며 아픈 몸을 이끌며 무료급식소를 찾아 헤매고, 폐품을 주워 모아 연명하는 모습은 차라리 참상이다.

물론 재산이 여유 있고, 연금혜택이 많고, 건강한 신체와 정신을 가지고 있어서 정말 '늙어노세'를 누리고, 노익장마저 과시할 수 있다면 늙어 산다는 것이 행복일 수도 있다. 그러나 그런 행운의 노인은 많지 않고, 설령 그런 노인이라 해도 그 행복은 자신만의 것일 뿐, 가정이나 사회의 행복과 같이 하기 어려운 것이 현실이다. 과거의 경노효친사상이 퇴색되었고, 많은 노인들이 존중받을 만한 어른의 품격을 지니지 못했고, 살아있는 노인의 숫자가 너무 많다. 무엇보다도 노인의 행복은 젊은이의 희생을 바탕으로 한다는 사회적 구조가 그 본질적 원인이다. 그래서 노인은 생존 자체가 위협을 받고 있는 실정이다.

늙은이건 젊은이건 개인의 행복이 사회의 행복보다 우선해야 한다고 생각한다든지, 모든 삶이 사회와는 상관없이 자신에게만 맞추어져 있다면 그 사회는 불행할 수밖에 없다. 사회 구성원이 각자 이 사회를 위해서 내가 할 일, 역할이 무엇인가를 인식하고 그 역할을 성실히 수행할 때 우리는 행복할 수 있다. 그 의무 사명은 노인도 역시 피해갈 수 없는 일이다. 물론 젊었을 때 자식을 위해서 모든 것을 다 바쳤으니 이제는 효도를 받으며 편히 살 권리가 있다고 생각하는 것은 잘못이 아니다. 그러나 그것은 일반적인 사회의 윤리일 뿐, 현실적인 사회여건은 그것이 쉽게 수용되기 어려운 형편이다. 노령화에 의한 노인의 급증은 노인에 대한 사회보장이 감당하기 어려울 정도로 늘어나고 있다. 장수시대가 되고 보니 부모가 죽기 전에 아들이 노인이 되고, 손자는 조부모, 부모를 같이 모셔야 될 사회구조라면 노인이 편히 살며 '늙어 노세'를 구가할 염치가 없다. 더구나 노인이 병들고, 아들과 손자의 경제형편이 여의치 못하다면 '늙어노세'는 커녕 '늙어 굶기'가 십상이다. 이러한 형편은 사회 전체적으로도 마찬가지이다. 생산인구보다 비생산인구가 많은 사회는 경제적으로 이미 위험하다. 비정상인 사회에서 이전의 정상사회의 사고를 한다면 역시 비정상이다. 우리 노인들이 심각하게 생각해야 할 문제이다.

이를 위해 노인들도 젊은이들의 야박함을 탓하기 전에 사회의 일원으로서 자신의 의무와 역할을 다해야 한다. 물론 능력이 안 되는 노인이 많겠지만 적어도 능력이 된다면 '늙어 노세'를 잊어야 한다. 이제는 '내 나이가 어때서'는 사랑하는 나이가 아니라 일하는 나이여야 한다. '못간다고 전해라'는 이유는 아직은 땀 흘려 일해야 하기 때문이어야 한다. 미국의 노인들이 공공장소에서 열심히 봉사활동을 하는 장면은 지금도 인상적이다. 우리 노인들이 존중받지 못하는 이유 중의 하나는 뒤떨어진 인지능력과 가치관이다. 나이 들어 인지능력이 떨어지는 것은 어쩔 수 없는 일이지만 새 시대에 맞는 가치관을 갖는 것은 스스로의 노력으로 가능하다. 노인들은 교육수준이 새 시대를 따라가기에 부족한 면이 많다. 그런데도 노인들은 자신의 부족함을 인정하려 하지 않는다. 나이를 내세워 과거에 가지고 있던 가치관을 바꾸려 하지 않음은 물론, 젊은이의 가치관을 좀처럼 인정하려 들지 않을뿐더러 오히려 자신의 고루한 생각을 강요한다. 젊은이들은 이러한 노인의 행태를 소통할 수 없는 고집불통이라고 단정한다. 노인은 젊은이를 철부지라고 혀를 차지만 젊은이는 노인을 불통꼰대라고 손사래를 친다. 지금은 노인이 권위를 내세웠던 以老賣老이로매로의 시대가 아니라 노인이 냉대를 받는 以老賤老이로천로의 시대에 살고 있음을 명심해야 한다. 노인들 때문에 사회개혁과 국정쇄신이 되지 않는다면 젊은이에게 면목이 서지 않고, 더구나 존경받을 수 없는 일이다. 노인들은 과거의 권위의식과 특권의식에서 벗어나 현실을 직시해야 한다. 우리의 민주주의, 시민의식이 노인들 때문에 정체되어 있다는 자각도 있어야 한다. 이제는 노인으로서 누려야 한다는 보상의식이 아니라 사회의 구성원으로서 의무와 역할을 다해야 한다는 다짐이 필요하다. 백년을 '놀다 가세'가 아니라 백년까지 '일하다 가세'라는 각오가 필요하다. 그것이 싫다면 백년타령은 그만두고 지금 '그냥 가세'가 적절하다. '일하지 않는 자 먹지도 말라'는 말이 지나치다고 하겠지만 '구실을 못하는 자 살지도 말라'는 늙은이, 젊은이 상관없이 맞는 말이다. 그래서 '젊어 노세'는 '늙어 노세'로 바뀌었고, 이제는 이것을 '늙어 가세'로 다시 바꾸어야 하는 시대가 되었다. '살고 죽는 것이 마음대로 되나'만 되뇌이지 말고, '죽을 때까지 떳떳하게 살자'를 외치자. 노인이여, 갈 때를 안다면 부끄러움이 없으리라!

틀딱충

漢字成語에 白駒過隙[백구과극]이라는 말이 있다. 방안에서 문틈 사이로 뛰어가는 들판의 흰 망아지를 본다면 그것을 볼 수 있는 시간은 눈 깜짝할 사이도 안 된다. 세월의 짧음과 인생의 허무함을 탄식한 말이다. 문틈 사이로 눈을 최대한 가까이 하는 것이 그나마 세월을 길게 사는 방법이다. 눈을 문틈에 가까이 한다는 것은 현실에 입각하여 적극적으로 살아가는 삶의 방식을 의미한다. 흔히 인생이 짧다고 탄식하지만 삶의 길고 짧음은 시간의 길고 짧음이 아니다. 시간은 주관적이고, 상대적이라는 사실이 과학적으로 입증된 지 오래인데도 아직도 이 엄연한 사실을 받아들이지 못하는 사람들이 대부분이다. 百壽를 누리는 것이 능사가 아니라 사람의 본분을 다하는 것이 인생의 참다운 가치이다. 백 년을 버틴 것이 長壽가 아니라 자신의 본분을 다한 사람이 장수한 사람이다. 그래야 본인도 삶의 보람을 느낄 수 있고, 사회와 역사도 아름다워지고, 우리는 그러한 사람을 존중하고 기억한다.

壽則多辱[수즉다욕]이란 말이 있다. 오래 살면 좋은 일보다 욕된 일이 더 많은 법이다. 치욕을 당해가면서 오래 사는 것보다 의미 있는 죽음이 훨씬 가치 있게 사는 것이다. 가치 있게 사는 것이 중요한 것이지, 가치 없이 오래 사는 것은 부끄러운 짓이다. '개똥밭에 굴러도 이승이 낫다'라는 천박한 삶보다는 生不如死*라는 의연한 자세가 품격이 있다. 나라를 엉망으로 만들어 놓고도 구차하게 살아서 억울함을 강변하는 박근혜가, 비명에 갔지만 아직도 존경받고 있는 아버지 박정희보다 훨씬 불행한 이유이다. 쌓인 과오에도 불구하고 그녀에게는 명분 있게 욕을 면할 기회가 얼마든지 있었다. 그러나 이제 그녀에게는 그럴 기회마저 없어졌다. 대통령이라는 막중한 삶의 가치를 몰랐기 때문이다. 지금도 특별사면을 기대하며 구차하게 버티고 있지만 설령 그렇게 되더라도 그것은 生不如死의 치욕일 뿐이라는 사실을 알아야 정상인이다. 그녀는 대통령의 딸이었고,

---

* 사는 것이 죽느니만 못하다.

스스로가 대통령으로서 벗을 수 없는 역사적 책임이 있기 때문에 천박한 강남아줌마와 삶의 가치가 같을 수 없는 일이다.

노인들의 입버릇, '죽고 사는 것이 어디 사람 마음대로 되는가?' 맞는 말이다. 사람은 자기 목숨마저 스스로 결정할 수 없다는 윤리적인 측면도 있고, 인정상 목숨을 마음대로 결정하기도 어렵다. 그러나 어차피 죽어야 할 바에는 죽음에 대해서 좀 더 진지하게 생각해 보자. 어차피 죽으면 끝이라고 하지만 죽는 것도 여러 가지라서 自然死, 自殺, 尊嚴死[존엄사], 義死[의사]는 그 품격이 다르다. 자연사야 구태여 인간이 아니라도 가능한 일이고, 자살도 불법이라서 구태여 논의할 필요 없다. 그러나 존엄사는 개인의 권리로 인정해야 할 것이요, 義死는 사회의 행복에 이바지하는 값진 죽음이라서 그 선택과 의지는 마땅히 존중받아야 옳다. 그렇다면 존엄사를 부정할 필요도 없고, 구태여 자연사를 최선이라고 고집할 이유도 없다. 내 한 목숨으로 많은 사람을 살릴 수 있다면 나는 그냥 죽은 것이 아니라 많은 사람에게 행복을 준 의로운 삶이다. 그래서 안중근, 윤봉길은 義士로서 지금도 우리 가슴에 살아있다. 義死는 오로지 숭고하고 정당한 내 의지에 달려있다.

유행가 '내 나이가 어때서'라는 당당함도 좋지만 '내 나이가 이래서'라는 지각도 있어야 廉恥[염치]가 생긴다. 나의 당당함이 남에게 뻔뻔함으로 느껴진다면 그것은 차라리 욕이다. 염치를 안다면 최소한 恥辱[치욕]은 면할 수 있다. 염치를 모르는 사회는 미세먼지로 가득 찬 잿빛 하늘보다 더 위험하다. 오로지 나이만을 내세워 권위를 누리려는 파렴치한 대표적 증상이 노염과 노욕, 아집과 우매이다. 늙으면 속이 좁아져 매사에 화를 참지 못하는 버럭질이 老炎[노염]이고, 정력이 고갈되어 명예와 권력과 돈에만 집착하는 것이 老慾[노욕]과 老貪[노탐]이다. 눈과 귀가 어두울수록 자신만 옳다고 고집하는 것이 我執[아집]이고, 보고 듣는 것이 적어 떴다방약장수・가짜뉴스・사이비어용언론・색깔론에 잘도 속아 넘어가니 愚昧[우매]하다. 노염과 노욕은 수양과 지혜로 극복이 가능하지만 아집과 우매는 고치기 어려운 고질병이어서 사회를 이끌고, 공경을 받아야 할 노인들이 오히려 사회의 발전과 소통을 가로막는 장애물이 되고 있는 것이다. 그래서 요즈음 젊은이들은 이런 염치없는 노인들을 '틀딱충'이라고 뒤에서 욕을 해댄다. 그 뜻이 '틀니 끼고 딱딱거리기나 하는 버러지'라고 하니 그 지독한 욕설을 듣고도, 그러거나 말거나 '백세를 넘기 전에는 못 간다고 전해라'라고 버둥댄다면 참으로 염치없는 짓이다. 정말 뻔뻔스러운 노인은 '나는 틀니가 아니라 임플란트'라고 우겨대기도 한다. 그러나 치욕을 두려워하지 않는 厚顔無恥[후안무치]한 노인을 공경할 젊은이는 많지 않으니, 나이만을 내세우면서 敬老도 모르는 패륜末世라고 탄식하기보다는 먼저 나잇값 못하는 스스로를 자책해야 옳다. 노령화사회, 인구절벽의 시대에 長壽는 더 이상 권리도, 축복도 아니라 자칫 사회의 발전을 가로막는 걸림돌이기 십상이라는 지각이 있어야 그나마 노인의 면목이 서는 일이다. 건강하다면야 百壽는 당연한 것처럼 말하지만 그때까지 心身이 고루 건강하여 사회와 젊은이의 존경을 받을 수 있는 노인은 매우 드물다. 더구나 치매에 걸렸거나 파렴치한 늙은이들은 신체가 건강할수록 그 폐해가 더 크니 이들은 사회적 재앙에 가깝다.

인생은 고구마 모양과 닮았다. 고구마를 다 먹을 수 있는 것이 아니라 양 끝은 버려야 한다. 가운데 통통하고 굵은 부분은 살 만한 인생이고, 끝 꼭지는 유아시절과 노년시절의 가치와 같다. 만약 유아와 노년만 있는 인생이라면 누가 태어나려고 하겠는가? 그래도 위 꼭지는 어린 시절이라 귀엽고, 희망이라도 있지만 끝 꼭지는 쓸모가 없으므로 그것을 붙잡고 있어봐야 천덕꾸러기이다. 천덕꾸러기가 되기 전에 과감히 꼭지를 버리는 현명한 노인이 되자. 오이도 인생을 닮았다. 오이는 꼭지가 있기 마련이고, 끝 꼭지는 쓰다. 오이를 꼭지까지 다 먹으려 한다면 반드시 쓴 맛을 보아야 한다. 그래서 현명한 사람은 쓴 부분이 닿기 전에 미련 없이 오이를 버린다. 그래야 오이의 단 맛을 끝까지 간직할 수 있다. 겨우 오이꼭지만한 미련을 버리지 못하고 꼭지까지 다 먹으려 한다면 인생의 쓴 맛을 보고 죽어야 한다. 악착같이 쓴 맛을 보고서야 죽으려고 욕심을 부린다면 산 사람은 더 쓰디쓰다는 사실을 알아야 한다. 늙은이여! 고구마와 오이를 맛있게 먹자. 그리하여 후대에 희망과 활기를 선물하여 살아서는 존경받고, 죽어서는 떳떳한 이름을 남기자.

나는 지금 정년퇴직을 한 노인이다. 그러니 이런 말은 남 이야기가 아니라 정작 스스로의 自省이다. 우선 파렴치한 틀딱충을 면하는 것이 급한 일이다. 그 동안 교육자로서 부끄러웠던 일들을 용서 바라고, 정년 후라도 사회에 얼마간 보탬이 될 수 있기를 바란다. 그렇다고 정년 후에도 학교에 남아서 얼쩡거리지는 않으련다. 그것은 쓴 오이꼭지를 먹는 짓이다.

그리고 9988을 외치는 넉살보다는 언제든지 기꺼이 尊嚴死, 義死를 감행할 수 있는 염치가 있기 바랄 뿐이다.

노인의 즐거움

옛시조에 '늙기도 설워라커든 짐을 조차 지실까?'라고 했지만 나름대로 짐이 가벼운 노인의 즐거움이 적지 않다. 우선 점점 살기 어려워지는 세상에서 살 날이 얼마 남지 않았다는 것은 고생길이 얼마 남지 않았다는 것이니 좋은 일이다. 구태여 인생은 苦海라는 비관론을 빌지 않더라도 살 걱정에 고통받고 있는 요즈음의 젊은이를 생각하면 죽을 일만 남았다면 차라리 희망이다. 살기가 어려운가? 죽기가 어려운가? 혹은 죽기가 어렵다고도 하지만 그건 품위있는 죽음을 말하는 역설일 뿐, 평범한 사람이 죽는 것은 살기보다 훨씬 쉽다. 이꼴저꼴 안 보는 것이 얼마나 좋은 일인가? 그래서 사람들은 '죽겠다'라는 말을 입에 달고 산다. 자살하는 사람은 비겁한 것이 아니라 늙은이가 되지 못한 것을 기다리지 못한 조급증이다. 젊은이는 인생의 오르막길에 있고, 늙은이는 내리막길에 있다. 오르막길이 어려운가? 내리막길이 어려운가? 혹은 내리막길이 더 조심스럽다고 하지만 그것도 쉬운 길을 더 조심하라는 뜻을 가진 역설일 뿐이다.

늙으면 사회에서 인정해 주지 않는 것에 서운해 하지만 사회에 부담과 책임을 지지 않는 것은 얼마나 자유로운가? 젊어서 공들여 사회에 공헌을 하지 않았던 사람들은 사회의 부담과 책임에서 벗어난 행복을 모른다. 퇴임을 하고, 내가 일을 하지 않아도 사회가 제대로 돌아간다면 나는 사회에 책임감을 가질 필요가 없다. 사회에서 자신의 역할과 사명을 완수하기에 노력했던 사람은 이제 그 의무에서 자유로워진 것이 홀가분하지 않을 수 없는 일이다. 사회에서 나에게 기대를 하지 않는다고 서운해 할 것이 아니라 부담에서 벗어났다고 기뻐할 일이다. 날짜를 잊어도 좋고, 요일을 따질 필요도 없고, 늦잠을 자도 좋고, 밤 늦게 술을 마셔도 좋다. 연휴를 찾아 달력을 헤매는 것이 아니라 연휴가 오히려 불편한 편안함을 아는가? 땡처리 싸구려 여행을 골라가는 즐거움을 아는가? 지하철을 공짜로 타는 것은 부담되는 일이지만 국립공원이나 각종 사회시설을 공짜로 출입하는 쾌감을 아는가? 그럼에도 불구하고 노인이 되어 자신을 알아주지 않는다고 서운해 하는 사람은 행복해질 수 없다. 그리고 그런 사람은 대개는 사회에서 자신의 역할과 사명감보다는 권리와 이익을 추구해 온 사람이다. 그러한 사람은 사회에 대한 공헌보다는 위해를 끼쳤던 사람일 가능성이 많다. 사회를 불행하게 만들었던 노인이 그 자신도 불행한 노년을 보내는 것은 당연한 이치이다. 그러므로 자유로운 노년을 즐길 수 있는 늙은이는 행복하다.

늙으면 먹거리를 걱정하지 않아서 좋다. 요즈음 우리 주변에 안심할 먹거리는 없다. 각종 환경오염, 농약, 항생제 오염, 유전자조작 식품, 유해첨가물, 방사능오염 등에서 안전한 식품은 거의 없다. 젊은이가 그런 식품을 먹으면 심각한 위협이 되지만 늙은이들은 그러한 위협에 두려워 할 필요가 없다. 식품의 위협은 장기간에 걸쳐 누적되었을 때 위해의 가능성을 말한 것이다. 얼마 남지 않은 노인들에게 그러한 위해요소는 걱정거리가 되지 않는다. 노인들에게 유독성 생리대가 아무 상관이 없듯이 살충제 달걀, 유전자조작 콩, 후쿠시마 꽁치, 중금속오염 생선 등이 두려울 것이 없다. 조류독감 닭이 무엇이 문제인가? 살충제 달걀로 깨끗이 해결되었다. 그런 호들갑들은 노인들에게는 전혀 위협이 되지 않는다. 오히려 그런 기회에 싼 값으로 먹는 즐거움을 누려도 좋다. 그 즐거움이 구차한 생명에 애착을 갖는 근심 걱정보다 훨씬 크다.

말세론, 환경오염, 공해, 핵전쟁도 걱정할 필요가 없다. 아무리 환경오염이 심해서 지구가 멸망한다 해도 적어도 지금의 늙은이가 살아있을 때까지는 지구는 끄떡없다. 말세론이 아무리 떠들어도 지금의 노인들이 살아생전에는 아무 일이 없다. 핵전쟁이 가장 위협적이긴 해도 노인들이 더 두려워할 필요는 없다. 전쟁으로 죽기로 말하면 젊은이보다는 늙은이가 죽을 가능성이 적고, 설사 죽더라도 젊은이보다 억울한 일이 적다.

늙어지면 행동반경이 줄어들어 돈을 쓸 일도 줄어들어 좋다. 물론 늙으면 돈 벌 일도 없어지기 때문에 돈을 모아 둘 필요는 있다. 흔히 백세까지 먹고 쓸 돈을 걱정하지만 그렇게 오래 산다 해도 필요한 돈은 점점 줄어들기 마련이다. 늙으면 여행할 일도 없고, 먹거리도 줄어들고, 입성도 줄어들고, 애경사비도 줄어들고, 자가용도 필요 없고, 호화주택도 의미가 없어진다. 손자 용돈 줄 걱정은 남지만 그것들은 어차피 노후대책은 될 수 없다. 병 들면 치료비가 있어야 하지만 병 들어 약 먹고 오래 살아본들 즐거운 인생이 아니다. 노인병원, 요양원에 가 보면 죽느니만 못한 인생들이 처량하게 쌓여있다. 그야말로 죽지 못해 사는 인생들이다. 병들어 오래 사는 것은 차라리 저주요, 괴로움이다. 돈 걱정 하지 않아도 되는 것이 노인의 즐거움인데 죽을 때까지 돈을 쥐고 있어야 한다고 믿는 딱한 노인들이 많다. 어차피 죽을 때 돈을 싸들고 갈 수 있는 것도 아닌데— 인생의 내리막길에서 자유를 만끽하며, 다툴 일 없고, 먹거리 걱정 않고, 말세걱정 없고, 돈 걱정 필요 없는 늙은이가 그 아니 좋은가?

'有終의 美'라는 말도 있고, '끝이 좋으면 다 좋다'라는 말도 있다. '유종'과 '끝'을 '노인'으로 바꾸어 보라. 그 아니 좋은 때인가? 이때만 잘 보내면 인생 전체가 성공작이 되는 것이니 그야말로 절호의 기회이다. 이전의 쓰라린 실패도 행복으로 바뀌고, 화려했던 과거도 불행으로 끝나는 것이니 인생역전이 여기에 있다. 천국 지옥이 있다면 바로 지금 결정되는 것이니 이때만 잘 보내면 영원한 행복이 또한 여기에 있다. 성경을 보면 살인강도도 십자가 위에서 말 한 마디로 한 순간에 천국과 지옥이 결정되었다. 아침부터 포도밭에 간 일꾼과 저녁에 간 일꾼과 품삯이 같았다. 만약 도둑의 회개해야 할 시간이나 포도밭에서 일할 시간이 길다면 그만큼 고통도 길어진다. 짧은 시간에 이렇게 막중한 선택을 할 권리를 쥔 노인은 행복하다.

그런데 우리나라 노인들이 병원을 찾아 헤매는 횟수가 OECD국가 중 단연 1위라고 한다. 젊은이들이 낸 의료보험료를 늙은이들이 염치없이 축내는 것이다. 노인의 즐거움을 모르고 고통의 생명연장을 꾀하는 불행한 늙은이들이 그렇게 많다. 百壽를 목표로 한다면 이 모든 즐거움은 다시 근심걱정거리가 된다. 암 조기발견하자고 뻔질나게 병원을 찾기보다는 죽기 전에 사회에 보탬이 되는 조그만 일이라도 찾는 즐거움으로 살자. 다 늙어서 불굴의 암투병을 자랑하기보다는 암을 데리고 여유 있게 살면 어떨까? 늙으면 암과 목숨을 걸고 싸우나, 암을 데리고 살거나 어차피 수명에는 별 차이가 없다고 하니 남 보기에는 좀 어른스럽고, 스스로는 편안하게 사는 것이 좋을 것 같다. 노년에 그까짓 몇 년이 무엇인가? 배우자나 동년배를 먼저 보내는 것을 인생의 승리로 안다면 오해이다. 쇠똥밭에서 이승을 견디는 것은 저승만 못한 고통이다. 노인이 진짜 무서워해야 할 질병은 암보다 중풍이다. 중풍에 쓰러지면 죽느니만 못하다. 본인도 딱하지만 가족들이 더 고통스럽다. 그리고 그보다 더 무서운 것은 치매이다. 치매에 걸리면 신체건강이 오히려 더 무섭고, 스스로 존엄사를 선택할 의지도 없게 된다. 그러니 늙어서는 병원에 드나들면서 내시경 검사, 혈당, 혈압관리보다 노인의 품격을 올리는 노력이 먼저이다. 품격으로도 오는 치매는 어쩔 수 없으니 치매야말로 현대판 天刑이다. 존엄사가 가장 필요한 사람이 치매환자이지만 치매환자는 스스로 존엄사를 선택할 능력조차 없으니 가장 불행한 사람이다. 모진 말이지만 치매환자는 정신이 돌아왔을 때 유언장에 존엄사를 선언해 놓는 것이 좋을 것 같다. 가장 사랑하는 가족에게 고통을 주는 것은 부모가 되어서 할 일이 아니다. 장수는 노년불행의 가능성이 높아지니 결코 福이 아니다.

길가에 재생폐휴지를 줍는 늙은이는 처량해 보이지만 쓰레기를 줍는 노인은 거룩해 보인다. 늙어 특별히 조심해야 할 것은 노욕과 노탐이다. 쇠약해진 신심을 보상받으려는 심리는 탐욕으로 나타나기 십상이다. 물질적, 정신적 탐욕은 늙은이를 추악하게 만드는 원흉임을 알아야 한다. 귀(聽)와 눈(明)이 어두워지면 내 생각만 옳은데 이것이 노인의 고집인 老執노집이란 난치병이다. 노욕과 노집의 천덕꾸러기 늙은이로 남으려 애쓰지 말고, 깔끔한 노인으로 기꺼이 가자.

호화분묘와 명당

원시시대 장례는 시체를 풀섶으로 덮어놓는 것이 고작이었다고 한다. 장례의 葬자는 위아래 두 개의 ++ 사이에 死자가 끼어들어간 회의글자로 이와 같은 내력에 부합한다. 지금도 남방지역에는 草墳초분이 남아 있는데 여기에서 원시시대 장례의 모습을 실제로 확인할 수 있다. 고대사회에서는 북방에서도 초분과 같이 간소한 형식으로 장례를 치루었다는 사실을 〈맹자〉에서 확인할 수 있다. 맹자는 儒家式 호화장례를 옹호하는 장면에서 草墳의 야만스러움을 신랄하게 비판하였다. 부모의 시체에 나뭇가지나 대충 덮어 놓아 짐승들이 와서 시체를 손상시키게 하는 것은 사람의 도리로서 차마 할 짓이 아니라고 맹렬히 비난했다. 이때에 사람들이 활

弓을 들고 짐승들을 쫓아내는 것이 弔[조], 즉 問喪[문상]이라는 것이다. 弔를 吊[적]으로도 쓰는데, 이를 깃대나 기둥에 수건이나 깃발을 걸어 둔 모습으로 보면 弔旗[조기]로 보아도 좋을 것이다. 문상하는 데에는 아무래도 弓보다는 吊旗[적기]나 祭需品[제수품]을 들고 가는 것이 타당해 보인다. 弔에는 傷心[상심]의 뜻도 있다. 사람이 죽었다면 마음이 아픈 것은 당연한 일이다. 맹자의 걱정과는 달리 지금은 과도한 장례와 장묘문화가 문제이다.

봉분이 있는 무덤은 墳[분]이라 했고, 없는 것은 墓[묘]라고 했다. 그러니까 원래 墓는 호화로워서는 안 된다. 풍수지리에 의해서 좋은 묘자리를 明堂이라고 한다. 그러나 명당이 따로 있다기보다는 호화분묘가 있는 곳이 명당이다. 그렇게 할 수 있는 후손이 있다는 것은 유력한 후손을 두었다는 뜻이고, 그렇게 된 것은 결과적으로 묘를 잘 쓴 것이다. 그러니까 명당자리를 찾아 헤매는 것보다 스스로 노력해서 입신양명하는 것이 명당을 만드는 길이다. 후손이 조상의 호화분묘를 만드는 것은 조상을 위하는 것이 아니라 자기과시나 자신의 發福[발복]을 비는 마음이 작동한 것이다. 대원군이 자신의 발복을 위해서 남의 명당을 빼앗아 무리한 이장을 한 짓을 효성이라고 말할 사람은 없다. 그것은 분별없는 권력에의 탐욕이다. 그런데 그런 짓을 따라 하는 권력자, 유력자들이 지금도 적지 않다. 그들이 아니더라도 좁은 땅덩어리에서 죽은 자가 산 자가 살 몇 배의 땅을 목 좋은 곳에서 기약 없이 독점하고 있는 호화분묘가 법의 규제를 비웃으며 버티고 있다. 아무리 생각해 보아도 죽은 선조가 살아있는 후손에게 할 도리가 아니다. 호화분묘가 망인의 영광은커녕 위화감과 혐오감을 준다면 조상의 호화분묘를 만드는 후손은 자신의 과시와 영달을 위해서 조상에게 욕을 보이는 불효를 저지르고 있는 것이다.

외유병

해외여행이 선망의 대상이었던 시대가 있었다. 오죽하면 서독광부, 간호원, 중동근로자마저 특별한 사람만이 할 수 있는 일이었다. 해외에 나갔다 돌아오려면 바리바리 선물을 싸가지고 와서 서운한 사람이 없도록 골고루 나누어 주는데 각별히 신경을 써야 했다. 그러나 지금은 해외여행을 가보지 못한 사람은 웬만한 대화에 낄 수조차 없는 시대가 되었다. 그것도 세계 각지를 두루 거치지 않으면 대화에서 맞장구조차 칠 수 없는 지경이다. 이른바 황금연휴에는 매번 국제공항 출국자가 신기록을 세우는 기간이다. 해외여행하는 국민이 연간 2천만 명을 넘고, 국민 열 명 중 네 명이 넘는다고 한다. 일본이 1할 정도라니 우리 형편이 일본의 네 배 정도는 되나보다. 풀리지 않는 의문은 우리가 과연 경제불황에 시달리고, 실업률이 수 십%에 이르고, 가계부채와 신용불량자가 그렇게 많은 나라가 맞는가이다. 이 정도라면 우리의 해외여행은 열풍이 아니라 狂風이다.

물론 해외여행은 필요하다. 우리나라의 근대 개방은 해외여행부터 시작되었고, 그 주된 목적은 견문을 넓히는 것이었다. 가급적 많은 인사와 국민이 견문을 넓히는 것은 나라의 경쟁력을 높이는 일이다. 요즈음은 견문확대 말고도 삶의 의미와 가치를 높이고, 삶의 활력을 불어넣는 계기를 마련하는 것도 주요한 해외여행의 목적이다. 또한 해외여행으로 주변의 부러움을 사서 우월감을 누릴 수 있기도 하다. 우리보다 형편이 못한 나라가 더 많기 때문에 외국에 가서 얻는 상대적 존재감도 적지 않다. 게다가 현지의 싼 물가로 해서 국내여행보다 더 경제적인 가격으로 여행의 품격을 높일 수도 있다. 해외여행에서 얻는 경험과 신선감, 경이감은 삶의 질을 향상시킬 수도 있다. 계절과 풍토의 한계를 뛰어넘어 지쳤던 심신을 새로이 할 수도 있다. 그러나 그저 해외여행이 유행이다 보니 이것저것 모르고 생각 없이 나서는 경우도 많다. 그러다 보니 해외여행에서 얻는 가치보다는 그 부작용을 더 걱정해야 할 일도 적지 않다.

그래서 해외여행의 열풍, 광풍에서 일어나는 문제가 무엇인지 차분히 생각해 볼 필요가 있다. 무엇보다도 대부분의 해외여행이 일종의 허세의 발동이라는 것이다. 유행을 따르다 보니 나도 거기에 한 축 끼어야 체면이 서게 되는 사회풍조가 일어난 것이다. 거기에서 무엇을 얻는 것이 중요한 게 아니라 자랑하고 내세울 화젯거리 마련이 중요하다. 어디를 갔다 왔다는 자랑이 중요할 뿐 거기서 무슨 소득이 있었는가는 관심이 없다. 이것은 천박한 허세이다. 그런 허세 가운데에서 우리가 잃는 것은 너무 많다. 해외여행은 명백한 國富유출이다. 외화가 충분하다고 하지만 허세를 위해서 달러를 외국에 나가서 뿌릴 필요는 없다. 면세점에서 싸게 물건을 사는 것은 알뜰쇼핑이라고 하겠지만 고가명품을 사는 기회로 삼는 풍조는 꼴불견이다. 쪼잔하다고 말할지 모르지만 해외여행을 마음껏 돈을 써보는 기회로 삼거나 쓸 데 없는 호기를 부리는 짓은 천박스럽다. 가이드를 따라다니며 바가지를 쓰거나 여행사의 무리한 옵션을 따르지 않으면 체면을 구긴다고 생각한다. 여행 때 돈을 아끼려면 왜 여행을 하느냐고 핀잔한다. 그래서 우리 여행객들이 해외에 나가서 쓰는 돈이 연간 30조 원을 넘는다고 한다. 그런 쓸 데 없는 허세보다는 우리보다 형편이 좋은 서양인들의 구두쇠 해외여행을 본받을 일이다. 수입은 늘리고 지출은 줄이는 것이 자본주의의 기본이다. 해외여행의 광풍은 곧 국내여행업계의 불황을 의미한다. 건국 이래 최장의 휴가는 최대의 해외여행 유발로 국내경기의 불황을 가져온다. 명절이 되어도 해외여행에 바빠 조상과 부모를 찾아보지 않는다면 전통적인 미풍양속에도 적지 않은 영향을 미칠 것이다.

지구촌 세계화시대에 해외여행은 당연한 일로 여겨지지만 그것이 실속 없는 허세로 부려진다면 천박한 짓이다. 국내 경기는 바닥이라는데, 未生과 壯年白手가 즐비하고, 자영업은 줄도산하고, 여행수지는 최악이라는데 인천공항의 여행객은 연일 신기록을 세우기에 바쁘다니 우리나라는 참으로 신기한 나라이다. 제 돈 가지고 제가 돈 쓰는데 누가 참견이냐고 할지 모르지만 그건 천박하고 타락한 자본주의 발상이다. 서구 선진의 민주시민은 아니더라도 최소한 일본 국민의 수준이라도 따라갈 수 있으면 좋겠다. 인정하고 싶지 않겠지만 일본과 중국은 모든 면에서 우리의 거울이다. 매사에 우리보다 한발 앞선 것이 일본이요, 한발 늦은 것이 중국이다. 세계를 주름잡는 중국인 요우커들이 하는 짓을 비웃지 말고, 알뜰한 일본 여행객을 본받자. 이번에는 어느 나라로 가 볼까라는 생각보다는 아직 가보지 못한 우리 산천이 얼마나 많은가를 생각해 보자. 해외여행에서 마음껏 돈을 써 보자는 천박한 호기보다는 가끔은 그 돈으로 불우한 이웃을 도와야겠다는 생각도 해 보자.

우리 정부는 국민 앞에 좀더 솔직했으면 좋겠다. 나라의 형편이 어려우니 국민이 해외여행을 자제하여 여행적자를 줄이자는 호소를 해야 하지 않을까? 시민과 같이 막걸리집도 들르고, 교통방송에까지 나서는 대통령이 그런 절실한 호소를 한다면 국민의 자발적인 호응을 얻을 수 있지 않을까? 정치인들이 솔직해야 할 사정은 해외여행보다 더 중요한 일이 허다하다. 안보문제로 온 나라가 혼란한데 정치인들은 무슨 꿍꿍이가 그리 많은가? 야당이 국익을 해치는 안보론을 주장하여 북한과 미국의 입장을 도와주고, 여당은 국익보다는 늘 여론만 살핀다면 이 나라의 외교안보는 위험하다. 징검다리 휴일을 없애는 연휴조치가 결국 해외여행을 조장하여 국내 경기를 악화시키고, 외화낭비를 조장한다면 생각이 없는 바보정부이거나 천박한 선심공세일 뿐이다. 이런 와중에서도 해외여행은커녕 명절에 고향에 돌아가지도 못하는 국민에 대해서 미안한 마음을 가져야 옳다. 국민의 잘못된 풍조와 생각 없는 정부로 인하여 전통적인 윤리마저 무너져 가고 있다. 그러고 보면 외유병은 그것으로 그치는 것이 아니라 국민병이다. 외유병 하나만 잘 치료한다면 국민의 다른 병까지 고칠 수 있을 것이다.

술탄 대원군

돌마바흐체 궁전은 19세기 중엽에 건설된 터어키 호화 궁전이다. 베르사이유 궁전이 세계를 호령했던 프랑스의 전성기를 상징적으로 보여주고, 자금성 역시 세계의 패자였던 중국의 국력을 과시했던 세계적인 건축물이었던 점을 생각하면 돌마바흐체궁전이 그들과 함께 나란히 명성을 누리는 것이 과연 터어키의 자랑일 수 있겠다. 실제로 그 화려함이나 규모가 동서양 대륙에 걸쳐 자리하고 있는 모습을 보면 터어키 사람은 물론 보는 사람으로 하여금 경탄하지 않을 수 없게 한다. 그리고 한 마디씩 하는 말이 이 궁전을 지음으로 해서 수많은 관광객을 불러모아 후손들을 먹고 살게 한다고 술탄을 칭송한다. 과연 오늘날 석유도 없이 척박한 터어키 땅에서 관광산업은 터어키 국민을 먹여살릴 만한 문화자원이다. 자연관광자원이야 하늘에서 내려준 축복이지만 소피아성당이나 돌마바흐체궁전은 수많은 사람들의 피와 땀으로 이루어진 거대한 건축물이라는 점에서 후손을 위한 조상의 은덕이라 할 만하다. 후손을 위해서라면 선조로서 그 정도의 희생이야 감수할 수도 있을 법하다. 변변한 유적관광자원이 아쉬운 우리로서는 부럽지 않을 수 없는 일이다.

그런데 돌마바흐체가 지어졌던 시대를 생각하면 좀 다른 사정이 있는 것 같다. 베르사이유궁이나 자금성은 당대 프랑스, 중국의 전성기를 대표하는 건물로서 그 국력에 걸맞게 지어진 자연스러운 결과물이었다. 그래서 그것은 그들의 국력과 영광을 드러내기에 충분했다. 그런데 돌마바흐체는 오스만제국이 서구열강에 밀려 쇠퇴기에 접어들어 그럴만한 국력이 없는 가운데에서 무리하게 지어졌다는 점에서 자연스러운 역사의 결과물이 아니었다. 역사의 흐름과 국력에 따랐다면 국민의 부담도 적었을 것이지만 그렇지 못했으니 국가재정파탄과 막중한 국민의 희생을 요구했다. 돌마바흐체궁전의 대역사는 쇠약해져 가는 오스만제국이 망국의 그림자를 허장성세로 감추어 보려는 술탄의 얄팍한 속임수였다. 화려한 대궁전의 건설로 국위를 빛내기는커녕 서구열강의 배려와 동정에 대한 보상을 해야 했으니 그 희생과 대가는 모조리 힘없고 불쌍한 국민들이 도탄에 빠지는 것이었다. 그리고 그러한 속임수는 필연적으로 오스만제국의 멸망을 재촉하였고, 터어키를 패전과 후진국으로 전락하게 만들었다. 지금에 와서 외국의 관광객에게 구차한 돈벌이에 나서게 했다고 해서 후손을 위한 업적이라고 말해도 좋은가? 세상에 어느 후손이 조상의 엄청난 희생을 대가로 은덕을 바라겠는가? 그렇게 생각해보면 돌마바흐체궁을 지은 술탄은 후손을 위한 공적을 칭송받을 것이 아니라 역사의 준엄한 심판을 받아야 옳다. 국력에 걸맞게 베르사이유궁을 지은 루이14세도, 만리장성을 쌓은 진시황도 지나친 국력낭비를 지탄받는 판에 터무니없는 허세만 부려 나라를 망친 술탄에게 그러한 평가는 정말 터무니 없다.

남의 말을 하다 보니 우리도 생각나는 것이 있다. 경복궁은 돌마바흐체궁과 비슷한 시기에 지어졌고, 그 시대적 배경도 닮은 데가 있어 흥미롭다. 경북궁을 재건하여 나라의 위엄을 세워보려는 정치적 의도도 비슷했고, 그 의도와는 달리 시대나 역사의 소명을 거슬러 망국을 재촉했다는 점에서도 닮았다. 이스탄불의 돌마바흐체궁보다는 손색은 많지만 서울의 경복궁도 관광객이 몰리는 곳이지만 경복궁 중건에서 비롯된 재정파탄과 백성의 도탄이 망국의 주요한 요인이 되었다는 점에서도 서로 닮았으니 역사의 교훈은 세계 도처에 깔려있다. 국민을 속이는 허장성세, 엄청난 토목공사로 벌어지는 재정파탄과 국력낭비, 국민생활의 피폐－ 경복궁은 분명히 아름답고, 우리가 내세울 만한 자랑스러운 문화 역사 유적이다. 그러나 그로 인하여 선조들이 엄청난 고통을 받아야 했고, 그 허장성세의 정치적 사술로 필경은 나라를 망하게 했다면 지금의 경복궁은 마냥 자랑스럽기만한 유산은 아니다. 이것이 아름다운 돌마바흐체궁과 경복궁에 숨어 있는 비극적인 비밀이다. 비밀은 세상에 알리고 싶지 않은 것이다. 이들을 볼 때마다 이 비밀을 드러내고 싶어서가 아니라 최소한 역사의 교훈은 잊지 말자는 말이다. 그런데 이러한 비밀과 뼈저린 교훈을 술탄과 대원군의 업적이라고 칭송해 댄다면 술 탄 약을 먹은 대원군과 비슷하지 않을까?

소피아대성당과 데린구유

터어키 이스탄불에 있는 소피아 성당은 세계에서도 손꼽히는 대규모 성당이기도 하지만 지어진 연대를 생각하면 그 규모나 예술성이 세계 제일이라고 해도 과언이 아니다. 규모에 있어서 로마 베드로 대성당이나 예술성에 있어서는 스페인 가우디 성당에 손색이 있을지 모르나 그들보다 훨씬 앞선 6세기에 지어졌다는 사실을 생각하면 그 감동은 더욱 커진다. 그러기에 현존하는 세계7대불가사의 건축물의 하나라고 한다. 더구나 이슬람의 치하에서 더 오랜 인고의 세월을 견뎌낸 역사를 생각하면 아직도 원래의 모습을 유지하고 있는 소피아대성당은 아름답다기보다는 신비스럽다. 비록 성당 본래의 모습은 손상이 있었지만 그 신비성이나 예술성에 있어서는 세계의 어떤 성당도 버금할 수 없을 것이다.

데린구유는 터어키 카파도키아에 있는 지하교회이다. 초기 기독교 박해시절 박해를 피해 지하에 인공동굴을 파고 숨어 신앙생활을 한 역사의 현장인데 그 규모와 깊이만큼이나 당대의 깊은 신앙심을 실감할 수 있는 유적지이다. 데린구유는 숨겨진 우물이란 뜻이라고 한다. 우물을 깊이 파고, 입구를 전혀 눈치채지 못하게 은밀히 만들어 놓고, 바위를 지하 8층까지 파고 들어가 얼기설기 통로와 출구와 미로와 회당과 주방, 창고와 축사와 심지어 함정까지 만들어 놓은 구조에 경탄과 감동을 금할 수 없다. 그것은 모든 것을 바친 깊은 신앙심이 아니고서는 불가능한 일이었다. 아니 그것은 신앙심 이상의 치밀한 과학적 지식과 강인한 끈기와 체력까지 갖추어야 했을 것이다. 그것이 어느 한 시대에 이루어졌다기보다는 대를 잇는 처절한 신앙의 결과물이었을 것이다. 근처에 있는 파샤바의 버섯바위를 뚫어 수도원을 꾸민 신앙생활도 대단하지만 지하로 뚫고 들어간 데린구유에 비하면 그 굴의 길이나 깊이의 차이만큼이나 감동이 다르다.

터어키 관광 중에서 가장 인상 깊었던 유적은 단연 소피아대성당과 데린구유였다. 그런데 이 둘은 같은 초기 기독교 유적이면서도 아주 대조적이어서 그 감동도 같지 않다. 소피아대성당은 그 규모나 건축술에서 단연 압권이다. 6세기의 건축술이라고 하기에는 믿기지 않을 만큼 화려하고 웅장하다. 하늘까지 솟아 있는 웅장한 돔 안에 찬란히 빛나는 성화들은 온통 신의 영광으로 가득하다. 노아의 방주에서 가져왔다는 거대한 문짝과 맨진맨질 닳아버린 대리석 문지방과 제단에는 깊은 신앙심이 그대로 녹아있다. 나도 모르게 그 신비한 위엄에 숨조차 쉬기 어려운 중압감이 들었다. 그에 비해서 데린구유는 아무것도 보이지 않는 깊은 지하의 암흑이었다. 그래도 그 규모에 있어서는 놀랄 만하지만 소피아성당과는 애초부터 비교가 되지 않으며, 예술성은 아예 보이지도 않는다. 소피아성당이 그 규모에 압도되어 허리가 절로 굽어진다면 데린구유는 허리를 잔뜩 굽히지 않으면 머리가 천정에 부딪칠 정도로 궁색하다. 소피아에서는 신의 영광이 찬란히 드러나 있지만 데린구유에는 핍박과 고통의 모습만 숨어 있을 뿐이다. 소피아성당에는 천당이, 데린구유에는 지옥의 모습이 재현된 것이 아닐까 하는 생각도 든다. 그런데 데린구유에서 소피아성당 이상의 뭉클한 감동이 느껴지는 이유는 무엇일까?

소피아성당은 압도하는 위엄으로 인간을 두려움으로 굴복하게 만든다. 그러나 데린구유는 신의 위엄이 아니라 인간 스스로가 신을 찾아서 굴복하게 한다. 땅 위에서는 감히 하늘을 우러러 무릎조차 꿇을 수 없어 땅을 파고 들어가 가장 낮은 곳에서 신께 경배했던 것이다. 소피아성당의 신자들은 위엄에 눌려 두려운 신앙생활을 했다면 데린구유의 신자들은 스스로 어둠 속으로 파고 들어가 기쁨에 넘치는 신앙생활을 했을 것이다. 소피아성당에서는 왕이나 귀족들이 현세의 소망을 빌었을 것이고, 데린구유에서는 핍박받는 가난한 이들이 영원한 생명을 기도드렸을 것이다. 그래서 소피아대성당에서 느끼는 감동과 데린구유에서 느끼는 감동이 같지 않은가보다. 지금 우리 주변에는 소피아대성당은 흔히 볼 수 있어도 데린구유 같은 곳은 찾아보기 어렵다. 하느님이 진정 좋아하실 곳은 어디일까? 우리에게 정말 소중한 것은 무엇일까?

유가 이야기

우리 문화에는 유가사상의 영향이 제일 컸기 때문에 우리 사회를 이해하려면 유가사상을 먼저 알아야 할 필요가 있다. 유가사상은 봉건주의라는 점에서 반민주의적이지만 인본주의라는 면에서는 가장 민주주의적이다. 봉건주의의 병폐도 남겼지만 인본주의적인 원리를 잘 살린다면 건전한 사회문화를 이룩하는 데 큰 도움을 줄 수 있다. 그런데 유가사상에 대한 오해가 적지 않아서 과신하거나 무시되는 일이 많았다. 〈설문해자〉에서는 儒를 柔, 부드러움으로도 풀이하고 있다. 사람을 온화한 가르침으로 복종하게 하고 편안하게 하는 도리하고 했다. 儒를 術士로 풀이하기도 한다. 儒道를 실천하고 가르치고 실천하는 자이다. 사람들을 편안하게, 순하게 해주는 것이 儒術이라고 생각한 것 같다. 유가는 본래 典禮[전례], 儀典[의전] 절차를 매우 중시하던 학파이다. 구태여 柔라고 한 이유를 생각해 보면 法家, 兵家, 縱橫家[종횡가]와 같이 강압적, 강력한 剛[강]의 상대개념으로 부드러운 통치술이라는 뜻으로 생각된다. 인도주의, 인본주의에 가까웠던 유가의 통치사상을 생각해 보면 柔의 의미를 이해할 수 있다.

儒를 優[우]로 보기도 한다. 優는 곧 俳優[배우]를 말하고, 배우는 또한 광대라고도 한다. 이것은 앞의 儒와 전혀 다른 의미이다. 侏儒[주유]는 난쟁이, 광대를 말한다. 한 글자가 이렇게 극단적인 의미로 달리 해석되는 일은 흔치 않다. 중국역사에서 儒家가 국가의 통치사상으로 자리 잡은 것은 훨씬 후대인 漢 이후의 일이다. 한자가 형성되던 시기에 유가는 아직 群小思想[군소사상]에 불과했던 점을 생각하면 儒자가 상반된 두 가지 의미를 가지고 있을 수 있다. 고대사회에서 유가들은 儀典[의전]이나 제사와 같은 이벤트 행사를 치루는 사람들이었다. 그 행사에 사용되던 예법절차나 음악을 藝와 樂으로 정리하였는데 이는 仁義와 더불어 유가의 주요 덕목이었다. 仁義가 내면적, 정신적 영역이라면 禮樂예악은 외면적, 물리적인 영역이다. 禮樂을 주요 덕목으로 삼는 경우는 다른 사상에서는 찾아보기 어려운 특별한 일이다. 제례를 올리고 음악을 연주했다면 그들은 祭官 樂士, 術士일 수도 있고, 俳優일 수도 있다. 특히 樂을 중시했다는 점에서 儒가 광대의 의미를 갖는 것은 크게 이상할 일도 아니다. 그렇다고 儒家가 광대였다는 말이 아니라 儒字의 字義가 그렇다는 말이다.

儒家에서 말하는 禮는 그 樂이 일정한 형식을 갖춘 것이고, 藝는 그것의 승화, 생활화이다. 그래서 유가에서는 樂을 禮의 근본으로 중시한다. 동시에 樂은 藝를 이루는 중요한 부분이다. 그래서 공자는 항상 琴을 들고 다녔고, 〈樂經〉이 따로 있었을 만큼 樂을 중시했다. 그러나 형식인 禮樂이 仁義의 본질을 넘으면 虛禮虛飾허례허식이 되어 위험하게 된다. 조선의 유교가 그랬다.

樂은 현악기, 관악기의 모양을 본뜬 글자로 모든 음악적 소리이다. 또 즐거움, 즐기다의 뜻도 있는데 그 뜻에 따라서 발음과 품사를 달리 한다. 音樂은 명사이지만 樂園에서 '낙'으로 읽으면 즐겁다라는 형용사이다. 樂山樂水요산요수처럼 '요'로 읽으면 즐기다는 동사가 된다. 音'樂'은 소리를 節奏化절주화하여 형식화한 예술이고, '낙'원은 음악을 심미적으로 내면화한 단계요, '요'산'요'수는 내면화한 삶을 가치관으로 굳힌 경지이다. 儒家에서 음악이란 단순한 예술에 그치는 것이 아니라 인격수양과 교화와 치세의 기준이요, 수단이었다. 樂의 세 가지 발음에 유가사상의 원리가 들어있다. 음악은 사람을 즐겁게 하고, 최고의 즐거움은 그것을 즐기는 것이며, 즐기는 것이야말로 행복이요, 인격수양의 완성단계이다. 공자는 어진 자는 山을 즐기고, 지혜로운 자는 물을 즐긴다고 했다. 樂山樂水는 산처럼 진중하고 물처럼 민첩하라는 뜻일 것이다. 그것은 자연을 통해서 얻은 진리요, 유가사상의 친자연적인 면모이다.

유가사상을 한 글자로 말하면 仁이다. 仁은 人에 二의 뜻이 모인 會意글자이다. 〈설문해자〉에서는 두 사람이 마주 서 예의를 갖추는 모습을 나타낸 글자라고 했다. 그렇다면 仁이 사람과 사람 사이의 인간적 관계에서 형성된다고 보는 것이다. 그러나 古文字에서 仁은 人에 心을 합한 글자인 人心으로 되어 있다. 그렇다면 仁은 '사람의 마음'이다. 二로 보면 형식적 예절을 仁으로 본 것이고, 心으로 보면 내면적 심성을 仁으로 본 것이다. 그런데 仁의 字義가 '어진' 마음이고, 仁의 音이 心과 가깝다는 점에서 후자가 더 적절한 해석으로 생각된다. '어진 마음'은 두 사람 사이의 관계에서 나오는 것이라기보다는 개인의 本性이나 수양에서 나온다고 해야 더 타당성이 있다. 사람의 마음을 '어질다'라고 보았다면, 사람의 본성을 性善으로 보는 유가의 관점과도 상통한다.

성선설은 유가의 대표적인 인간관이다. 性善說을 본격적으로 들고 나온 사람은 맹자이다. 공자 때까지만 해도 사람의 본성을 선, 악으로 규정한 일이 없다. 맹자가 성선설을 강력하게 제기한 것은 당시 성행하던 법가, 종횡가, 묵가 등의 패권주의나 실용주의, 현실주의에 대항하려는 의도라고 생각한다. 전국시대의 강력한 富國强兵[부국강병], 信賞必罰[신상필벌]주의에 맞서 인도주의, 민본주의로 억압받는 백성을 구제하기 위한 논리적 근거로 삼기 위해서였다. 인도주의를 펼치려면 인간의 본성을 善한 것으로 규정해야 설득력이 있다. 만약에 인간의 본성을 惡이라고 한다면 법가처럼 엄격한 법과 규정으로 구속, 억압해야 한다. 인간을 긍정적으로 본 것이 성선설이고, 그것이 인간의 존엄성을 높였으며, 폭정과 억압에 시달렸던 당대의 백성들에게 仁政의 도리를 세웠다는 점에서 맹자의 성선설은 철학적, 정치적, 교육적으로 매우 큰 가치가 있다. 그런 면에서 성선설의 옳고 그름을 따지기 앞서 그 존재가치를 높이 평가해야 한다. 성선설이 이렇게 높은 가치가 있었지만 실제로 맹자의 정치철학은 실현되지 못했다. 정작 통치자인 제후들에게 그의 주장이 받아들여지지 않았기 때문이다. 부국강병이 가장 절실했던 당시의 군주들에게 맹자의 인도주의, 仁政은 실현성이 없어보였던 것이다.

성선설이 유가를 대표하는 이론이지만 〈맹자〉에 나타난 성선설의 논리는 명성보다 철저하지 못한 면이 있다. 주로 告子와의 논쟁을 통하여 성선설을 주장하고 있는데 맹자는 성선설로 고자를 설복시키는 데 실패한 것으로 판단된다. 맹자가 성선설을 입증하는 과정이 논리적으로 명쾌하지 못하여 오류의 혐의가 있다. 맹자 성선론의 발단은 이른바 四端論[사단론]이다. '仁 惻隱之心[측은지심], 義 羞惡之心[수오지심], 禮 辭讓之心[사양지심], 智 是非之心[시비지심]이 없는 사람은 사람이 아니다'라고 했다. 사람은 누구나 남을 불쌍히 여기는 마음, 스스로 부끄러워하는 마음, 양보하는 마음, 옳고 그름을 가리는 마음을 갖추고 태어났다고 하는 전제는 독단의 오류이다. 이 중에 한 가지도 못 갖춘 사람도 허다한데 이 네 가지를 다 갖추기는 쉽지 않은 일이다. 맹자같이 논변의 달인이 이러한 논리의 오류를 범하고 있는 것은 선뜻 이해되지 않는다. 그런데 당대의 제자백가들의 주장은 정도의 차이는 있을망정 본질적으로 治世의 道理였고, 유가사상은 君子의 수양론이며 이상적인 통치론이었다. 四書인 〈대학〉 〈중용〉은 명백한 군자의 수신론이요, 〈맹자〉도 君主를 대상으로 한 통치론의 遊說記유세기여서 그 독자는 君子에 한정된 것이다. 대다수의 백성들은 〈맹자〉의 독자가 아니라 통치의 대상이었으니 성선론의 당사자가 아니었다. 다시 말하면 〈맹자〉의 독자는 군자에 한정되어 있었다는 것이다. 儒家는 인본주의에 바탕을 두면서도 서민이 아닌 군자, 통치계급을 대상으로 해서 마련된 수양론이며 정치철학이다. 맹자의 성선론의 근간인 四端論도 그 중의 하나이다. 그래서 '四端의 性善을 갖추지 못한 군자는 군자도 아니다'라는 것이 맹자의 생각이었다. 이것은 모든 인간을 대상으로 한 논리라기보다는 특정 군자에 대한 맹자의 요구사항이라고 해야 할 것이다. 이것을 일반논리로 모든 인간에게 적용하자니 논리의 오류가 된 것이다. 이러한 논리의 오류는 맹자의 잘못이기보다는 그것을 잘못 적용한 후대 유학자들의 잘못일 수도 있다.

설령 맹자의 논리에 문제가 없었고, 맹자가 아무리 언변이 좋았더라도 인간의 본성을 선과 악으로 규정하여 입증한다는 것은 애초부터 어려운 일이었다. 이에 비해서 告子의 性無善惡論성무선악론은 이래도 좋고 저래도 좋으니 논리적으로 훨씬 유리한 입장이었다. 맹자가 논리적으로 告子를 이길 수 없었던 이유이다. 그러나 성선설이 가지고 있는 논리적인 약점에도 불구하고, 맹자가 주장했던 인간에 대한 긍정적이고 인본주의적인 가치관은 매우 소중한 것이다. 성선, 성악을 택일하여 인간의 본성을 규정한다는 것은 어려운 일이다. 성선은 긍정적 인간관으로 인도주의 입장에 있고, 성악은 부정적 인간관으로 법치주의에 더 가깝다는 점에서 분명한 차이가 있다. 인간이 처음에는 비록 性善이라 해도 사회에 오염되어 결국에는 악으로 진행되는 것이라면 성선, 성악은 결국 先後의 문제일 뿐인지도 모른다. 결국 어느 것이 옳고 그르다기보다는 성선과 성악의 가치관이 공존하는 것이리라. 다만, 현실이 어느 입장을 더 필요로 하느냐에 달려있다. 개인적으로 보면 성선이 옳고, 사회적으로 보면 성악에 더 가깝다.

순자는 공자의 유가학통을 이어 유가의 이론적 체계를 세운 大儒였지만 맹자와는 전혀 다른 성악설을 주창하였다. 그는 인간의 본성을 악으로 보고 人爲的인 노력으로 僞[위]에 이르게 해야 한다고 했다. 그에게 僞는 거짓이 아니라 사람이 마땅히 해야 할 본분이다. 인간의 본성은 악하므로 방치해서는 안 되고 적극적으로 敎化, 간섭하는 僞를 해야 한다고 했다. 말하자면 僞는 敎化의 방법론인 셈이다. 맹자가 인간의 본성을 善으로 보고 인간의 의지를 존중하여 본성을 보호하는 소극적 방법론이라면 순자는 악한 인간의 본성을 억압하고 구속하는 적극적 간섭론이다. 僞를 이룬 후에라야 禮義를 안다고 했다. 그래서 순자는 공자, 맹자와는 달리 관념적인 仁義보다는 실천적인 禮와 法을 더 중시하였다. 순자는 맹자의 성선설과 인의론을 비판하고 좀더 현실적이고 체계적으로 유학을 발전시켰다. 〈논어〉 〈맹자〉는 유가사상의 근원이요, 바탕이 되는 경전이다. 그러나

〈논어〉의 내용은 거칠고, 체계가 없었으며, 〈맹자〉는 체계는 갖추었으나 이상에 치우친 면이 있었다. 〈순자〉는 앞선 유학의 소략함과 이상론을 엄정한 현실적 가치관으로 체계화한 공이 크다. 다만 후에 성리학자들이 맹자를 유학의 적통으로 삼았기 때문에 그 공이 가려지게 되었을 뿐이다. 후대 朱子의 성리학은 공자의 실천유학과는 상당한 거리가 있어 新儒學이라고 부른다. 만약에 순자의 유학이 정통으로 인정되었다면 유학이 성리학의 관념에 흐르지 않았을 것이고, 우리 사회는 다른 모습이었을지도 모른다.

유가사상을 표방하는 사람들을 儒生이라 하였으며, 그들을 우리는 선비라고 하였다. 유가사상이 지배했던 시대에는 儒生이 곧 선비였으며, 그 중에서 선택된 사람들이 仕였다. 그러므로 우리의 역사에는 儒가 곧 仕였고, 그들이 사대부였고, 지도계층이었고, 양반이었다. 〈설문해자〉에서 儒에 대한 이러한 호의적인 해석은 저자인 許愼 자신이 유학의 대가였기 때문이기도 할 것이다.

선비의 어원을 한자인 先輩로 추정할 수 있다. 선배란 일반적으로 나이나 경력이 나보다 앞선 사람을 일컫는 말이다. 그러나 고대 유가의 지식인 사회에서는 과거급제가 먼저인 사람을 높여 부르는 존칭이 선배였다. 이는 나이와는 상관없었으니 지금 우리 법조계에서 사법고시 합격이나 연수원 기수를 따져 줄을 세우는 것과 마찬가지였다. 그러나 예의를 중요시하는 유가사회에서 나이는 서열을 매기는 기준이었다. 그래서 급제서열이 빨라도 연장자에게는 나이 선배 대우를 하지 않을 수 없었다.

그러다 보니 급제자 사이에서는 서열과 나이가 뒤섞여 서로 높여 先輩라고 부르게 되었다. 그러므로 선배란 유가사회의 지도계층, 지식인, 사대부, 양반을 가리키는 말이 되었다. 이것이 우리나라에 들어와 先輩를 한글로 표기할 때 션ᄇᆡ라 표기하였고, 이것이 단모음화되어 선비가 되었다고 생각한다.

도가 이야기

道家는 유가와 더불어 중국 사상의 근간을 이루는 철학사상이다. 두 사상이 중국사상의 쌍벽을 이루듯이 매우 대척적이다. 유가사상이 적극적 현실주의라면 도가는 도피적 이상주의에 가깝다. 전자가 적극적으로 세상과 백성을 잘 살게 하려는 經世濟民[경세제민]이라면 후자는 일체의 인위적인 노력을 거부하는 無爲自然[무위자연]을 이상으로 삼고 있다. 유가는 주로 황하유역에서 형성되었는데 이는 북방의 거친 환경과 추운 날씨와 척박한 토질과 관련이 깊다. 이런 환경에 적극적으로 대처하지 않고서는 적응하기 어려웠으니 그에 대한 현실적 실천론이 유가사상이었다. 그러한 적극적인 정치적 통치가 아니고서는 생존할 방법이 없었던 것이다. 이와는 달리 도가는 주로 장강 유역에서 형성되었는데 이는 남방의 물산이 풍부한 자연환경과 온화한 날씨와 비옥한 토질과 관련이 깊다. 기본적으로 먹고 사는 것은 걱정이 없으니 현실적인 문제는 해결된 조건이었다. 그래서 그들은 현실적인 문제를 떠나서 이상향을 그리게 되었다. 그러다 보니 매사가 소극적이고 도피적이었다. 삶의 여유에서 온 일종의 정신적인 사치였다. 공자와 노자, 장자를 생각하면 이 둘의 성격이 그대로 드러난다.

중국사상의 양대 산맥을 이루는 이 두 사상이 매우 대립적인 성격을 가지고 있지만 동시에 조화와 타협을 이루면서 공존해 왔다. 원래는 사상적, 지역적, 문화적, 자연적 대립에서 출발했지만 오랜 충돌의 과정을 거치면서 중국 특유의 문화를 형성해왔다. 그래서 두 사상은 선후, 우열을 가리기 어렵다. 다만 시대의 요청에 의해서 두 사상이 갈마들면서 중국의 역사를 이루어 왔다. 이러한 복합적이고, 다원적인 중국문화를 바로 보려면 최소한 도가－유가, 남방－북방, 장강－황하라는 이분법으로 이해해야 한다. 그런데 우리는 조선시대부터 일방적으로 유가제일주의를 고수하여 조화와 균형의 중국사상 문화를 거부하였다. 그것도 극단적 이념에 치우쳐 유가의 본령에서 비켜선 성리학만을 고집하였다. 그래서 도가의 이상주의도, 유가의 실천철학정신도 놓치고 만 것은 안타까운 일이었다. 결과적으로 우리는 중국보다 더 편벽된 유가문화를 형성하게 되었다. 이러한 중국의 복합적인 특성을 놓쳐 지금까지도 우리는 중국을 단선적이고, 일률적인 관점으로 이해하는 버릇을 고치지 못하고 있다. 중국이 모호하고 엉성해 보일 때가 있지만 그들의 실리주의와 느긋함은 놀라울 정도로 과단과 일관성이 있다. 우리가 순발력과 민첩성을 내세워 조급하고 짧은 안목을 고치지 못한다면 중국과의 경쟁에서 이길 수 없다. 그래서 중국에 대한 우리의 평가와 대처는 항상 착오를 면치 못했다.

도가는 老子, 莊子를 祖宗으로 삼으니 老莊철학이라 하는데 그 내력은 유가보다 더 오래라고 하는 주장도 있지만 중국문화의 형성과정이나 노장철학의 내용이 유가에 대한 반론이 중심이 되어 있는 것으로 보아 유가사상이 먼저일 가능성이 많다. 도가에서 추구하는 인간은 眞人이다. 眞의 뜻은 원래 눈과 귀의 한계와 現象에서 벗어나는 것이다. 보이고 들리는 일체는 감각적인 現象일 뿐 眞象이 아니다. 진상은 이목에 있는 것이 아니라 마음에 있는 것이다. 눈에 보이는 감각적 현상을 극복하여 참된 진상에 이르는 것이 道家의 이상이다. 眞人은 어디까지나 현세의 사람이므로 그 경지는 내세가 아니라 현세에서 이루어진다는 점에서 道敎의 仙人과는 다르다. 도가에서 말하는 自然은 내세가 아니라 현세에서 구현되는 세계이다. 다만 이는 無爲라는 조건과 함께 인위적인 노력을 부정하는 것이므로 현실적이지 못하다는 문제가 있다.

道敎는 인생철학인 도가사상이 관념화 종교화한 것이다. 도교를 상징하는 핵심어인 僊선은 人에 䙴의 뜻이 모인 會意이다. 〈설문해자〉에서 僊을 '춤을 추며 하늘로 오르다'로 풀이하고 있다. 무당이 제단에서 하늘을 향하여 굿을 하는 모습이다. 僊은 神仙이다. 仙은 원래 '산에 오르다'이지만 僊과 동의어로 쓰였으니 僊의 약자가 아니다. 신선이 되려면 먼저 산에 가야 했다. 그래서 산이 이름을 얻으려면 신선을 모셔야 했고, 그것이 仙人이다. 仙人이란 날개가 돋아 하늘로 오른 자이고, 그것을 羽化登仙우화등선이라고 했다. 날개 돋아 하늘로 올라간 신선은 인간을 초월, 초탈하여 이미 인간이 아니다. 駕鶴成仙[가학성선]은 학을 타고 선인이 되었다는 말인데 이미 인간이 아니므로 죽었다는 말과 같다. 신선의 세계는 人間이 아니므로 神仙사상은 내세지향적이며, 그것은 일종의 종교에 해당한다. 그래서 신선신앙이라 할 수 있으며, 이를 道教라고 한다. 이러한 신선사상은 진시황 때부터 본격적으로 나타나기 시작한다. 진시황은 불로초, 불사약을 구했는데 결국은 신선이 되고자 한 것이다. 선인이 되기 위해서 그토록 불사약을 찾아 헤매었지만 결국 진시황은 병사했다. 불사약을 먹고 약물중독이 되어 죽었다고 한다. 그는 신선이 되려면 먼저 죽어야 된다는 사실을 몰랐던 것이다. 그 뒤로도 道教의 神仙術은 이어졌으며, 漢나라 때에는 五斗米教가 성립되어 정치적인 세력화까지 이르게 되었다. 黃老術[황노술]이라고도 불리는 도교는 음양오행설을 원용하고, 무격사상과 결합하여 신비주의에 흐르게 되었다.

道家는 諸子百家[제자백가]의 하나로 이상적인 인간세계를 세우고자 하는 방법론이다. 도가사상이 비현실적으로 보이는 것은 눈에 보이는 現象을 벗어나고자 했기 때문이지 現世를 떠나고자 한 것은 아니다. 도교는 도가에 뿌리하고 있지만 내세지향이라는 점에서 그와 다르고, 도가의 변형이라고 할 만하다. 말하자면 철학을 종교화한 것이다. 현실철학인 儒家를 종교화한 것이 儒教인 원리와 같다. 그러나 佛教는 처음부터 해탈하는 피안의 내세를 추구했으므로 佛家라고 하지 않는다. 다만 불교가 기독교와 다른 점은 내세에 이르는 과정을 절대자에게 의존하기보다는 스스로의 힘으로 해결하자는 데에 있어 보다 인위적, 철학적이다.

단테의 神曲에는 연옥이 나온다. 사람이 죽으면 천당에 가기에는 부족하고, 지옥에 떨어지기에는 억울한 영혼이 죄의 갚음을 받고나서 천국에 오를 수 있는 곳이다. 말하자면 천국에 오르기 위해 거쳐 가는 중간과정인 셈이다. 사람이 죽고 나서 바로 천당과 지옥으로 갈라진다면 지옥으로 갈 사람들이 대부분인 형편에 이들은 모두 희망이 없어지게 된다. 한 번 떨어진 지옥은 영원한 곳이기 때문에 개선의 여지가 없다. 단 한 번의 기회로 영원한 운명이 결정된다는 것은 자비의 신으로서는 지나치게 가혹하다. 죽어서 단번에 운명이 결정되었다면 애써 명복을 빌 필요도 없다. 불교처럼 輪回[윤회]로써 죽은 사람에게도 여러 번의 부활의 기회를 준다거나, 천주교처럼 연옥으로써 재생의 기회를 주는 것이 보다 인간적이다. 그렇지 않다면 道家처럼 인생을 의미가 없는 것으로 규정하거나, 儒家처럼 내세 개념이 아예 없어야 하지 않을까? 하기야 인간의 합리적인 생각으로 神의 세계인 내세를 이러쿵저러쿵한다는 것이 주제넘은 짓이기는 하다.

5

민족의 미래를 위하여

민족의 미래는 교육에 달려 있다. 교육이 우선인가, 민족이 우선하는가를 놓고 논란이 있을 수 있다. 만약에 교육이 민족에 우선한다고 생각하면 교육을 위해서 민족의 미래가 위험해질 수도 있다. 그렇다면 그 교육은 없느니만 못하다. 북한의 우민 우상화는 교육이라 할 수조차도 없는 세뇌훈련이다. 잘못된 교육은 민족을 위험하게 한다. 교육은 당연히 민족의 미래에 긍정적으로 작용해야 한다. 그렇다면 지금 우리의 교육은 민족의 역사에 긍정적으로 작용할 수 있다고 장담할 수 있는가를 심각하게 생각해 보아야 한다. 물론 민족에 의해서 교육이 위험해질 수도 있다. 그러나 민족은 실체이고 교육은 실체를 따르는 이념이어서 대등하지 않다. 민족의 미래를 위해서 교육이 존재한다는 명제는 분명하다.

요즈음 민족의 미래를 위험하게 하는 사회현상이 도처에 쌓여있다. 흔히 교육의 위기, 교단의 붕괴라는 말을 자주 듣지만 궁극적인 문제는 민족, 국가의 장래에 걸려 있다. 가깝게는 국민소통과 민족분단의 고착이요, 멀게는 인구절벽, 민족소멸론까지 모두 교육에 그 성패가 달려있다. 교육은 하루아침에 이루어지는 것이 아니다. 십 년의 계획은 나무를 심고, 백 년의 계획은 사람을 심는 것이라고 했다. 그래서 교육을 百年大計라고 했다. 그런데 우리 교육부의 교육계획은 기껏 오 년을 넘기 어렵다. 백년대계여야 할 국가의 교육과정이 한 정권을 넘기지 못하고 바뀌기 일쑤이니 어찌 국가 민족의 미래를 말할 수 있겠는가? 이는 교육에 대한 인식이 어지럽기 때문이다. 교육에 대해서 말하는 이는 많지만 정작 교육을 제대로 실천하는 일은 많지 않다. 교육은 철학의 구체적 실천이다. 철학은 책상머리에서 할 수 있지만 교육은 현실생활에서 철학을 적용해야 하는 어려움이 있다. 우선 교육의 개념이나 본질에서부터 차분하게 생각해 보아야 한다. 그리고 그것이 민족의 미래에 어떻게 작용할 것인지를 살펴야 할 것이다.

교육의 본질

원래 교육이란 말은 쉬운 용어가 아니다. 그래서 교육을 말하는 사람은 많지만 정작 그것의 본질을 제대로 이해하는 사람은 많지 않은 것 같다. 우선 교육은 사람을 대상으로 한다는 점에서 짐승이나 비인간적인 대상을 가르치는 훈련과 구분해야 할 일이다. 개를 길들이는 것은 교육이 아니라 훈련이라고 하며, 군대의 획일적인 행동을 가르치는 곳은 훈련소라고 한다. 교육이 어려운 것은 알기 어려운 인간을 가르치는 것이기 때문이다. 사람의 인간적인, 인격적인 도리를 가르치고 실천하는 것이어야 비로소 교육이란 말을 쓸 수 있다. 그래서 비인간적이고 불법적인 방법을 가르치는 것을 교육이라고 하지 않는다. 인간에 대한 가치관이 달라짐에 따라 교육에 대한 개념과 방법도 달라졌다. 지금 우리의 教育을 서구의 Education과 통용하고 있지만 원래의 개념을 생각해 보면 동의어가 아니다. 그리고 지역과 시대에 따라 교육의 본질과 개념이 달라졌다. 그런데 그동안 우리는 교육에 대한 고정된 관점을 가지고 논의해 왔기 때문에 실패와 시행착오를 면치 못했다.

우선 우리의 전통적인 교육의 본질과 개념을 분명히 해 둘 필요가 있다. 教자는 매를 들고 애를 꿇어 앉혀놓은 모습이다. 金弘道^김홍도^의 '서당'은 바로 教자를 그림으로 나타낸 아주 좋은 예로 거기에는 우리의 전통적인 교육의 개념이 고스란히 담겨있다. 서당과 같은 교육기관을 校라고 하였는데 그 字義는 나무토막을 쌓아 놓은 것이고, 〈설문해자〉에서는 이를 木囚[목수]라고 했으니, 나무 우리로 사람을 가둔다는 뜻에서 출발하였다. 그렇다면 校는 형벌도구로서 敎보다도 강압적인 성격이 더 강하다. 育자도 字義로 말하면 아이를 거꾸로 매달아 놓고 기른다는 것이니 역시 마찬가지이다. 적어도 글자로 풀이하면 우리의 전통적인 교육은 엄격하고 강제적이라는 본질과 개념을 가지고 있었음을 알 수 있다. 지금 생각하면 매우 비교육적이라고 생각하겠지만 글자의 뜻이 그렇다면 우리의 전통적인 교육의 개념이 그와 멀지 않다.

무조건적인 체벌금지는 Education의 본고장에서도 없다는 점을 생각하면 지나치다는 생각이다. 矯角殺牛[교각살우]는 소뿔을 바로잡으려다 소를 죽이는 어리석음을 말하는데, 체벌을 막으려다 교육 자체를 그르치는 일이라는 생각이다. 교육적 체벌과 학교폭력을 구분하지 못하고 있다는 생각도 든다. 경우에 따라서는 양자의 경계가 애매할 수도 있겠지만 일부의 부정적 현상으로 하여 교육 전체를 그르쳐서는 안 될 것이다. 체벌인가, 아닌가를 놓고 성급한 양자택일을 하라기보다는 절충하는 지혜가 필요할 것 같다. 그 절충의 지혜는 연구소나 교육행정가의 책상머리 위에서 이루어지는 것이 아니라 학교 현장에서 피와 땀의 열정에서 나온다. 체벌이 문제가 아니라 체벌하는 열정이 문제이다. 지금은 듣기조차 어려운 말이 되어버렸지만 '사랑의 매'라면 교육의 현장에서 얼마든지 수용될 수 있고, 감화를 줄 수 있다는 사실을 잊어서는 안 된다. 학자나 정책 입안자는 지시나 규정으로만 체벌문제를 해결하려 하지 말고, 일선 현장의 실정을 눈으로 보고, 귀담아듣고, 가슴으로 공감해야 한다. 오늘날 교육의 위기는 교육에서 이성보다 열정이 더 중요하다는 사실을 모르기 때문에 빚어진 것이다. 교육이 실패하면 민족, 국가의 미래가 위험해진다. 모두들 경제만을 걱정하지만 망가진 경제는 한 정권의 노력으로도 극복이 가능하지만 한번 실패한 교육은 한 세대의 노력으로도 회복이 어렵다.

오늘날 우리는 개인주의, 인본주의에 바탕한 서구의 이론에 치우쳐 우리의 전통적인 교육철학을 잊은 듯하다. Education이 人性, 소질계발에 중점을 둔 데 비하여 우리의 教育은 사회적 教化에 중점을 두었다. 이 두 용어는 동의어로 호환되고 있지만 본래 동의어도 아니고, 방법론에 있어서도 차이가 있다. 인본주의 입장에서 보면 서구의 이론이 더 바람직한 것은 분명하지만 그렇다고 해서 사회적인 教化의 전통이 뿌리 깊었던 우리의 교육방식을 하루아침에 바꾸는 것은 위험하다. 각기 다른 두 방법 사이에서 부작용과 부적응을 피할 수 없기 때문이다. 당장 체벌 문제에서 그것을 무조건 폭력으로 규정하거나 일방적인 체벌 불가론은 적지 않은 부작용을 낳고 있다. '매는 情이요, 꾸짖는 것은 사랑이다'라는 말을 받아들이기 어려운 시대이지만 체벌을 무조건 폭력으로 규정하거나 일방적인 체벌 불가론은 더 큰 부작용을 낳고 있다. 변화는 필요하지만 일정한 과도기가 필요하다. 그렇지 않으면 그 변화는 순조로울 수 없다. 갑작스러운 체벌금지는 교권추락과 교단붕괴, 나아가서 교육위기론까지 초래하고 있다. 학생 체벌금지를 위해서 교사가 폭력을 당하는 일을 용납할 수는 없는 일이다. 국가가 시행하는 교육은 개인을 위해서 있는 것이 아니라 국가와 사회의 안녕과 평화를 위해서 국가에서 계획된 敎化행위이다. 교육의 대상은 학생이요, 교육의 주체는 교사임이 분명하다. 그럼에도 불구하고 개인 우선의 교육이 정당화 된다든지, 교권은 무시되고 학습권만 강조된다든지, 교육의 대상이 오히려 교육의 주체에 폭력적이라면 이는 本末전도, 主客전도가 틀림없다. 우리에게 필요한 것은 개인주의, 이기주의 교육이 아니라 사회의 행복을 위한 계획적 행위이고, 교육의 주체는 엄연히 교사이다. 교육의 이념도 중요하지만 그 실천은 더 중요하다. 교육의 대상이 교육의 주체에 폭력을 행사하고, 그 권위를 인정하지 않는다면 도대체 교육은 누가 실천한다는 말인가?

人間과 人格을 구별할 필요가 있다. 인격은 인간에 비하여 상대적으로 인위적이요, 교육적 결과이다. 인간은 개별적・자연적 의미임에 비하여 인격은 사회요구 수준의 차원이다. 格은 품격, 등급, 수준의 정도를 의미한다. 인간은 개인의 타고난 자질을 유지하는데 그치지만 인격은 인간의 모범이 되어야 할 요구수준이다. 교육은 인간을 보다 인간답게, 즉 인격자를 길러내는 것이다. 평범한 인간을 길러내는 것이 보통교육이라면, 능동적인 인격자를 기르기 위한 계획이 고등교육이다. 모든 국민을 보통교육으로 그쳐서도 안 되고, 모든 국민을 고등교육을 시키려 해서도 안 된다. 사회는 능력과 역할이 다른 구성원과 인재를 요구한다. 교육은 사회의 요구에 맞추어서 이루어져야 한다. 교육이 먼저가 아니라 사회가 먼저이기 때문이다. 민주주의든, 전체주의든 사회문화의 범주 안에 들어있는 하위개념이다. 민주주의를 위해서, 더구나 개인주의를 위해서 '사회'라는 상위개념을 깨뜨릴 수는 없는 일이다. 민주주의를 개인주의와 혼동하거나, 전체주의와 시민정신을 구분하지 못하거나, 개인의 행복이 사회의 행복에 우선한다고 생각하는 것은 아주 위험하다. 그런데 요즈음 내가 행복해야 다른 사람도 행복하다는 극도의 이기주의가 힘을 얻고 있다. 전체주의는 조직사회를 위해서 개인의 행복이 무시되지만 시민정신은 개인과 사회의 행복이 공존한다. 행복은 개인이 독점하는 것이 아니라 사회가 공유하는 것이다. 자유를 '내 마음대로'라고 생각하면 사회는 유지될 수 없다. 신호등을 '자유, 내 마음대로'라고 한다면 교통질서는 무너지고 만다. 나보다는 타인의 자유를 생각해야 나의 자유도 보장된다. 이러한 평범한 이치를 소홀히 하는 것이 오늘날 교육의 문제이다.

교육대란 1

한 때 산아제한이 중요한 인구정책이었던 우리는 원래 인구과밀을 걱정했던 나라였다. 인구밀도가 세계적이어서 많은 인구를 먹여 살리기 어려웠던 시대가 있었다. 그러나 지금은 인구가 줄어들어 벌어지는 人口難이다. 그러나 알고 보면 실제로 인구가 적어서가 아니라 경제적 생산인구가 적어서 문제이다. 하늘이 준 조건은 변함이 없는데 국정을 제대로 이끌어갈 인재가 마땅찮았던 人物難의 결과이다. 지금 청년실업자가 넘쳐나서 求職難[구직난]이라고 하지만 실제 산업현장에서는 일꾼이 모자라는 求人難[구인난] 역시 심각하다. 사람은 많은데 정작 필요한 사람은 없는 것이다. 구차한 핑계만 찾지 말고, 왜 이런 희한한 모순이 벌어지는지 심각하게 반성해야 한다.

여러 가지 이유가 있겠지만 가장 주요한 이유는 教育難이다. 구체적으로 말하면 교육과잉, 교육인플레의 결과이다. 일자리는 다양한데 그동안 우리의 교육은 고급일자리만 겨냥해서 이루어졌다. 너도나도 집안 살림을 기울여가면서 대학교육을 시켰지만 그에 맞는 일자리는 한정되었고, 정작 다수의 인력이 필요한 일자리에 맞는 일꾼은 찾을 수 없게 된 것이다. 그야말로 人力難이다. 그 대안이라는 것이 우리 실업자를 젖혀놓고 외국에서 인력을 수입하는 것인데 매우 안이하고 무책임한 정책이다. 실업자를 아무렇지도 않게 방치하는 정부는 국민을 위한 정부가 아니요, 외국인 인력을 마구 들여오는 정책은 민족의 장래를 위험하게 한다. 구직난과 인력난이 동시에 벌어지는 기현상을 해결하기 위해서 정부에서 어떠한 노력을 기울였었는가를 엄중하게 반성해야 할 일이다. 정부의 무능과 무책임의 결과로 외국에서 인력을 수입하고, 이주민까지 늘어나고 보니 혼혈아까지 늘어 이제는 단일민족이라는 긍지마저 포기해야 할 형편이다. 한 때의 사회현상으로 하여 단일민족이라는 역사를 쉽게 포기하기에는 너무 크고도 중요한 문제이다. 과거에 얽매이는 것도 문제이지만 현실에 매몰되어 전통적 가치를 망각하는 우리의 얄팍한 역사의식이 걱정된다.

지금 이에 대한 근본적인 대책은 무엇보다도 교육의 정상화이다. 적절한 설명인지 모르겠지만 국가에 필요한 국민은 세 가지 유형이 있다. 人力, 人材, 人物이다. 人力은 노동력으로서의 국민, 人材는 중간 관리역으로서의 국민, 人物은 고위지도층으로서의 국민을 말한다. 이 세 유형의 국민이 균형 있게 필요한데 우리의 교육은 다수가 필요한 인력에는 안중에 없었고, 인재와 인물 키우는 데에만 초점이 맞추어져 있었다. 人力이 人材, 人物 역할을 할 수 없듯이 人物, 人才가 人力의 일을 할 수 없는 일이다. 우리의 교육은 그동안 고급인력만을 양산해왔다. 수요가 한정된 고급인력은 쓸모없는 인력을 면할 수 없고, 결국 무능한 국민을 양산하고 말았다. 단기직업훈련으로 충분한 단순 기능 인력도 구태여 대학과정으로 만들어 막대한 국력 인력낭비를 하는 것도 오늘날의 사태를 불러온 주요 원인이다. 결국 교육에 전력투구를 해 왔으면서도 정작 필요한 인재 양성에는 실패하여 개인이나 국가의 이익을 도모하기는커녕 그것을 해치는 결과를 가져온 것이다. 이는 명백한 교육의 실패이다. 오늘날의 모든 經濟難, 就業難[취업난], 求人難, 人口難, 住宅難[주택난] 등의 사회문제는 모두 교육의 실패에서 비롯된 것이라고 해도 과언이 아니다.

지금을 청포의 시대, 靑年抛棄[청년포기]의 시대라고 한다. 부모덕에 대학은 나왔지만 무능력자가 되어 할 일은 아무것도 없으니 독립은커녕 부모 밑에 빌붙어 사는 캥거루 신세를 면치 못한다. 경제자립을 포기하고서 결혼 포기는 피할 수 없고, 자연히 가정 포기, 육아 포기가 될 수밖에 없는 사회구조이다. 이러다가는 조국, 민족의 포기에까지 이르게 될지 모른다.

청년만 그런 게 아니라 요즈음 중·고생 절반은 결혼을 안 해도 좋다는 생각을 가지고 있다고 한다. 아예 결혼 않기로 작정한 非婚주의자도 적지 않다. 민족의 장래를 책임져야 할 청소년들이 이렇게 패배의식과 무기력에 젖어서야 그 책임은 교육이 져야 하며, 이는 教育難으로 그치는 것이 아니라 그야말로 教育大亂이다. 難이 겹치면 亂이 되는 법이다. 외국의 권위 있는 연구소에 의하면 우리나라는 금세기 안에 사라질 나라 중의 하나라고 한다. 그렇다면 이야말로 國基가 흔들리는 일찍이 없었던 민족의 大亂이 틀림없다. 그런데도 이 대란에 대한 경각심이 없으니 그 대책이 있을 수 없다. 모두들 경제불황, 북핵만 가지고 정신이 없는데 교육대란에 비하면 이것들은 작은 문제이다. 사태의 심각성을 깨달았을 때는 이미 늦었을지도 모른다. 사태가 악화되어 되돌이킬 수 없는 지경을 無可救藥무가구약이라고 한다. 약이 없다는 말이다.

十年植樹 百年植人십년식수 백년식인이란 말이 있다. 십 년의 계획은 나무를 심는 것이요, 백 년의 계획은 인재를 기르는 것이다. 국가를 경영하는 데에 근간이 되는 일은 산업육성이요, 인재양성이다. 국민이 먹고사는 경제가 우선이나 인재가 양성되어지지 않으면 국가의 미래는 없는 법이므로 교육이 더 중요하다. 경제는 단시일 내에 극복이 가능하나, 교육은 백년대계여서 단시일 내에 세우기가 어렵다. 구태여 수치로 그 중요도를 말한다면 十年 對 百年이다. 모든 국가시책은 당연히 교육에 초점을 맞추어야 함에도 불구하고 현실은 거꾸로 교육이 경제에 맞추어져 있다. 그야말로 먹고 살기 위한 교육이요, 먹기 위해 사는 것이다. 전혀 틀리는 말은

아니나 옳은 말도 아니다. 먹고 사는 일에 모든 것을 건다면 인생이 천박해진다. 박정희 대통령은 국민을 가난에서 벗어나게 했다는 점에서 분명히 위대한 지도자였음에 틀림없다. 그러나 그의 업적은 먹고 살기 위한, 먹기 위해 사는 문제에 한정된 것이었다. 배부른 소리로 들릴지 모르겠지만 먹고 살기 위해서 교육과 자유와 인권은 무시되고 희생되었다. 국민윤리를 내세웠지만 정작 국민의 윤리도덕은 땅에 떨어졌다. 먹고 사는 것은 분명히 중요하지만 정신적인 행복은 더 중요하다. 역사의 평가는 功過를 엄정히 해야 한다. 그럴 수 있었더라면 그는 물론, 그 딸의 비극도 없었을 것이다.

각기 다른 능력과 개성을 가진 인재를 길러내는 것은 교육의 책임이요, 길러진 인재를 그에 맞는 일과 역할을 부여하는 것은 국가의 기본적 임무이다. 그러므로 適材適所[적재적소]는 교육의 사회적 극대화라고 할 수 있다. 큰 인재는 부리기도 어렵고, 인정받기도 어렵다. 그러나 재능을 알아보고 잘 활용한다면 그보다 좋은 일이 없다. 세상에 인재가 없는 것이 아니라 알아보기가 어려운 법이다. 사람의 재능이 똑같지 않다. 어느 분야에서 특출한 재능을 가진 사람은 있지만 모든 일을 다 잘할 수 있는 사람은 없다. 누구나 다 다른 재능을 가지고 있기 마련인데 그 재능을 알아보기 어려운 것이고, 자신도 모르는 경우가 있다. 그것을 발견하고 길러주는 것이 교육이다. 그리고 그 재능을 적재적소에 배치할 수 있는 사회적인 제도가 필요하다. 인재를 얻기가 어려운 것이 아니라 그것을 교육하고 효율적으로 배치하는 체제를 마련하고, 운용하기가 어려운 것이다.

인재의 적재적소 활용에서 가장 중요한 것은 합리적인 임금체계이다. 당연히 사회의 공헌도에 의해서 임금이 매겨져야 하는데 우리는 학벌에 의해서 일률적으로 정해지는 것이 문제이다. 학력에 의해서 봉급체계가 고정되어서는 개인의 능력이 무시되는 것이다. 학력과 스펙이 좋은 사람이 능력이 더 좋을 가능성이 많겠지만 그런 것 없이도 해당분야에 실력을 갖춘 인재가 있을 가능성 또한 적지 않다. 특정분야에서는 학력과 스펙이 요구될 수도 있겠지만 더 많은 경우에는 개인의 능력과 열정이 더 중요하게 작용한다. 군대에 가 보면 학력과 능력의 상관관계가 별로 없음을 확인할 수 있다. 사회는 전문기관이나 연구소가 아니다. 지금의 모든 교육대란은 교육의 책임이지만 모든 사회혼란은 학벌주의에 의한 임금체계가 주범이라는 사실을 알아야 한다. 근래야 인구절벽의 심각성을 깨달으면서 여러 가지 대책이 강구되고 있지만 학벌이 아닌 능력본위의 임금체계야말로 근본적인 해결책이 될 수 있다. 개인의 능력과 열정에 따라서 임금이 주어진다면 누가 구태여 목을 매가며 대학에 가려고 하겠는가? 자식 낳기 제일 겁나는 것이 교육비가 아니던가? 길게 설명할 것도 없이 서구 선진국의 교육체제, 임금체제를 보면 쉽게 알 일을 우리는 언제까지 이 大亂에서 살아야 하는가? 인구절벽도 알고 보면 교육대란에서 비롯된 것이고, 교육대란은 불합리한 임금체계에서 시작된 것이다. 능력과 상관없이 학벌만 있으면 최고대우가 주어졌고, 학벌이 낮으면 절대로 극복이 불가능했던 것이다. 교육이야 백년대계라서 쉽게 개선될 일이 아니겠지만 임금체계 개선이야 인식의 변화와 의지만 있다면 얼마든지 가능하다.

능력에 따라 임금을 주는 것이 그렇게 어려운 일인지 궁금하다. 이에 착수하는 정부가 있다면 모든 난관을 극복하고 민족중흥을 이룰 수 있을 것이라고 믿는다.

교육대란 2

교육대란 1이 형식적 대란이라면 2는 내용적인 대란이다. 그 폐해가 형식적 대란에 못지않기 때문에 大亂 2라고 하였다. 이 대란을 요약하여 말하면 無국적, 無본질, 無창의의 3無교육이다.

국적 없는 교육이란 민족의 주체성과 전통의식이 없는 교육을 말한다. 근대화 이후 우리는 우리의 전통적인 敎育의 개념과 본질을 제쳐두고 서구의 Education만을 교육의 전부라고 생각했다. 말로는 사회의 공익을 도모하는 弘益人間을 교육의 목표로 내세우고서는 실제로는 개인의 이익과 행복만을 추구하는 것을 능사로 삼았다. 개인의 이익과 행복도 중요하지만 먼저 사회의 공익을 생각하지 않는다면 개인의 행복도 있을 수 없다는 간단한 이치를 무시한 것이다. 과거 중국의 문화를 맹종했듯이 이제는 서구의 문화에 대한 무비판적인 사대주의 사상이 크게 작용한 것이다. 중국보다 더욱 이질적인 서구의 교육사상과 이론을 무비판적으로 모방한 폐해는 더욱 큰 것이었다. 그 결과로 우리가 전통적으로 지켜온 교육의 가치와 교육자의 권위를 과소평가하여 우리 사회체제를 급속도로 붕괴시켰다. 無국적 교육은 민족과 국가의 전통과 문화와 주체성을 망각하고, 서구의 개인주의, 이기주의, 자본주의, 신자유주의, 향락주의를 무비판적으로 받아들여 우리 사회를 어지럽게 하였다. 오늘날의 교단붕괴, 교권추락, 학교폭력, 성개방풍조, 비혼주의, 인구절벽, 가정해체, 핵가족 등의 모든 사회문제의 원인도 여기에서 찾아야 한다.

본질 없는 교육이란 철학 없는, 목적의식 없는 교육을 말한다. 철학이 없다는 말은 왜 교육을 해야 하고, 왜 교육이 필요한지에 대한 근본적인 성찰과 물음이 없었다는 뜻이다. 그저 외국에서 그렇게 하니까, 남들이 그렇게 하니까 따라서 하는 맹목적인 교육이었다. 목적의식이 없다는 말은 '왜'라는 물음은 없고, '어떻게' 밖에 없는 교육이었다는 것이다. 우리의 교육에는 본질은 없고 방법만 있었다. 근본적이고 본질적인 목적은 없고, 지엽적이고 단기적인 목표만 있었다. 눈앞의 목표에만 급급하다 보니 장기적인 목적은 없고, 천박한 단견과 편의적인 가치관만 난무하게 되었다. 한 때 국민교육헌장이란 것을 만들어 놓고, 전 국민에게 능률과 실질을 숭상하라고 강요했던 적이 있었다. 능률과 실질이 비능률과 허세보다는 낫겠지만 그것이 능사도 아닐뿐더러 숭상까지 해서야 본질 없는 천박한 교육이 되기 십상이다. 그러다 보니 항존적인 가치를 추구하는 진리, 도덕, 윤리에는 관심이 없고, 임기응변이나 상황윤리만을 강조하는 교육이었다. 입학을 위한 학습만 있었지 왜 입학을 해야 하는지에 대해서는 관심이 없었다. 고등교육을 받은 국민은 넘쳐나지만 그 윤리의식이나 의식수준은 옛날에 비하여 나아지기는커녕 천박하고 약삭빠른 사람들로 넘쳐나고 있다. 세계 최고수준의 교육체계를 가지고 있으면서도 국민의식수준은 아직도 후진국을 벗어나지 못한 이유가 여기에 있다. 본질 없는 교육이란 이념과 개념이 없는 학습방법을 말하기도 한다. 교육은 큰 틀에서의 인간형성교육이고, 학습이란 작은 틀의 기능을 익히는 것을 말하지만 우리는 이런 차이를 구분하지 못했다. 기능을 익히는 데에도 그 당위성, 필연성을 먼저 생각해야 그 기능이 우리 생활에 가치를 발휘할 수 있음에도 불구하고, 우리는 당장의 필요만 좇아서 능률과 실질을 숭상했을 뿐이었다. 모든 학교교육은 입시에 맞추어져 있어서 시험에 나지 않는 것은 가르칠 필요조차 없었고, 그것을 학습하는 것은 시간낭비에 불과하였다. 그러니 본질 개념학습은 모두 쓸 데 없는 시간낭비에 불과하고, 오로지 답을 찾아내는 기술을 익히는 것이 전부였다. 새벽부터 밤늦도록 엄청난 학습량에 시달리면서도 사회 실생활에서 문제에 부딪쳤을 때 그 해결능력은 이전 세대보다 나아지기는커녕 아무것도 할 수 없는 무능력자만을 양산하였다. 아무 일이나 할 수 없으니 우리 사회 곳곳에 고등교육을 받은 무능력자, 부적응자, 실업자들이 넘쳐나고 있다.

창의성 없는 교육은 필연적으로 획일적이고 기계적인 인간을 만든다는 점에서 교육이라기보다는 훈련에 가깝다. 훈련은 인간이 아닌 짐승을 대상으로 한다는 점에서 매우 비교육적이다. 서구의 교육사상을 표방했으면서도 정작 그들의 본질적이고, 창의적인 면을 놓친 것은 매우 안타까운 일이다. '왜'라는 본질적인 문제의식이 없는 우리의 교육은 획일적이고, 기계적인 인간을 만들 수밖에 없었다. 이러한 인간에게 사고력, 상상력, 창의력이 있을 수 없고, 이러한 인간은 스스로 발전할 수 있는 능력을 갖출 수 없다. 그들은 주관적 판단능력이나 다양한 가치관을 가지고 있을 수 없다. 대상에 대해서 비판력이나 판단력이 없는 인간은 능동적인 민주시민이 될 수 없다. 그 동안 우리의 교육은 이렇게 비정상적이고 무기력한 인간을 양산해 왔으니 실패한 교육이 틀림없다. 본질주의 교육, 창의적인 교육, 열린 교육, 자기주도적 학습, 학습자중심 학습, 토론 학습, 문제해결 학습 등 화려한 구호는 난무했지만 우리 교실에서 아직 낯선 이론에 그치는 실정이다. 구호와는 달리 시험기술이나 훈련시키고, 암기위주의 학습을 능사로 여기고, 과정은 상관없이 결과만을 수치로 평가하는 방식을 신봉하고, 학습목표 달성을 지상목표로 정하고, 일정한 정답을 정해 놓고 이를 강요하고, 선택형 답을 찾아내는 훈련을 시키는 것이 우리 교육의 현주소이다. 이 중에서도 그 폐해가 가장 심각한 것이 선택형 시험문제이다. 객관식이라고도 불리는 이 유형은 원래 군사훈련에서 빠른 시일 내에 많은 훈련병의 서열을 매기기 위한 편의적인 평가방법이었다. 주로 단순암기 기능을 측정하기 위한 것이었으므로 복합적 인지기능을 평가하는 데에는 부적절한 것이었다. 선택형이란 예시문항에 정답이 있다는 전제조건이 있으므로 그 이상의 사고력과 가능성을 원천적으로 봉쇄하였다. 이러한 폐쇄적인 문항은 수험자의 능동적인 창의력을 고갈시킬 수 있다. 그리고 선택이라는 행위가 자칫 기회주의적인 사고를 조장할 가능성도 있다. 이러한 문제를 가진 평가방법이 수험생의 일생을 결정하는 대입수능시험에 전적으로 수용되고 있으니 우리의 인재들은 가장 저열한 선발과정에 희생당하는 셈이다. 대학입시가 이런 형편이니 각급 학교에서 이것을 따라 하지 않을 수 없어 우리 교육에서 애초부터 창의성 교육을 기대할 수 없게 되어 있다. 그 문제점을 잘 알면서도 이를 개선하지 못하는 이유는 평가의 능률과 공정성을 위해서라고 한다. 물론 주관식 서술형 평가가 평가의 어려움이 있기는 하다. 그러나 시간절약과 공정성이라는 편의를 위해서 평가의 본질을 포기하는 것은 뿌리를 내주고 가지에 매달리는 것이다. 인간을 대상으로 하는 교육의 평가를 수치로 나타내려는 것도 무모한데 그 수치마저 틀에 집어넣고 짜낸 변형된 숫자로 대치하고 있으니 우리의 교육은 인재를 기르려는 것이 아니라 눈치 빠른 요령꾼을 양산하고 있을 뿐이다. 이러한 교육풍토에서 우수한 창의력을 갖춘 학습자는 그 능력을 발휘하지 못한 채 문제아나 열등생으로 전락하고, 암기력과 요령만을 내세운 학습자가 우등생으로 행세하니 이 사회가 정상적으로 발전할 수 없다. 학교의 우등생이 사회의 열등생이 되고, 학교의 열등생이 사회의 우등생이 되는 이유가 여기에 있다. 엄청난 학습량과 최신의 시설과 이론으로 교육시설을 확충했지만 이 사회는 더 발전하지 못하고 있다. 창의성이 없는 학습자는 발전의 가능성이 없고, 창의성이 없는 국민은 나라를 발전시킬 수 있는 능력이 없다. 나라를 발전시키자고 국력을 기울인 교육이 오히려 무능력자를 양산한다면 우리의 미래는 매우 비관적일 수밖에 없다. 이러한 비관적인 전망은 일찌기 없었던 근래의 비극적 상황이다. 봉건왕조시대보다는 낫지 않을까 생각할지 모르지만 당시의 과거시험도 암기에 그치지 않고 창의를 요구하는 사고력과 창의력을 강력히 요구하였다는 점에서 지금의 우리 교육은 그만도 못한 교육대란이라는 사실을 알아야 한다.

교육대란 2는 얼핏 1보다 그 심각성이 덜한 것 같지만 우리의 미래를 망치는 대란으로 무겁게 받아들여야 한다. 이 대란들에 대한 비상한 노력이 없다면 우리에게 미래는 없다. 그럼에도 불구하고 아직 이에 대한 우리의 경각심은 미약하기 그지없다. 일부에서 그 심각성을 주장하고 있지만 우리의 정책입안자들은 이를 들을만한 귀를 가지고 있지 못하다. 국적있는 교육, 본질적인 교육, 창의적인 교육은 우리가 처한 위기를 구하고 우리의 미래를 보장할 수 있는 가장 절실한 화두이다.

누가 교육을 말하는가?

師範大學은 모범이 되는 스승을 길러내는 곳이므로 당연히 인성이 모범이 되는 사람이 입학해야 맞다. 물론 학문을 수행해야 하므로 지성도 갖추어야 한다. 그러나 현실은 인성이 지나치게 무시되고 있다는 것이 문제이다. 인간을 길러야 한다는 그 막중한 전문성을 무시하고 지식만을 요구하는 것이 오늘날의 교육 풍토와 정책이다. 무엇보다도 교사를 일반 노동자와 같이 생각하는 것이 문제이다. 교육의 전문성을 무시한 채 기간제, 시간제, 임시직 교사를 취업 대책으로 내세우는 이 땅의 위정자들은 우리의 교육을 말할 자격이 없는 축들이다. 기간제, 임시직 교사를 일자리 차원에서 정규교사를 전환시키려는 발상도 교사의 전문성을 무시한 무지한 까닭이다.

그런데 이들이 이렇게 사범교육을 우습게 아는 원인을 생각해 보면 미국의 교육제도와 풍토를 우리 교육의 모범으로 삼았기 때문이다. 미국의 교육제도는 특유의 광역문화, 이동문화, 개척문화 등으로 해서 우리의 단일 정착문화와는 여러 가지로 사정이 다르기 때문에 교육사상이나 제도도 역시 다르다. 미국에서는 교사에 대한 인식도 일반 노동자와 별로 다를 것이 없기 때문에 누구나 일정한 지식만 갖추면 교사가 될 수 있다고 생각한다. 君師父一體라는 인식으로 교사의 권위와 역할이 절대적이었던 우리의 전통문화는 그들과 단순 비교할 수 없는 사정이 있다. 사범대학을 영어로 하면 College of Education이나, Normal University인데 우리의 사범대학의 의미와는 거리가 있다. 우리의 사범대학에 해당하는 적절한 영어단어가 없다는 것은 그들의 교육에 대한 인식이 우리와 달랐기 때문일 것이다. 미국의 교육제도가 틀렸다는 말이 아니라 이동문화의 교육제도를 정착문화인 우리 교육의 현장에 맹목적으로 적용시킨 것이 문제이다. 이동문화는 급변하는 환경에 적응해야 하기 때문에 전통은 거추장스러운 면이 있다. 그러나 정착문화는 경험을 통하여 適化[적화]된 문화전통을 지켜야 가치 있는 문화이다. 전통이 늘 좋다가 아니라, 우리문화는 전통문화라는 사실이 중요하다. 적어도 우리문화에 맞는 교육은 우리의 교육제도에 의하여 수행되어야 하는데 교권 존중의 전통을 낡은 것으로 치부하고, 우리문화와는 전혀 다른 미국의 교육사상과 제도를 따르지 못해 급급해 하는 우리 위정자들에서 오늘날의 교육, 교단 위기의 단초를 찾아야 그에 대한 근본적인 해결책을 마련할 수 있다. 신발이 안 맞으면 다른 신발을 찾아야 하건만 내 발을 깎아서 신발에 맞추려는 짓이 削足適履삭족적리이다. 우리의 서구 교육문화 수용방식이 그렇다. 중국에서는 서구문명을 받아들이되 주체문화가 중심이 되어야 한다는 東道西器동도서기를 대원칙으로 삼았다. 그런데 우리는 북한에서 말하는 '주체사상'을 빨갱이 좌경으로 매도하기에 바빴지 그에 해당하는 우리 나름의 자주적 철학이나 구호를 마련하지 못했다. 그러한 구호 용어를 만들어 내지 못한 것이 중요한 것이 아니라 그런 가치관이나 사상이 아예 없었기 때문이 아닐까 염려된다. 서구의 교육철학을 모방하기에 바빠 우리의 교육에 대한 우리의 철학에 무지하거나 교사양성제도 하나 제대로 꾸려나가지 못하는 것을 보면 오늘날의 교육위기가 우연이 아니며, 쉽게 수습될 것 같지 않다는 걱정이 크다. 그런 분별력도 없이 일은 위에서 저질러놓고, 해결은 아래에서 하라고 하는 시행착오가 반복되고 있다.

伯樂은 周나라 때 사람으로 본명은 孫陽이라고 한다. 말 전문가로 말을 잘 다루고, 말의 병을 잘 고치고, 말의 겉모습을 보기만 해도 그 말의 허실을 잘 알아보았다고 한다. 박 정권이었다면 문화체육부 장관은 따놓은 당상이다. 相馬는 말의 생김새를 보고 잘 알아맞히는 말 觀相術이다. 사람도 겉으로 보아서는 알아보기 어렵 듯이 말도 백락이 아니면 뛰어난 駿馬준마인지, 둔한 駑馬노마인지 알아 볼 수 없다. 하루에 천 리를 달리는 천리마의 존재가 중요한 것이 아니라 그 천리마의 능력을 알아보는 鑑識力감식력이 중요하다. 아무리 뛰어난 영재가 있더라도 그 영재를 알아보고 그에 맞는 교육을 하지 않는다면 소용없는 일이다. 말에 백락이 있듯이 사람에게도 백락과 같은 교육자가 있어야 한다. 그런데 우리는 영재 찾기에는 열중이지만 백락과 같은 教師 양성에는 별 관심이 없는 듯하다. 단지 인건비 절약을 위해서 정규교사를 기간제로 대체하고, 심지어는 교사를 일자리 실적 올리기 수단으로 삼아 '시간제 교사'라는 희한한 신조어도 나왔다.

교사를 이렇게 우습게 알기 때문에 사범대학을 마음 내키는 대로 인가하여 해마다 교사임용고시의 평균 경쟁률이 수 십대 일에 이른다. 경쟁률이 높으면 우수한 인재를 뽑을 수 있어 좋은 점도 있으나 교육자는 머리가 좋은 것이 중요한 것이 아니라 심성과 사명감이 중요하다. 지나친 경쟁률은 자칫 머리 좋은 요령꾼의 취업을 도와 줄 수는 있겠지만 사명감에 넘치는 진정한 예비교사를 지쳐 좌절하게 만든다. 무한경쟁을 자랑삼아 점수 따는 재주를 익히는 시험기술자를 만들지 말고, 교원양성 기관에 입학하는 인재를 정선하여 전문 과정을 익히게 해야 한다. 인격과 심성과 사명감을 가진 교사는 단 한 번의 임용시험으로는 가려낼 수 없다. 군인은 사관학교라는 엄정한 양성기관을 유지하면서 교사는 아무라도 할 수 있다는 생각은 교사라는 존재를 노동자 취급하고 있다는 증거이다. 그래도 사범대학을 아직 남겨 둔 것은 고마워 해야 할 일이지만 교사양성기관을 방만하게 인가하여 살인적인 경쟁률을 만들어 놓았으니 예비교사들은 교사가 되기도 전에 진이 빠지고, 초죽음이 된다. 그 많은 사범대학에서 배출되는 예비교사들은 어찌하라고 수준의 고하를 불문하고 경비절약책으로, 편의적으로 임시 고용하는 기간제 교사를 정부가 강요하여 전체의 10%를 넘고 있다. 게다가 임시직교사를 아예 정규직으로 바꾸는 방안을 궁리했다고 하니 교육부는 교육을 하는 부처가 아니라 일자리나 만들어내고, 직업소개나 하는 곳인가 싶다.

미안한 미생

요즈음 가장 未安한 사람들이 未生이다. 바둑에도 아직 살아있지 않은 돌이 未生馬이지만 오늘날 사회에서 살아도 사는 것이 아닌 未生인 젊은이가 너무 많다. 옛날에는 百萬學徒백만학도라고 한 일이 있었다. 젊은 그들이 사회에 배출되는 날 조국의 앞날은 창창하리라는 희망가였다. 그런데 요즈음은 百萬未生의 시대이다. 이른바 未生이란 안정된 직업이 없는 젊은이를 말한다. 그들은 바둑판의 미생마처럼 살아도 사는 것이 아니다. 비정규직, 임시직, 공시생, 인턴, 연수생, 기간제, 시간제, 취업형 등 별별 희한한 이름들은 인생이 보장되지 않은 未生들의 군상이다. 어느 때이건 청년실업자 시대가 없었겠는가만, 전쟁 때가 아니라면 요즈음처럼 대량으로 장기간 실업사태가 지속되던 시대도 없었을 것이다. 물론 오늘날의 경제불황은 세계적인 현상이라서 우리만의 책임이 아니라고 변명할 수 있다. 그러나 그보다 더 중요한 이유는 우리 경제구조의 모순과 잘못된 교육제도에 있다는 사실을 알아야 한다. 경제정의와 교육개혁이 이루어지지 않으면 경제호황이 오더라도 달라지지 않는다.

사회는 신세대들에게 크게 미안한 마음을 가져야 한다. 희망을 주어야 할 기성세대들이 신세대에게 절망을 주어서는 안 된다. 내 자식을 위해서 신명을 바치듯이 신세대를 위해서 사회정의와 교육개혁을 이루는 데 힘을 기울여야 한다. 기성세대로서 젊은이들이 조금도 부럽다는 생각이 들지 않는다면 지나치게 비관적인지도 모른다. 그러나 우리의 未生처럼 살아야 한다면 차라리 태어나지 않는 편이 낫다는 생각이 든다. 물질적으로 기성세대보다 나은 생활을 누리는지는 모르지만 정신적으로 딱하다는 생각이 앞선다. 신세대들은 젊어서는 정신적으로 피폐하고, 늙어서는 물질적으로 궁핍할 것이라는 전망이 우세하다. 지금 우리 사회에 퍼져있는 비혼주의, 출산기피에 의한 인구절벽 위기는 이러한 비관적 전망과 직결되어 있다. 이러한 우울한 전망은 세계적인 현상이 아니라 우리만의 사정이다. 우리의 지도자들이 무능하고 진실하지 못했고, 기성세대들이 그들을 제대로 감시하지 못한 결과이니 신세대들에게 무거운 죄책감을 가져야 한다. 이래저래 노인들은 점점 염치가 없어진다.

평생교육

학교교육이 학교에서 끝난다면 사회교육은 사회에서 이루어진다. 평생교육이란 학교교육과 사회교육이 합쳐진 개념으로 시간과 장소와 공간의 제한 없이 일생동안 이루어지는 교육을 말한다. 이에 대해서는 이미 전문가들이 많으니 여기에서는 평생교육의 일환으로 퇴직교육자의 인력 활용방안에 대해서 생각해 보고자 한다.

노령화 시대에 노인의 인력활용은 노인문제를 해결할 수 있는 중요한 사회문제가 되었다. 전 인구의 14%를 차지하는 노인 문제는 나라를 다스리는 14%의 비중을 차지하게 된 셈이다. 더구나 壯年퇴임자까지 적지 않다면 퇴직인력의 활용 문제는 더욱 커진다. 40대 퇴직자가 적지 않은 현실에서 퇴직 후에 삶의 방향을 잃고 방황하는 유용인력이 늘어가고 있다. 가용인력을 놀게 해서는 국가경제가 위험하게 된다. 국가에서는 경제적인 차원에서도 이들에 대한 세심한 배려가 있어야 한다.

퇴직교육자의 활용은 사회적 교육력을 확충한다는 의미가 있고, 개인적으로는 퇴직 후의 상실감을 보완할 수 있는 동기를 부여할 수 있다. 퇴직교육자의 활용은 경제적인 부담이 적다는 점에서 조금만 주의를 기울이면 다른 사회문제보다 손쉬울 수 있다. 일반적으로 이들은 비교적 연금의 혜택이 보장되어 있으므로 활용비용 부담이 적다는 장점이 있다. 비용이 적게 듦으로 경제적 생산보다는 사회적 교육력 확충에 전념할 수 있어 좋다. 개인적으로는 삶의 보람을 주고, 사회적으로는 문화적 수준을 높일 수 있는 제도적 방안을 마련해야 한다.

이러한 필요성을 갖지 못한 것은 아니지만 아직 그 구체적인 실천에는 이르지 못한 것 같다. 퇴직교수, 퇴직교사는 매우 유용한 전문 인력임에도 불구하고 이들의 사회적 활동은 매우 미미한 실정이다. 이들이 퇴직 후에 일정한 역할 없이 소일한다는 것은 국가적, 사회적 손실이다. 전문 능력을 갖추고, 고용부담도 없는 그들을 일정한 목적의식 없이 방황하게 해서는 안 된다. 노령화시대에 노인문제를 해결하는 데 있어서도 이는 매우 큰 의의가 있다.

퇴직교육자들이 이 사회에 기여할 수 있는 일은 역시 그들의 전문성을 살릴 수 있는 재능기부일 것이다. 각기 가지고 있는 전공영역에서 사회교육활동을 한다면 사회적으로는 문화수준을 높이고, 개인으로는 성취감과 삶의 보람을 거둘 수 있을 것이다. 그들은 비교적 안정된 경제기반을 가지고 있으므로 고용부담 없이 활용할 수 있다. 그보다 더 중요한 일은 그들에게 삶의 명분과 긍지와 보람을 주는 일이다. 교육자들은 대개 한 분야에서 젊음을 살아온 사람들이다. 연금이 보장되어있는 그들에게 사회가 명분과 긍지를 보장해 줄 수 있다면 그들은 기꺼이 재능기부를 할 것이다. 국가 사회가 할 일은 구체적 방안을 마련하여 퇴직교육자를 평생교육의 장으로 불러내는 것이다.

그 구체적인 방안으로 예를 들면 평생교육원을 통해서 퇴직교육자들을 강사로 활용하는 것이다. 강사위촉장, 기본적인 경비로도 어렵지 않게 강단에 불러낼 수 있을 것이다. 각종 학교, 사회단체에서 명예교사, 명예교수로 초빙한다면 기꺼이 재능기부를 하며 보람을 느낄 수 있을 것이다. 각종 관공서, 기업체에서 자문위원으로 위촉한다면 흔쾌히 호응할 것이다. 관공서 기업체에서 생산하는 각종 공문서, 책자, 인쇄물 등의 내용, 문법, 정서법 등을 보면 잘 못된 경우가 많은데 주변에 있는 퇴직 국어교사, 교수에게 의뢰한다면 아주 좋을 것이다. 그 밖에도 각 방면에 퇴직 전문가들이 쌓여 있으니 이들을 충분히 활용할 수 있다. 현직 전문인들에게 들어가는 경비부담도 줄일 수 있으니 더 좋은 일이다. 퇴직교육자를 활용하는 것은 단순히 평생교육에 한정되는 일에 그치는 것이 아니라 노령화시대와 사회 전체의 문제이고, 국가와 민족의 장래에 걸치는 문제라는 인식이 필요하다. 민족의 미래를 세우는 일이 반드시 어렵기만 한 것은 아니다. 조금만 더 생각하면 이처럼 손쉬운 지혜도 있다.

한자교육 어떻게 할 것인가?

우리말의 7할은 한자어로 되어있거나 그에 어원을 두고 있다고 한다. 국어교육에서 한자교육을 소홀히 할 수 없는 이유이다. 심하게 말하면 한자를 가르치지 않는 것은 우리말의 7할을 가르치지 않는 것과 다르지 않다. 흔히 한자를 모른 채 우리 말 표기만으로도 충분히 소통된다고 생각하지만 한자를 알고 사용하는 것과 그 소통의 깊이와 폭이 같을 수는 없다. 국어를 國語라고, 민족을 民族, 교육을 敎育이라고 쓰고 싶지 않겠지만 漢字를 알고 사용하는 言衆과 모르고 사용하는 언중과는 국어, 민족, 교육에 대한 이해와 인식이 같지 않다. 한자를 모르고 한자어를 사용하면 어휘의 정확한 뜻을 모르므로 소통력이 떨어지는 것이 당연하다. 이러한 사실은 단지 국어에만 한정되는 문제가 아니라 모든 학과나 언어생활에서도 마찬가지이니 우리에게 한자교육은 외국어가 아니라 국어교육이라는 인식이 필요하다. 만약 지금과 같은 상황이 계속된다면 50년이 못가서 의사불통의 시대가 될 것이다. 그러므로 한자는 국어교육의 일환이어야 한다.

한자가 좋아서, 주체의식이 허약해서 한자를 가르치자는 말이 절대 아니다. 한자교육이 얼마나 비능률적인가를 잘 알고 있다. 그러나 우리말에서 한자의 비중이 절대적이라는 엄연한 사실을 알면서도 단지 자주의식, 능률만 내세워 한자교육을 포기한다든지 한글전용론을 내세우는 것은 국어 자신을 포기하는 것과 다르지 않다. 수천 년을 우리 국어에서 살아온 한자를 수십 년만에 일시에 우리 국어에서 구축할 수 있다고 생각한다면 문화와 역사의 원리를 모르는 무지한 일이다. 한자가 국어기능을 맡아 온 역사를 생각한다면 그것을 구축하는 데 적어도 수백 년의 노력이 필요하다는 사실을 알아야 한다. 그리고 그 노력에는 한자어를 고유어로 대체하려는 부단한 의지가 필요하다. 國語를 우리말, 民族을 겨레, 敎育을 가르침으로 쓰려는 노력이 없으면 결국 한자의 영향력에서 벗어날 수 없다는 사실을 알아야 한다. 그러한 노력도, 자신도 없으면서 한글전용론을 고집하는 사람들은 우리말 파괴자들을 면할 수 없고, 한자교육 포기는 국어소통을 포기하는 일이다. 한자어의 고유어화에 자신이 없다면 한자를 국어의 한 부분으로 솔직히 인정하고 가르쳐야 한다.

한자를 모른다면 국어의 연구, 특히 어원연구에 막대한 지장이 있다. 지금 한자로 인식되는 어휘는 연구가 어렵지 않지만 처마, 김치, 배추, 숭어, 사랑, 스승, 선비, 재주, 스스로가 檐下, 沈菜, 白菜, 梭魚, 思量, 師僧, 先輩, 才調, 私私로에서 온 말이라는 사실을 알기는 이미 쉽지 않다. 그래도 이 정도까지는 아직 한자로 유추가 가능한 범위에 있어 그나마 다행한 일이지만 이보다 더 난감한 경우가 있다. 홰나무는 정승을 상징하는 나무로 옛날부터 정원수로 많이 심어졌다. 그것은 양반들이 그 집에서 정승이 배출되기를 간절히 소망한 것이다. 그래서 양반나무라고도 한다. 이를 회화나무, 홰나무라고 하는데 한자로 쓰면 槐*이다. 괴나무가 회나무, 회화나무, 홰나무가 된 내력을 한자음으로 설명할 수 없다. 이는 한자음이 아니라 근대 중국음－白話에서 유래한 이름이기 때문이다. 지금 우리가 쓰는 한자음은 唐宋시대의 中古한자음을 말하고, 백화는 淸 이후의 근대음을 말한다. 우리의 한자음은 중고음을 말하는 것이고, 백화음은 우리 한자음에 영향을 미치지 못했다. 그러나 드물게는 백화음이 들어와서 우리 어휘에 미치기도 했으니 당시 형편으로 淸의 영향력이 없을 수 없었기 때문이다. 그 중의 하나가 회나무인 것이다. 槐의 中古音은 '괴'이지만, 백화

* 괴나무

音은 huai이고, 이것이 음운 축약되어서 '홰'가 된 것이다. 회화나무는 槐를 槐花로 착각해서 생긴 이름이다. 이는 특이하게 중국 백화음으로 나무 이름을 지은 경우여서 그 어원을 찾기가 어렵고, 그래서 회나무는 고유어로 생각하기 마련이다. 이처럼 우리가 고유어라고 여기는 단어 가운데에 중국 현대음에서 어원을 찾아야 하는 경우가 있다. 그 밖에도 단지는 壇子, 울바자는 笆柵, 장꽝은 醬缸, 수수깡은 蜀蜀杆, 상투는 上頭, 투구는 盔頭, 지단은 鷄蛋, 식깡은 食罐, 깡통은 罐桶, 인두는 熨斗, 피리는 篳篥, 쾌주는 祭主, 창자는 腸子, 양탄자는 洋毯子, 옥수수는 玉蜀黍, 양푼은 洋盆, 오랑캐는 吾良哈, 짜장면은 炸醬麵, 멜빵은 綁, 징은 鉦, 끈은 筋 등이 그렇다. 이러한 어휘들은 한자음과는 다른 것이어서 그 어원을 밝히기 어렵다. 그렇다고 해서 이들을 고유어로 생각한다면 그 어원을 역시 찾을 수 없을 것이다. 이에 대해서는 필자의 〈生국문학〉에 상세하게 설명되어 있다.

6

의사소통을 위하여

의사소통은 인간사회를 이룰 수 있게 하는 기반이다. 의사소통이 원활하지 못하면 우리 사회가 위험하게 된다. 그런데 지금 우리는 不通이란 말을 자주 듣고 산다. 오죽하면 전 대통령의 별명이 不通領이었을까? 소통과 대화는 언어적, 물리적인 면보다는 심리적, 정신적인 면이 더 크게 작용한다. 흔히 의사소통을 위해서 언변, 화술, 문법을 강조하지만 진정한 의사소통을 위해서는 상대방에 대한 신뢰와 배려가 먼저여야 한다. 신뢰와 배려 없는 논리와 문법, 화술은 소통력이 없다. 신뢰가 가지 않는 사람의 말을 믿을 사람은 없다. 그러므로 의사소통력을 높이기 위해서는 언어교육보다 인간교육이 선행되어야 한다. 언어교육은 자칫 헛똑똑이를 기르기 쉽지만 인간교육은 진실한 대화로 신뢰감을 주어 소통력을 높인다. 인간교육이 제대로 되어야 소통력을 높여 건전한 사회를 이룰 수 있고, 건전한 사회가 정의사회를 구현시킬 수 있으며, 정의사회가 구현되어야 민족의 장래가 보장될 수 있다.

우리 사회문제 중의 하나는 상식적이지 않은 일이 너무 많다는 것이다. 상식이란 사람이 갖추어야 할 일반적이고 보편적인 양식일 것이다. 구태여 특별한 지식이나 경험 없이도 사람이라면 누구나 가질 수 있는 기본적인 양심이다. 지식인이나 문맹자, 남자나 여자, 노인과 젊은이, 부자나 가난한 자도 다 같이 언제나 어디에서나 공감할 수 있는 것이 상식이다. 정치가는 나라를 위해서, 법률가는 나라의 질서를 위해서, 교육자와 학생은 국가의 장래를 위해서, 의사는 환자를 위해서, 회사와 근로자는 가치 있는 생산을 위해서, 종교인은 사회의 정신적 가치를 위해서 각자가 맡은 본분을 상식적으로 수행한다면 사회는 정상적으로 발전할 것이다. 물론 말처럼 쉬운 일은 아니겠지만 우리 사회는 당연한 상식들이 지켜지지 않고, 잔뜩 삐뚤어져 있다. 그러면서도 우리가 얼마나 상식적이지 않다는 사실을 모르고 있다. 위로는 대통령을 지냈던 사람이 자신이 무엇을 잘못했는지 도무지 알지 못하고, 아래로는 미성년이 사람을 죽이고서도 죄의식이 없다. 정도의 차이가 있을 뿐, 우리는 상식과 양식이 통하지 않는 싸이코패스들의 사회에서 살고 있다. 상식과 양식이 없는 사회에 신뢰와 소통이 있을 수 없는 일이다.

여기에서는 인간에 대한 생각을 해 보았다. 소통의 기본은 인간성에 있다고 보았기 때문이다. 그리고 언어 문학에 대한 이야기도 넣었다. 아무래도 소통은 언어를 통해서 이루어지기 때문이다.

인간과 짐승

인간은 만물의 영장, 만물의 척도요, 신의 대리자로서 세상을 다스리고, 언어를 가지고 있으며, 사고를 하고, 인간만이 위대하다고 믿어 의심하지 않고 있다. 짐승, 가축들을 보면, 더구나 곤충 미생물들을 보면 이러한 생각이 틀림없는 사실 같기도 하다. 그러나 인간세상을 떠나 우주의 廣漠[광막]을 생각하면 인간의 능력이라는 것이 무슨 의미가 있나 싶기도 하다. 원생동물, 하등동물, 고등동물, 짐승, 가축 이런 것들도 나름대로의 지배질서와 인간과 같은 우월의식을 가지고 있는 것은 아닐까? 인간이란 그 구조의 맨 상위층에 있는 것에 불과한 것이 아닐까? 그것도 지구상의 세계에서만 있을 수 있는 질서라면 인간의 존재가치는 어디까지 갈 수 있는 것인가? 더구나 내세까지 있다고 한다면 인간만이 해당하고, 다른 생명체들은 내세가 없는 것일까?

이규보는 〈슬견설〉에서 모든 사물을 똑같이 볼 수 있어야 한다고 했다. 인간은 사물을 분별하여 정밀하게 가치를 내리는 일을 지혜라고 내세우지만 그 지혜라는 것이 사실은 편견이라는 것이다. 다시 생각하면 그것은 인간의 교만에서 비롯된 착각일지도 모른다. 절대자의 입장에서 보면 모든 우주만물은 자연이라는 구조물의 일부분일 뿐이다. 인간이라고 해서 그 가치가 하등 다를 바가 없는 것인지도 모른다. 그럼에도 불구하고 인간은 멋대로 인간의 질서를 만들어 세상을 농단하고, 자연의 질서와 환경을 파괴해온 것이다. 이 규보의의 인생관이 맞다면 인간이 가져야 할 가치관과 삶의 자세가 어떠해야 할 것인가를 새삼 생각해 보지 않을 수 없다.

어쩌다 가축들이 죽음의 길로 나서는 장면을 보면 동정의 연민과 함께 인간의 존재가치를 다시 생각하게 된다. 사람하고 늘 같이 친숙하게 지내왔기 때문에 그럴 것이다. 혹은 기르는 가축을 가족, 자식과 같다고 말하는 사람들도 있지만 가족, 자식을 내다 팔아 도살장에 보낼 리 없으니 그 말을 믿기 어렵다. 남의 가축이더라도 죽음의 길을 떠나는 가축들의 눈망울을 보노라면 착잡한 마음을 누를 길 없다. 쟤들과 나의 차이는 어디에 있을까? 물론 금수, 짐승보다 나으니 사람이라고 했지만 –그래서 사람답지 못한 사람을 짐승같다고 했다– 일단 세상을 떠난다면 쟤들이나 나는 무엇이 다를까? 사람들이 말하는 것처럼 정말 쟤들은 이것으로 모든 것이 끝이고, 사람만 내세가 있는 것일까? 자연, 조물주는 모든 생명체는 버리고 인간만 거두어 주는 것일까? 지구 외의 생명체가 있다면 그들은 또 어찌 되는 건가? 조물주의 입장에서 보아도 사람이란 사람의 생각대로 세상의, 우주의 주인공일까? 그렇다면 이규보가 말한 인간의 편견이야말로 인간의 특권일 수 있겠다. 그러나 또 한 번 생각하면 그 특권으로 인간이 죽어서 할 수 있는 것은 무엇인가? 짐승 가축들은 죽어서 인간에게 고기나 가죽을 제공해서 자연의 섭리를 지키지만 인간은 자연의 섭리를 위해서 무엇을 하는가? 짐승, 가축보다 무슨 일을 더하기에 절대자 앞에서 자신만을 구원해 달라고, 자신만이 만물의 영장이라고 독선하는 것인가? 자연의 섭리를 지키기는커녕 자연의 질서를 파괴하기에 수단과 방법을 가리지 않는, 그래서 지구의 종말을 재촉하는 짓만 골라서 하면서 하는 짓이 너무 뻔뻔하다. 주인 말만 듣다가 이제 부모 같다고 말해 온 주인에게 배반당하여 슬픔 가득한 눈으로 죽으러 가는 가축들 앞에서 느끼는 솔직한 심정이다. 더구나 불교의 윤회설을 생각하면 마음이 더욱 무거워진다. 내가 어찌 사람이며, 어찌 저 짐승이 내가 아니랴? 산은 산이 아니고, 물은 물이 아닌 것을-

침묵의 소통력

서양속담에 침묵은 금이고, 웅변은 은이라고 했다. 말만 앞세우고 웅변술에 목을 매던 속된 자들에 대한 경고이다. 침묵의 默자는 犬에 黑의 음이 합해진 形聲글자이니 단순히 '검은 개'가 아니다. 〈설문해자〉에 默을 '개가 사람을 따른다'고 풀이하였으니 주인에게 짖지 않는다는 뜻으로 생각된다. 즉 '침묵하는 개'는 주인을 알아보는 똑똑한 개이다. 시끄럽게 짖어대는 개는 대개 겁쟁이라서 무서워 할 것 없다. 정작 무는 개는 짖지 않으니 조심해야 한다. 침묵에 개가 관여된 것이 신기하지만 개만 그런 것이 아니라 사람도 그렇다. 침묵할 줄 아는 사람이 무서운 사람이다. 말을 많이 하는 헛똑똑이는 두려워 할 필요가 없다.

그렇다고 해서 침묵이 언제나 좋은 것은 아니다. 默雁先烹[묵안선팽]은 침묵하는 거위는 먼저 죽는다는 말이다. 거위가 할 일은 낯선 사람이 오면 소리를 질러대는 것인데 도둑이 들어도 침묵하고 있으면 밥 먹여가며 키울 이유가 없다. 할 말을 하지 않으면 不告知罪에 해당하고, 본분을 다하지 못하면 職務遺棄[직무유기]에 걸릴 수 있다. 법적인 책임 말고도 언론이나 사회 지도계층이 진실을 말하지 않으면 그보다 더 엄중한 도덕적 책임을 져야 한다. 힘없는 시민이 진실을 말하지 않으면 '양들의 침묵'이지만, 언론이 입을 닫고 있으면 '짖지 않는 개'와 같다. 짖지 않는 개는 주인에게만 맹종하는 走狗[주구]일 뿐, 국민들의 알 권리와 권익을 가로채는 도둑과 같다. 말 그대로 개도둑이니 대한민국의 언론은 개도둑들이 판을 치고 있는 개판이다.

웅변과 침묵은 모두 중요한 意思疏通能力[의사소통능력]이다. 웅변이 필요하면 웅변을 하고, 침묵이 필요하면 침묵하는 것이 의사소통의 능력이다. 침묵할 때에 침묵하지 못하고 떠들어대면 소통력이 없지만 침묵의 때를 안다면 오히려 더 큰 소통력을 가질 수 있다. 소통력이란 말의 목적을 달성하는 능력이다. 우리는 전통적으로 달변, 웅변보다는 눌변으로 들어 주는 미덕을 존중해 왔다. 그런데 지금의 언어교육은 달변, 웅변에 초점이 맞추어져 있다. 그러나 아무리 뛰어난 웅변도 상대방을 배려하지 않으면 소통력이 없는 법이다. 소통력, 설득력은 화려한 말솜씨와 수사력이 아니라 상대방의 사정을 이해하고 들어 주는 아량에서 나온다. 의사소통 교육은 소통력 없는 헛똑똑이를 양산하는 것이 아니라 웅변과 침묵을 구분할 줄 아는 良識[양식]을 길러 주는 것이다. 인간이 말을 배우는 데에는 2년이

걸리지만 침묵을 배우는 데에는 60년이 걸린다는 말이 있다. 그만큼 침묵은 어려운 경지이다. 의사소통능력은 서양의 격언처럼 銀과 金으로 규정되는 −웅변은 은, 침묵은 금− 것이라기보다는 時宜適切[시의적절]하게 구사하여 얻은 소통의 결과로 판명된다.

번역의 소통력

서구의 문명이 들어오면서 그에 해당하는 새로운 단어, 용어도 함께 들어오게 되었다. 어떤 개념을 새로운 단어, 용어로 옮긴 다는 것은 생각보다 어려운 일이다. 그래서 그 번역의 과정에서 본래의 의미에 어느 정도 손상을 피하기 어렵다. 그렇다 하더라도 언어에 종사하는 이들은 최대한 그 손상을 줄이기 위한 노력을 해야 한다. 그런데 우리에 앞서 서구의 문명어를 한자어로 번역한 이들은 일본인이었다. 서구어가 일본어로, 그것이 다시 우리말로 옮겨지는 과정에서 더 큰 의미의 오차를 면할 수 없었다. 그래서 우리 언어에 정착된 번역어들이 원의와 차이가 없었는지 다시 한 번 생각해 볼 필요가 있다. 그래야 번역의 오차에서 오는 의미의 격차를 줄여 소통력을 높일 수 있기 때문이다. 그렇더라도 이미 우리 언어생활에 정착된 의미를 인위적으로 손을 댄다면 언어의 자연스러운 소통에 장애를 일으킬 수도 있다. 그러한 범위 내에서 몇 가지 사례를 들어 말하고자 한다.

Education을 일본인들은 教育이라고 옮겼다. 이 말은 우리 전통적인 의미의 教育과는 다른 새로운 용어였다. 그러나 대부분 사람들은 Education과 우리의 전통적인 教育과 새로운 번역어인 교육을 같은 의미로 소통하고 있다. 그러나 Education과 전통적인 教育과는 많은 차이가 있다. Education은 개인적인 차원의 소질계발을 중시했고, 우리의 전통적인 教育은 사회적응능력 배양에 중점을 두었다. 이러한 차이를 생각하지 않고 이들을 같은 용어로 번역한 말이 지금의 '교육'이다. 그러나 교육이란 본래 개인에 앞서 사회를 위한 사업이므로 이를 절충하되 아무래도 사회가 중시되어야 한다는 생각이다. 이것이 거꾸로 된 것이 오늘날 우리가 겪는 교육의 혼란이요, 위기의 단초이다. 일본인들이 번역한 '교육'이 어디에 더 가까웠지는 확실하지 않지만 그 분명치 않은 차이가 오늘날 우리가 겪는 교육의 혼란이 아닌가 한다. 어떤 면에서 보면 용어와 단어에 대한 불철저가 그 원인일 수도 있으니 번역의 중요성이 크다. 만약에 '교육'의 번역이 잘못 되었다든지 우리가 받아들인 의미가 잘못되었다면 그 본의를 되살려야 한다.

Novel을 일본인들이 소설이라고 번역했다. 그러나 원래 우리가 전통적으로 사용했던 小說은 Novel과는 많은 차이가 있는 것이었다. 지금 우리가 일반적으로 소통하고 있는 소설은 우리의 전통적인 小說의 개념이 아니라 Novel이다. 사정이 이러한데 우리는 小說과 Novel을 같은 개념으로 논의하고 있으니 소설을 논의하는 데 겪는 혼란이 매우 크다. 古小說

이 Novel보다 훨씬 앞서 나온 것이라서 전근대적인 면모를 갖고 있는 것은 당연한 일인데도 우리의 古小說은 시대와 상관없이 Novel보다 원시적인 문학수준이라는 오해를 하기 십상이다. 번역의 잘못을 탓하기보다는 번역된 용어 때문에 사물의 본질을 놓친 학자들의 잘못이 크다.

사태의 심각성이 이와 같지는 않지만 잘못된 번역어로 해서 어색한 말이 되어버린 사례가 많다. 植木日은 '나무 심는 날'을 한자어로 번역한 것인데 木이 Wood라면 식목일은 '말뚝 박는 날'이 되어 버린다. 의미의 정확성을 기하는 한자에서는 살아있는 나무는 樹-Tree라고 적어 木과 구별한다. 그래서 植樹日이라고 해야 옳은 말이다. 북한이 식수일이라고 한다고 해서 우리는 식목일이라고 한다면 엉뚱한 고집이다. 어쨌든 실제로 植木日에 죽은 나무를 박는 일이 있었다.

面接시험도 이상한 말이다. 처음 이 말을 만든 사람은 직접 얼굴을 보고 보는 시험이라는 뜻이었겠지만 면접이란 말은 '얼굴을 붙이는'이라는 뜻이므로 낯 뜨거운 말이다. 당연히 口述시험이라고 해야 정상이다.

Air Port를 空港이라고 번역했지만 이 말을 다시 우리말로 번역하면 '빈 항구'가 되어서 이상하다. 중국처럼 機場이라고 해야 '비행기가 뜨고 내리는 곳'이 되어서 정상이다. 飛行機도 飛機라고 해야 우리 고유어로 '날틀'이 된다. 그렇잖으면 '날아다니는 틀'이 되어 번거로운 단어가 된다.

Economic을 經濟라고 번역했지만 우리의 전통적인 經濟는 '세상을 다스리는'것이었지 재물을 유통시키는 것이 아니었다. 오늘날 재물을 유통시키는 것이 만사형통인 것처럼 인식하는 잘못된 풍조는 Economic을 경제로 잘 못 옮긴 탓이 아닐까?

Train을 鐵道라고 한 것도 鐵路만 못하다. 道는 도리라는 뜻도 있기 때문이다. 자칫 '쇠로가는 도리'가 될 수 있다. 처음부터 Road와 닮은 路라고 했으면 더 좋았을 것이다. 力道도 무게를 드는 운동경기라기보다는 '힘을 연마하는 道'라고 한다면 과잉 번역이다. 野球도 베이스볼을 번역한 말치고는 적절치 못하다. 들에서 하는 경기가 어디 한 둘인가? 중국의 棒球처럼 '방망이로 치는' 뜻이 들어가야 정상이다. 起重機[기중기]도 우리는 擧重機[거중기]라고 제대로 이름 지었던 것인데 일본인들이 기중기라고 잘못 번역한 것을 우리가 우리 것을 버리고 오용하고 있는 것이다. 기중기는 '무거운 것을 드는 기계'이지 起重機처럼 '무거운 것이 일어나는 것'이 아니다. 屋上도 테라스를 잘 못 번역한 말이다. 테라스는 '집 위'가 아니라 '햇볕을 받는 지붕 위의 공간'이다. 중국에서는 陽臺라고 한다. 트럭을 商用車라고 번역했는데 상업용 차가 어디 트럭뿐인가? 手票 開票 投票도 글자로 보아서는 잘 된 번역이 아니다.

번역의 잘못을 일본인에게만 돌릴 일이 아니다. 언제부터인가 고속도로 TollGate를 料金所로 번역하여 자리잡고 있는데 所는 용언 뒤에 붙는 의존명사로 명사 뒤에 올 수 없는 말이다. 예를 들면 보건소는 保健이 '건강을 지키는' 동사이기 때문에 가능한 말이다. 그러나 요금은 돈이라는 명사이기 때문에 所가 올 수 없다. 물론 비통사적인 단어도 있을 수 있지만 새로 만드는 말을 구태여 문법을 어겨가면서 만들 필요는 없다. 그런 이상한 말보다는 차라리 '요금계산소'가 낫고, 더 좋기로는 '돈받는곳'이다. 글자 한 자 더하더라고 고유어로 바꾸는 것이 우리말을 지키는 길이다. 고속도로의 '노견'이라는 해괴한 말이 '갓길'로 정착하는데 수십 년이 걸렸다. 이밖에도 근래에 잘못 번역한 외국어가 많은데 이를 방치한 전문인들의 책임이 크다. 국어전문가들이 져야 할 책임을 말하자면 끝이 없다. 그래도 이전에는 외국어를 우리말로 옮기려는 노력을 해왔다. 그런데 요즈음에는 외국어를 번역하려는 노력도 없이 그대로 사용하는 풍조를 방치하고 있다. 그 결과로 우리 언어사회에서 정체불명의 외국어가 난무하고 있다. 다수의 언중은 단어의 뜻을 알 수 없으니 당연히 의사소통력이 떨어질 수밖에 없다. 그럼에도 불구하고 손을 놓고 있는 국어전문가들은 번역의 수준을 말할 자격도 없다.

그렇다고 번역을 늘 잘 못하기만 한 것은 아니라서 절묘한 번역이 적지 않다. Human을 人間이라고 한 것은 탁월한 번역이다. 과거에는 사람을 人이라고 할 수밖에 없었는데 人에는 개체의 의미에 한정된 경우가 많았다. 물론 이전에 人間이라는 단어도 있었지만 그것은 주로 天上의 상대어로 인간세계라는 의미로 사용되었다. 우리에게도 社會라는 단어가 있었지만 '사회적 동물'이라는 집약된 의미로 번역된 人間은 원어인 Human에서도 찾기 어려운 의미를 담은 훌륭한 번역이다.

Culture를 번역한 文化도 그렇다. 文은 수식, 꾸민다는 의미이고, 化는 발전이니 文化란 '인간의 지혜가 발전한 것'이다. 원어보다 더 좋은 소통력을 가지고 있다. School을 번역한 學校도 그렇다. '배우고 가르치고 바로 잡는 곳'이라면 School보다 더 좋은 의미를 담고 있는 번역어이다.

Teacher를 번역한 教師도 '권위 있는 스승이란 뜻'으로 원어 이상이다. 이름만으로도 Teacher를 능가하는 권위를 느껴지게 하니 번역의 힘이다. 과거 우리의 교사의 권위가 높았던 이유의 하나이다. 그런데 지금 우리는 권위 있던 교사를 지식전달자 Teacher로 만들지 못하여 안달이다.

사실과 진실

허구는 소설의 본질이다. 그러나 소설 용어로서의 허구는 단순한 거짓말하고는 다르다. 그것은 事實은 아니지만 蓋然性[개연성]을 전제하는 것이어서 眞實[진실]에 가깝다. 사실과 진실은 實이란 면에서는 같지만 엄밀히 생각하면 다르다. 事는 현실적, 가시적, 물리적으로 해결해야 할 과제이다. 그에 반해 眞은 눈과 귀의 사실적 감각을 뛰어넘는 주관적, 관념적 가치관이다. 다시 말하면 사실은 눈과 몸으로 직접 체험하는 것이고, 진실은 마음으로 느끼는 것이다. 눈은 보이는 것만 볼 수 있지만 마음은 보이지 않는 것도 볼 수 있다. 소설의 허구는 事實이 아니라는 뜻이지 眞實이 아니라는 말이 아니다. 소설가가 작품에서 말하려 하는 것은 사실이 아니라 진실이다. 소설이 꾸며낸 이야기이면서도 진실할 수 있는 이유이다. 그래서 事實을 소설이라고 하지 않듯이 진실하지 못한 소설은 소설이라고 할 수 없다. 그러므로 사실을 말한 이야기가 소설로 불린다든지, 진실하지 못한 이야기가 소설 행세를 하는 것은 옳지 않다. 소설이 사실에 그친다면 소설이 아니고, 독자의 통속적 흥미만 좇는다면 소설가는 그야말로 거짓말쟁이라는 누명을 벗을 길이 없다.

사실과 진실의 문제는 비단 소설에 관한 이야기만은 아니다. 우리는 흔히 눈에 보이는 사실만 믿으려 하고 보이지 않는 진실은 믿으려 하지 않는다. 그러나 눈에 보이는 것도 사실이 아니라 그렇게 보이는 현상일 뿐이다. 세상에는 눈에 보이지 않는 진실이 마음으로 더 소통력이 높을 수 있는 일이 많다. 소설이 사실기록보다 더 감동이 크듯이- 그런데 우리는 진실보다는 사실이라는 말을 입에 달고 산다. 요즈음에는 사실도 모자라서 실화냐? 팩트냐?라는 말로 대체하고 있다. 여기에는 오로지 눈에 보이는 객관적인 사실에만 관심이 있을 뿐, 마음에 있어 보이지 않는 진실은 안중에도 없는 사회현상이 그대로 드러나 있다. 지금 우리에게 마음이나 진실은 더 이상 중요한 것이 아닌지도 모른다. 물리적인 사실만 존중되는 사회, 결과만을 따져묻는 사회는 너무 각박하고 살벌하다. 그러고 보니 우리가 흔히 쓰고 있는 '참말로?' '진짜로?' '정말로?'라는 말이 무엇을 알고 싶은 말인지 새삼 궁금하다.

뻐꾸기의 노래

〈詩經〉에 鳩居鵲巢구거작소란 말이 있다. 그대로 풀이하면 '비둘기가 까치집에 산다'인데, 儒家에서는 여자가 남자 집에 가서 한 가정을 이루면서 화목하게 잘 산다는 뜻으로 해석한다. 그러나 비슷한 말로 鳩奪鵲巢구탈작소란 말도 있다. 이는 비둘기가 까치집을 빼앗다라는 말인데 이것도 儒家들처럼 선의로 받아들일 수는 없을 것이다. 그런데 비둘기가 까치를 이기거나 집을 빼앗을 만큼 힘이 세거나 고약하지 않다는 점에서 鳩는 비둘기가 아닐 가능성이 크다. 실제의 자연현상을 보면 뻐꾸기란 놈은 교활하여 집을 따로 짓지 않고, 오목눈이 같은 작고 미련한 새의 둥지에 몰래 알을 낳고 도망간다. 그러면 오목눈이가 뻐꾸기 알을 품고 부화시키고, 뻐꾸기 새끼는 주인의 알을 밀어내고 제가 먹이를 독차지한다. 오목눈이는 끝내 제 새끼인 줄 알고 저보다 더 커버린 뻐꾸기 새끼를 길러내는 것이다. 이것이 바로 鳩奪鵲巢이다. 그런데 鳲鳩시구는 뻐꾸기이다. 鳩를 鳲鳩라고 생각하면 이는 정확히 맞는 말이다. 뻐꾸기의 악행을 옛날부터 알고 있었던 것이다. 그렇다면 〈詩經〉의 鳩居鵲巢의 유교적 해석은 본래 강자가 약자를 약탈하는 험악한 세태를 진솔하게 고발한 鳩奪鵲巢의 민요를 유교적 교훈물로 왜곡했을 가능성이 크다. 이러한 유가의 왜곡해석은 〈詩經〉 도처에서 발견된다. 우리가 믿어왔던 朱子의 〈시경〉 주석을 곧이곧대로 믿기 어려운 이유이다. 그런데 우리는 아직도 朱子의 왜곡적 주석에서 벗어나지 못하는 일이 많다. 주자는 분명 위대한 유학자였지만 그의 왜곡적 주석은 〈시경〉에 그치는 것이 아니라 다른 경전주석에서도 적지 않다. 문헌연구에서 왜곡주석이야 흔히 있는 일이지만 그것을 바로 보기는 어렵다.

고려속요 維鳩曲[유구곡]도 비둘기로만 생각하지 말고, 이러한 발상으로 뻐꾸기라고 생각해 보면 전혀 새로운 해석이 가능하다. 이 노래는 예종이 신하에게 직언을 하라는 의도를 비유적으로 표현한 것이라고 해석해 왔다. 그 해석 발상이 유가들의 〈詩經〉 해석과 닮아있다. 우리 학자들도 유가들의 발상에서 벗어나지 못한 것이다. 그러나 한 나라의 임금이 그런 동요 같은 유치한 노래로 깊은 정치적인 의도를 표현했다고 해석하는 것은 더 유치한 일이다. 그보다는 세태를 풍자한 민요로 보는 것이 속요다운 맛을 더 느끼게 한다. 실제 노래가사에도 울음을 우는 것은 비둘기이니 나약한 피해자요, 좋아라고 하는 것은 뻐꾸기이니 포악한 가해자로 보는 것이 알기 쉬운 해석이다. 속요는 본래 왕이 지은 노래나 正樂이 아니라 민간의 노래를 악곡에 편입시킨 것을 말하기 때문에 이러한 해석이 더 합리적이다. 維鳩曲은 鳩奪鵲巢[구탈작소]의 내용처럼 비둘기나 오목눈이 같이 힘없고 선량한 백성들이 뻐꾸기 같은 사기꾼, 권력자들한테 수탈당하는 세태를 풍자한 민요라고 해석하는 것이 이 노래의 소통력과 문학적 가치를 더 높이는 일이다.

향가의 사연

'향찰로 기록된 노래'를 향가라고 하는 데에 우리는 습관적으로 동의하고 있다. 그러나 이러한 정의는 표기수단에만 급급했을 뿐, 그 문학적 본질이나 성격에는 전혀 관심이 없었으므로 올바른 정의가 아니다. 鄕歌의 鄕자는 시골이란 뜻일 뿐, 향찰이란 뜻은 전혀 없다. 지금 향가라고 알려진 소수의 작품만을 가지고 그 본질과는 전혀 상관없이 내린 이러한 정의, 개념으로 인해 우리의 향가 연구는 또한 허점투성이다.

신라 眞智王[진지왕]은 桃花娘[도화랑]이라는 과부와 私通하여 鼻荊郎[비형랑]을 낳았다. 민간설화에 나오는 桃花女는 섹시한 여인의 이미지가 강하다. 桃色은 복숭아 빛, 色情的 이미지이다. 비형랑은 귀신을 부리는 신통력이 있어서 사람들이 비형랑의 그림만 내걸고 노래를 불러도 疫神[역신]이 물러갔다고 한다. 비형랑은 〈처용가〉에 나오는 처용랑의 대선배인 셈이다. 〈삼국유사〉에 그 가사가 漢詩로 번역되어 전한다. 聖帝魂生子[성제혼생자] 鼻荊郎室亭[비형랑실정] 飛馳諸衆鬼[비치제중귀] 此處莫留停[차처막류정]. 이를 다시 번역하면,

왕의 혼령이 아들을 낳았으니,
비형랑이 여기에 있도다.
여기저기 날뛰는 귀신들아,
여기에 머물지 말지어다.

상식적으로 생각하여 아직 한자의 보급이 미미했던 당시에 문맹인 백성들이 이렇게 한시로 노래했을 가능성은 없으므로 이것은 당대에는 우리말로 노래 불려진 주술민요요, 향가임에 틀림없다. 이것을 당대에 漢詩가 아니라 향찰문자로 적었다면 處容歌[처용가]와 같은 영락없는 향가이다. 아마도 당시에는 아직 향찰표기가 없었기 때문에 부득이 한시로 옮겨 적었을 것이다. 향가를 한시로 번역하여 기록했다고 해서 그것을 한시라고 장르규정을 한다면 본질을 왜곡한 것이 틀림없다. 이렇게 해서 단순히 향가 한 수를 잃은 것이 문제가 아니라 이와 같은 경우가 이 외에도 무수히 많을 것이므로, 잘못된 향가의 정의가 향가문학 자체를 망쳐버린 것이다. 오늘날 천 년 신라향가가 14수밖에 안 된다는 것은 당대의 향가문학이 왜소했던 것이 아니라 많은 향가를 놓쳐버린 史家들과 이를 제대로 연구하지 못한 후손들의 책임이다. 이제라도 향가연구에 특별한 각성이 필요하다.

주술무가로 알려진 〈처용가〉는 노랫말만 보면 주술성이 나타나 있지 않다. 배경설화의 도움이 아니면 그 주제마저 분명치 않다. 그런데 처용가는 呪術[주술]향가로 인정받고, 주술가가 분명한 비형랑가는 향가로 알려지지도 않았다. 비형랑가가 처용은 물론, 현전 어느 향가보다 먼저 지어진 것이라면 그동안 신라향가에 대한 연구는 다시 생각해야 할 문제가 많다. 가장 큰 문제점은 향가에 대한 명칭, 개념의 잘못에 있었다. 향가 원래의 고유어 명칭은 '시골노래'였을 것이다. 이것을 후에 향찰로 표기한 것이 詞腦歌[사뇌가], 思內歌이고, 한자가 보급 된 이후에 사뇌가를 한자식 이름으로 鄕歌라고 했던 것이다. 그러므로 시골노래, 사뇌가, 향가는 원래 동의어인데 시대에 따라 이름만 바뀐 것으로 보아야 한다. 그렇다면 '시골노래'가 향가의 원래 명칭이요, 거기에서 그 본질을 찾아야 옳다. 그러한 본질을 외면하고 그것과는 아무런 상관없는 '향찰로 기록된 노래'로 향가를 규정했기 때문에 비형랑가와 같이 어엿한 향가이면서도 다른 표기로 기록되었거나 〈삼국유사〉, 〈균여전〉에 올라있지 않으면 절대로 향가가 될 수 없었던 것이다. 이렇게 터무니없는 규정으로 해서 향가에서 제외된 향가가 어찌 비형랑가 하나뿐이겠는가?

향가 외에도 시조, 소설을 비롯한 다른 장르에서도 이런 개념의 오류와 착오가 적지 않지만 이야기가 길어 말할 수 없을 뿐이다. 이에 대한 이야기는 전반적인 국문학에 관한 문제를 함께 제시한 필자의 〈生국문학〉에 상세하게 설명되어 있다. 그동안의 우리 국문학 연구에서 다시 생각해야 할 문제들이 너무 많아 안타깝다.

桃는 逐邪[축사]의 기능도 있어 귀신을 쫓는 나무이기도 하다. 그래서 복숭아나무로 귀신을 쫓으며, 제사상에 복숭아를 올리지 않는다. 이에 반해서 밤나무는 귀신을 맞이하는 迎神的[영신적] 기능을 하고 있다.

바둑 이야기

선비들의 전통놀이 중에 바둑과 장기가 대표적이다. 공자가 낮잠을 자거나 쓸데없는 짓을 하느니 바둑이나 장기를 두는 게 낫다고 한 데서 명분을 얻었다. 생각해 보면 점잖은 선비들의 고상한 정신수양으로 제격인 것 같다. 지금은 훌륭한 직업이기도 하니 그 가치가 전혀 달라졌다. 그래서 세밀히 알아보면 棋[기]는 木이으므로 장기알 놀이이고, 碁[기]는 石이므로 바둑알 놀이임을 알 수 있다. 將棋[장기]는 漢과 楚의 장군이 있어서이고, 象碁[상기]는 장기 알에 象이 있기 때문에 이름 지어진 것이다. 넓은 의미로 보면 판 위에 그림을 그려놓고 겨루는 모든 놀이를 가리키는 말이다. 우리말로 하면 일종의 고누라고 할 수 있다.

바둑은 중국에서 기원했지만 우리 삼국시대에 이미 성행했다는 기록이 있다. 근대바둑은 일본에서 체계화되었으며, 근래에는 우리나라가 바둑의 강국이다. 인구비례로 볼 때에 우리 민족의 우수성을 입증하는 사례로 충분하다는 생각이다. 그런 만큼 바둑이라는 이름의 내력을 나름대로 생각해 볼 필요가 있을 것 같다. 거칠게나마 '밭(田)에 놓는 돌 – 밭돌'에서 비롯되지 않았을까 한다. 바둑판의 모든 칸은 田이 모여진 것이고, 거기에 돌을 놓는 놀이라는 생각이다. 돌밭을 일구어 농사를 짓던 농경생활의 모습을 생각해 보면 우연이 아닐 것 같다. '돌'과 '독'은 자음변이로 같은 뜻이고, '둑'은 '독'이 모음변이를 일으킨 현상으로 설명할 수 있다.

바둑은 가로 세로 19줄에서 벌어지는 무수한 경우의 數가 있어 인간의 두뇌가 아니면 그 무엇도 대신할 수 없다고 믿어왔다. 그래서 인간의 능력과 존엄을 보장해 주었던 분야였다. 일찍이 컴퓨터라는 고도의 인공지능 알고리즘이 나와 체스의 고수를 능가했지만 바둑만큼은 안 될 것이라고 장담해왔다. 그러나 견고했던 바둑의 신화는 알파고란 AI한테 무참히 깨져 인간의 존엄성이 무너져 버렸다. 지금은 인간이 감히 그것을 넘볼 수 없게 되었고, AI끼리 자웅을 다투는 지경에 이르게 되었다. 이것이 어찌 바둑에 한정된 일이겠는가? 인간 바둑의 참패는 오만했던 인간의 한계를 의미한다. 이제는 인간은 더 이상 만물의 지존임을 내세울 수 없게 되었다. 막연하게 가지고 있었던 인조인간에 대한 공포증이 현실화 된 것이다. 더구나 복제인간이 현실화 된다면 인간이란 정체성 자체가 위험하게 된다. 인간 스스로 만든 인공지능, 복제인간에게 지위를 위협받게 되었으니 그야말로 바둑의 '자충수'를 두고 있는 것이다. '神의 한 수' '神算'이란 말도 바둑에서 나온 인간의 권위, 존엄이었지만 이제는 그 영광을 AI한테 물려주어야 한다. 도끼자루 썩는 줄 모르고 즐기던 신선의 바둑판이 영악한 인간이 만들어낸 컴퓨터한테 산산조각이 나버린 것이다. 이제는 인간은 물론 신선까지 무릎을 꿇어야 할 판이니 옥황상제인들 무사하랴? 이제 바둑은 밭에다 돌을 굴리던 시대의 유물로 돌아가야 할 판이다.

에너지 이야기

에너지난의 시대에 총아로 떠올랐던 핵발전이 지금 논란의 중심에 놓여있다. 核發電[핵발전]을 경제적 청정에너지라고 하면서 강력한 핵에너지 정책을 펴서 우리나라는 세계에서 손꼽히는 핵발전 강국에 올랐다. 새 정부 들어서 핵발전 신중론을 펴고 있는데 이에 대한 비판이 거세다. 핵발전 주창자들은 그것이 가장 경제적이고 깨끗한 에너지 생산책이라고 하지만 일이 그렇게 간단하지 않다. 체르노빌, 후쿠시마 등 그 후유증과 재앙은 어떤 대형 참사보다도 더 무섭다. 그 재앙은 일과성도 아니고, 토질과 수질을 오염시키고, 그 후유증도 代를 이어 남겨진다. 당장 건설, 운영비는 적게 든다고 하지만 핵물질 재처리와 폐기비용을 따지면 자랑하던 경제성도 현저히 떨어진다. 우리나라가 핵발전의 선진국 대열에 속해 있다는 것이 마냥 좋은 일만은 아니다. 핵발전은 건설로 끝나는 것이 아니라 운영, 재처리, 폐쇄 등의 기술적 문제가 필요한데 그에 대한 기술 수준은 부족해서 수명을 다한 발전시설 처리가 문제라고 한다. 그리고 그 뒤처리를 해 본 기술도 경험도 없어 그 안전성을 보장할 수 없는 상태이다.

핵발전만이 우리가 살 길이라고 하지만 유사시 그 어떤 천재지변보다 더 치명적일 수도 있다. 요즈음 화력발전의 후유증이 부각되고 있다면 핵발전론이 다시 고개를 들 수 있겠다. 그러나 정도의 차이가 있을 뿐이지 매우 심각한 위협인 것은 마찬가지이다. 그렇다고 에너지 수요가 폭발적으로 늘어나고 있는 현실에서 어느 것도 포기할 수 없는 형편이다. 그렇다면 에너지의 수요를 대폭 축소하거나 이를 대체할 제3의 에너지의 개발이 필요하다. 그래서 정부에서는 기존 발전소의 축소와 태양광을 비롯한 제3에너지 개발 계획을 추진 중에 있다. 그러나 이러한 계획은 발전단가를 높여 전기료 인상을 불가피하게 한다는 문제점이 있다. 그렇다면 싼 에너지 대신에 환경오염을 감내할 것인가, 비싼 에너지 대신에 지구환경을 보호할 것인가가 문제이다. 에너지 문제는 인류의 장래가 걸린 절박한 문제인데 사태의 심각성을 생각할 때에 지금 벌어지는 논란은 본질에서 한참 벗어났다는 생각이다.

우리의 조급증이 지금 또 도지고 있다. 당장 핵발전이냐, 아니냐를 놓고 사생결단을 내려고 하고 있다. 핵이 인류를 멸망시킬 가장 두려운 존재임에도 불구하고 핵발전을 유일한 에너지 대안이라고 목청을 높이고, 아무렇지도 않게 핵무기 개발이나 미국핵무기 도입을 유일한 국가안보대책이라고 주장한다. 어차피 망할 바에는 너 죽고 나 죽어 막가자는 생각이 아니라면 이렇게 조급해서는 안 된다. 그것이 일시의 현실적인 대안일 수도 있겠지만 본질적이고 항구적인 대책일 수는 없다. 그렇다고 나만 핵을 가지고 있지 않다면 맨손으로 흉기를 든 자와 싸우는 꼴이 되고 만다. 같이 흉기를 들고 맞서야 하는가, 맨손으로 적을 달래야 하는가? 어려운 문제이지만 같이 흉기를 드는 것이 더 위험할 것 같다. 김정은이 언제까지 그 자리에 앉아 있을 리도 없다. 더구나 그들은 동포가 아닌가? 우리가 미국, 일본과 같은 대북정책을 펼 수 없는 이유이다. 그럼에도 미국, 일본과의 대북공조만을 고집하는 세력들은 민족, 조국은 안중에도 없는 무책임한 사람들이다. 미국의 총기소지 합법이 미국을 세계 최고의 총기사고를 유발하고 있는 현실을 주목해야 한다. 핵의 위험성은 총기, 흉기 정도가 아니다. 핵은 손잡이가 없는 칼과 같아서 그 칼날이 언제 나를 향할지 모른다. 다소 돌아가더라도 너무 조급해하지 않았으면 좋겠다. 핵, 핵만 찾다가 핵핵거리며 숨이 넘어갈지 걱정이다. 우리마저 김정은, 트럼프와 똑같이 행동한다면 민족의 멸망을 스스로 재촉하는 짓이다. 주인이 안방에서 나그네와 똑같은 짓을 한다면 방고래가 무너진다. 핵에너지는 최근에 인류가 발견한 에너지 중의 하나일 뿐이다. 현대의 발달된 과학으로 노력하기 따라서 얼마든지 효율적이고 안전한 대체에너지 개발이 가능하다는 믿음을 가져야 한다. 포항지진을 겪고 나니 더욱 그런 생각이 든다.

가짜 세상

가짜 없는 세상은 상상하기 어려울 정도로 우리는 가짜의 세상에서 살고 있다. '진짜'란 한자 '眞字'를, '가짜'란 한자인 '假字'를 소리나는 대로 적은 것이다. 假는 人에 叚의 음을 합한 글자이다. 〈설문해자〉에서 非眞이라고 했으니 거짓이다. 인간이 하는 짓이란 僞[위]이다. 이는 人에 爲의 음을 합한 글자이다. 그 풀이를 詐, 欺라 했으니 그야말로 詐欺[사기]이다.

그래서 人爲非天眞也*라고 해서 그 뜻을 더욱 분명히 했다. 원래 叚는 '빌다, 빌리다'. 爲는 '하다'로 정당했던 행위였는데, 人이 개입되고 나서 非眞, 詐欺가 되고 만 것이다. 그러고 보면 사람이 있는 한 가짜는 없어질 수 없다.

원래 지혜와 영감을 가지고 있었던 人은 만물의 영장답게 사회의 문화, 문명이라는 것을 형성하였는데 文化, 文明이라는 것이 대개는 自然, 天眞을 변화시키는 것이었다. 그 변화 중의 일부가 假[가], 僞[위]이다. 그것은 인간이 自然과 眞을 이기적, 탐욕적으로 不純[불순]하게 변화시킨 결과였다. 자연과 眞을 최고의 덕목으로 내세우는 道家로서는 정당한 爲도 삼가야 할 것인데 의도적이고 위장된 僞는 말할 것 없는 惡德이요, 禁忌[금기]였다. 사람의 의도가 개입되면 모든 일은 그릇되고 틀어지고 만다는 것이 도가의 입장이다. 儒家도 爲는 정당한 것으로 보았지만 僞는 허용하지 않았다. 다만 荀子[순자]는 僞를 사람이 수행해야 할 정당한 것으로 간주하였는데 사람의 후천적인 노력을 강조한 결과이다. 그러고 보면 假, 僞는 인간의 본질이고, 필연적인 면모인지도 모른다. 다만 도가에서는 이를 부정하였고, 순자는 이를 정당화한 점이 다르다.

여기까지는 점잖은 철학 사상 차원의 이야기 이고, 眞實의 상대어로서의 虛僞에 이르면 가짜란 虛勢[허세] 虛飾[허식] 虛風[허풍] 虛禮[허례] 僞裝[위장] 僞計[위계] 欺瞞[기만] 詐欺[사기] 등으로 번져 이 사회를 어지럽게 만드는 요소이다. 이것들을 다 말할 수 없으므로 요즈음 새로 세상을 어지럽게 만드는

* 사람이 하는 일은 天眞이 아니다.

가짜뉴스에 대해서 짚어보고자 한다. 가짜뉴스란 아무런 근거가 없는 사실무근, 근거 없이 꾸며진 날조, 의도적으로 꾸며진 계략 僞計[위계], 상대방에게 죄를 뒤집어 씌우는 무함무고, 중상모략 흉계 등인데 마치 사실인 것처럼 보도되는 것을 말한다. 조금만 주의를 기울이면 그 내용이 황당하다는 것을 알아 챌 것이지만 물정에 어두운 어리석은 사람들은 곧잘 속아 넘어 간다. 노인과 퇴역군인, 아줌마들이 주력인 태극기 부대들은 대개 가짜뉴스에 기만당한 사람들이다. 가짜뉴스는 진실을 가려 사회를 오도하고, 혼란에 빠트리고, 사회를 불신하게 만듦으로 해서 국민, 국론을 분열하게 만든다. 가뜩이나 불통의 시대에 불통을 부채질하는 중죄여서 어떤 가짜보다 그 폐해가 크므로 엄정한 단속이 필요하다.

가짜가 가지고 있는 의미가 이렇다 보니 가짜가 정당하지 못하고 참되지 않다는 사실을 알면서도 그것이 또한 순기능을 하고 있는 점도 부정할 수 없다. 만약에 가짜 없는 세상이라면 진짜 롤렉스를 차고, 루이비똥을 들고 다닐 사람이 얼마나 되겠는가? 善意의 거짓말이 있듯이 선의의 가짜도 있을 수 있다. 이른바 가짜 명품이 판을 치고 있다고 해서 단속이 벌어진다. 그러나 한편 생각하면 그것은 위법이 분명하지만 큰 틀에서 보면 소득의 재분배요, 건전한 소비를 진작시킨다는 의미가 있다. 소위 명품이라는 것이 독과점, 사치품이기 때문에 가격과 가치가 동떨어져 있기 마련이다. 그렇게 비쌀 이유도, 필요도, 당위성도 없는 일이고, 쉽게 말하면 명품은 명성을 등에 업은 왕바가지인 것이다. 터무니없는 왕바가지를 오로지 진짜라는 이유로 해서 기를 쓰고 법적으로 보호할 필요가 있을까 싶다. 진짜 명품은 곧 진짜 왕바가지이다. 가격과 가치가 터무니없는 왕바가지에 대항한 것이 바로 가짜 명품이라면 그것은 충분히 선의의 가짜일 수 있다. 더구나 가짜가 진짜 같아서 진짜와 구분할 수 없는 가짜라면 진짜 명품은 왕바가지임에 틀림없고, 소비자에게는 가짜명품처럼 좋은 것이 없다. 하기야 가짜 해외명품이 국부유출도 막을 수 있어 다행이라고 한다면 좀 쑥스럽기는 하다. 그러나 우리 소비자를 왕바가지 씌워가며 해외상표를 적극적으로 도울 필요는 없어 보인다. 어쨌든 인간이 假, 僞를 청산하지 못하는 것은 인간의 본질이면서도 그 虛僞性을 보여주는 것이기도 하다.

언제부터인가 가짜 명품을 짝퉁이라고 했는데 그 내력은 이렇다. 가짜가 판치는 세상이지만 그래도 가짜라는 말을 기피하고 싶은 심리에서 슬쩍 '짜가'라고 바꾸었다. 그래서 한 때 가짜 세상을 풍자하여 '짜가가 판친다'라는 노래가 유행한 적이 있다. 지금도 그렇지만 가짜 명품에는 베네똥, 루이비똥이 판을 쳤다. 그래서 짜가베네똥, 짜가루이비똥이 되었는데 이를 줄이다 보니 짜가가 '짝'이 되었고, 다시 베네똥, 루이비똥을 줄여서 '똥'이라 하고, 다시 똥을 기피하여 '퉁'으로 살짝 틀어보니 유명한 '짝퉁'이 된 것이다.

붓 이야기

梅蘭菊竹[매란국죽]을 사군자라 하여 우리 선비들은 존중해 왔다. 군자의 지조와 절개를 상징한 것은 넷이 비슷하지만 대나무는 절개의 상징성을 가장 뚜렷하게 가지고 있다. 게다가 우리 생활에 아주 유용하게 쓰임으로 해서 부가가치도 풍부하여 군자뿐만 아니라 백성들로부터도 환영받고 있다.

대의 마디인 節[절]은 대를 곧게 유지시키는 힘의 根幹[근간]이다. 마디가 없다면 대나무의 높이와 강도를 유지할 수 없을 것이다. 그래서 節은 선비의 節概[절개]를 상징한다. 사람으로 말하면 關節[관절]에 해당한다. 관절로 인하여 인체는 골격과 강도를 유지하고 운동과 유연성을 골고루 유지할 수 있다. 엉뚱하게도 關節은 뇌물이란 뜻도 있으니 역시 뇌물은 중요한 것인가보다. 竹筍[죽순]은 대나무를 성장시켰지만 대나무를 節義[절의]의 상징으로 만든 것은 마디였다. 대의 마디는 일을 가름하는 상징적 의미를 갖는다. 일을 맺고 끊는 것이 분명한 것이 節度이다. 節婦[절부]란 여자로서 절개, 정절을 지킨 부인이다. 두 지아비를 섬기지 않고, 과부로서 개가하지 않는다는 말인데 지금이야 희한한 말이 되었다. 씀씀이를 절도 있게 하는 것이 節約이다. 절개를 지키기 위해 목숨을 내놓는 것을 殉節[순절], 목숨을 위하여 절개를 내놓는 것을 毁節[훼절]이라고 한다.

대나무의 군자다운 모습은 휘어질지라도 부러지지 않는 屈而不折[굴이부절]에 있다. 바람에 눈비에 굽힐지라도 다시 일어나는 불굴의 정신이다. 그것은 外柔內剛[외유내강]의 모습이기도 하다. 이와는 달리 寧折不彎[영절불만]은 차라리 부러지더라도 굽히지는 않는 外剛의 절개도 있다. 대는 外柔內剛, 內剛外柔의 모습을 동시에 가지고 있다는 것도 다른 사군자가 가지고 있지 못한 자랑이다. 쉽게 부러지고 굽는 것을 屈折이라고 한다. 대나무의 자랑은 붓에도 있다. 붓筆[필]은 대나무로 만들어졌기 때문에 생긴 글자이다. 秦 이후에는 털로 만든 붓이 나왔는데 글자는 여전히 대나무인 筆을 유지하고 있다. 지금도 술잔 觴[상]에 여전히 뿔잔의 흔적인 角이 남아있는 이치와 같다. 한 번 만들어진 글자는 좀처럼 바뀌지 않는다. 붓의 어원도 筆에서 나왔으니 고유어가 아닌 셈이다. '필'의 ㅍ이 ㅂ이 되고, ㅣ가 ㅜ가 되고, ㄹ이 ㅅ이 되면 곧 '붓'이 된다. 筆默紙硯[필묵지연]. 붓, 먹, 종이, 벼루를 선비의 文房四友[문방사우]라고 한다. 이 글자를 이용한 재치 있는 풍월을 소개한다.

好酒逢當墨[호주봉당묵]

좋은 술 만나면 먹고,　　　좋은 술 보면 얼른 마시고

美人見則筆[미인견즉필]

미인을 보면 붓자.　　　미인을 만나면 붙어보자.

平生此事硯[평생차사연]

평생을 두고 별(벼루)렀더니　　　평생에 이 일을 연마했더니

今日兩得紙[금일양득지]

오늘 둘 다 얻었으니 좋으이(종이).　　　오늘 둘 다 얻었으니 좋기도 해라.

점잖게 문방사우를 읊었지만 알고 보면 난봉꾼의 저속한 풍류담이다.

불통의 시대

진시황은 儒家와 諸子百家들을 미워하여 모든 유가의 경전과 諸子들의 책을 모아 불사르고, 유생들을 잡아 구덩이에 넣어 잔혹하게 죽였다. 이를 焚書坑儒[분서갱유]라고 한다. 그렇게 함으로 해서 기존의 모든 사상과 세력들을 일시에 제거하고 새로운 사상과 통치이념을 세우고자 했다. 그러나 그러한 목적을 이루지 못한 것은 물론, 이때에 저질러진 만행은 모든 중국의 전통문화를 일시에 단절시키는 대재앙을 가져왔다. 이후로 중국 학술계는 이때에 철저히 파괴된 문화를 복구하는데 이천 년의 장구한 세월을 쏟아 부어야 했다. 과거에 얽매여 단절된 문화를 복구하는데 온 힘을 기울인 결과 미래지향적인 여유를 가질 틈이 없었던 것이 중국 역사의 비극이다. 진시황은 중국 최초의 강력한 통일국가를 건설했지만 후손들에게는 이천 년 동안 단절된 문화를 복구해야 하는 엄청난 부담과 고통을 남겨주었다. 毛澤東도 분열된 중국을 통일한 공로가 있었지만 십 년에 걸친 문화대혁명은 문화의 단절을 초래하여 중국의 근대화에 막대한 지장을 주었다는 점에서 현대판 분서갱유라고 할 수 있다. 그것은 문화대혁명이 아니라 문화대학살이었다. 이들은 중국 역사를 깜깜한 불통으로 만들었다는 점에서 공통점이 있다.

남 얘기가 아니라 지금 우리 사회는 심각한 불통의 상태에 놓여 있다. 南北의 불통, 東西의 불통, 保革의 불통, 老少의 불통, 世代의 불통, 勞使의 불통, 貧富의 불통, 官民의 불통 등 크고 작은 불통의 시대이다. 그러나 이것들은 사회의 불통이고, 진시황이나 모택동의 경우처럼 개인적인 불통으로는 두 사람을 들 수 있다. 이승만 대통령은 나이가 들어서인지 경무대에서 담을 쌓고 살았다. 대통령용으로 따로 만들어진 신문이 있었다니 새삼 불통을 들먹일 필요도 없다. 그 불통의 결과는 피할 수 없는 비극적인 종말이었다. 그 뒤로 이어진 독재자들 역시 불통의 대통령이었지만 독재의 이름을 감춘 채 불통으로 일관한 대통령으로는 박근혜 대통령을 능가할 자 없을 듯하다.

박 대통령은 민족중흥으로 불리는 대통령의 딸로서의 권위에다가 한국 최초의 여성 대통령으로서의 부드러운 이미지로 큰 기대를 받고 권좌에 올랐다. 그러나 불행히도 그녀는 자신이 어떤 위치에 있는지에 대해서 인식이 없었다. 그저 아버지가 대통령이었으니 공주였던 자기 가 그 자리에 앉는 것은 옛 왕조에서 그랬던 것처럼 당연한 일로 여겼을 뿐, 자신이 해야 할 의무나 사명에 대해서는 분별이 없었다. 더구나 자신이 대통령으로서의 자질, 능력을 갖추었는가에 대해서는 관심도 없었다. 조실부모한 장녀로서 지극히 폐쇄적인 환경에서 자라나서 외골수이고, 대인기피증이 심했다고 한다. 어려서부터 가족의 참상을 목도하여 누구도 믿을 수 없는 불신과 증오심으로 가득 차 있었다. 철저하게 공주대접을 받고 자라서 스스로는 문제를 해결할 수 있는 능력이 결여되어 있었다. 아버지와 달리 예지력과 인지력이 부족하여 사실을 직시하고 판단할 수 있는 능력이 없었다. 여러 가지로 지도자로서는 부적격이었으나 이러한 여러 조건들은 邪敎主^사교주^였던 최태민으로서는 오히려 최고의 奇貨^기화^였다. 기화란 이용해먹기 좋은 왕위계승자를 말한다. 고아였고 세상물정을 모르는 그녀로서는 자신을 극진히 위해주는 최씨 일가들에게 전적으로 의지할 수밖에 없었다. 그래서 그들은 자신의 핏줄보다도 더 소중하고 고마운 존재였다. 더구나 최태민에게는 부모보다도 더 강한 靈肉的(영육적) 믿음과 기막힌 사연이 있었다고 한다. 차마 믿고 싶지 않지만 최태민이 죽은 뒤 평생을 혼자 산 이유도 거기에 있었다고 한다. 그래서 그들에게 부모형제보다 더 절실한 애정과 믿음을 바쳤다. 혼자로 살아야 할 외골수 얼음녀가 일국을 다스리는 대통령이 된 것이 그녀의 불행을 더 크게 만들었고, 그것은 나라의 재앙으로 번졌다. 온 국민과 소통해야 할 대통령이 최씨 일가와만 私通했으니 不通의 시대에 걸맞는 不通領을 피할 수 없었던 것이다. 필경 불통의 청와대, 불통의 정부, 불통의 나라, 불통의 대북관계, 불통의 국제외교라는 국가의 위기를 초래하였다. 북핵과 THAAD로 인한 안보위기, 외교위기, 천문학적 경제손실은 상당 부분 무능, 무지했던 불통령의 책임이다. 일본과 위안부협상과 같은 말도 안 되는 일을 저지른 것도 마찬가지이다. 그녀가 북경에 날아가서 천안문에서 극진한 대우를 받은 것까지는 좋았지만 밑도 끝도 없이 기습적으로 중국이 가장 싫어하는 THAAD를 갖다 놓은 것은 외교적 실익과 신의를 저버린 우매한 행동이었다. 콧대가 높아진 중국의 입장에서 보면 동방의 소국 여왕한테 우롱당한 것이다. 문대통령이 중국에 가서 易地思之(역지사지)를 강조했다지만 중국도 똑같이 하고 싶은 말이 역시 그 易地而處(역지이처)였을 것이다. 법적으로는 책임을 묻기 어렵겠지만 이것만으로도 그녀가 국가에 미친 엄청난 해악과 책임은 감당할 길이 없다. 생각해 보면 그녀의 죄는 법적으로 추궁할 것보다 그렇지 않은 것이 더 크다. 횡령, 부정축재, 뇌물수수보다는 국정농단, 불통, 외교부재, 무능, 무책임, 역사왜곡 기도 등에 의한 죄과가 훨씬 무겁다. 이 책임을 엄중하게 물어야 올바른 역사의 교훈이 설 수 있건만 돈만 가지고 따지니 치사한 교훈이다.

그녀의 불통본능은 상식적으로 이해되지 않는 그 행적에서 여실히 드러난다. 최순실 구속 이후로 그녀의 행적은 더욱 어리석어지는데 이는 그녀가 얼마나 최순실에게 의지해 왔던가를 입증한다. 최근에는 변호인은 물론, 스스로도 불통상태인 것 같다. 아직도 자신이 무슨 잘못을 저질렀는지 모른다든지, 무죄판결을 기대하고 있다든지, 그래도 한국당에 의지하려 했다든지, 맹목적인 추종자에게 기대를 걸고 버티고 있는 것을 보면 그렇다. 조금이라도 두려움으로 돌아볼 양식이 남아있다면 기꺼이 잘못을 인정하고 국민 앞에 죄를 청해야 옳다. 그런데도 불구하고 정치보복을 부각시켜 죄과가 희석되기를 기대하고 있으니 그 어리석음에 기가 막힐 뿐이다. 독재자였던 아버지를 생각한다면 스스로가 인권탄압을 언급한다는 것은 일말의 양심조차 없는 싸이코패스를 자인하는 행위이다. 이명박은 자신의 비리를 감추기 위해 국정원을 동원하여 무능한 그녀를 선택하는 묘수를 두었지만 그녀의 어리석음이 지나쳐 그의 음흉한 馬脚[마각]을 감추어 주기 어렵게 되었다. 하기야 두 대통령이 이어서 감옥에 들어간 일이 처음 있는 일은 아니고 보면 우리 현대사도 참으로 순탄치 않다. 하나는 미련한 不統이요, 하나는 교활한 不統이다.

7

우인 우화

사람 이야기만 하다 보니 인간의 이웃인 동물들에게 미안한 마음이 든다. 불교의 윤회설, 환생설에 의하면 동물들도 인간과 같은 운명이니 남 이야기 아니니다. 人乃天 −사람이 하늘이다− 이전에 人乃動物 −사람이 동물이다− 가 먼저였다. 그렇다면 동물들의 이야기는 곧 사람들의 이야기인 셈이다. 동물의 이야기 속에 숨어 있는 사람들의 이야기가 우화이다. 여기의 이야기가 모두 우화라는 말이 아니라 어리석은 사람들의 이야기가 동물들 사이에 들어있다는 뜻이다. 우화는 동물에 사람이 빙자, 풍자된 이야기인데 대개는 어리석은 인간의 이야기이다. 그래서 愚人寓話[우인우화]라고 했다. 실제로 짐승 같은 인간, 그만도 못한 인간이 적지 않다. 그렇다고 짐승들이 사람보다 낫다는 말이 아니라 사람이 동물들보다 더 나을 것도 없다는 말이다.

말 이야기

馬는 말의 모습을 그린 상형문자이다. 말은 교통의 수단, 전쟁의 수단으로 일상생활에 매우 중요한 수단이었다. 그래서 그런지 말에 대한 말이 많다.

千里馬는 하루에 천 리를 가는 名馬로 뛰어난 인재를 비유한다. 천리마가 많기로는 북한만한 곳이 없는 듯하다. 요즈음에는 천리마도 부족하여 萬里馬 속도전이 새로 나왔다니, 북한에는 뛰어난 인재가 그렇게 많다는 말인가? 영양실조 걸린 사람이 천리마, 만리마 노릇을 하려니 어찌 견뎌낸단 말인가? 같은 동포이면서 그들은 왜 하필 북에서 태어났다는 말인가? 북한동포의 불행은 언제가 끝인지 안타깝기만 하다. 그러나 그들이 가장 불행한 것은 스스로 불행한 줄 모르는 일이다. 북한 동포들은 자신들이 세계에서 가장 비참하게 살고 있다는 사실을 모른다. 인간이 얼마나 우매할 수 있는지, 인간이 인간에 의하여 얼마나 비참해질 수 있는지 그 극단적인 모습을 보여 주는 것이 북한이다. 장기판에서 馬는 가장 민첩하고 기동력이 좋은 말이며, 車도 원래 말이 끌어야 움직일 수 있는 것이었다. 북한동포로 살기보다는 차라리 장기판의 馬가 나을 듯하다.

木馬는 나무로 깎은 것이고, 竹馬는 대나무를 잘라서 만든 놀이기구였다. 어릴 때부터 이것을 같이 타고 놀던 친구가 竹馬故友이다. 駙馬[부마]는 말이 아니라 왕의 사위이다. 千兵萬馬는 많은 군사. 그런데 말이 늘 즐겁기만 한 존재만은 아니었다. 馬脚마각은 말의 다리인데 좋지 않은 본색을 말한다. 그러나 사실은 말의 다리가 아니라 明태조 朱元璋주원장의 처 馬氏의 발에서 유래한 말이다. 馬氏는 발이 유난히 컸다. 발이 작아야 미인인 중국에서 큰 발은 커다란 흉이었기 때문에 황후가 된 후로 늘 큰 발을 가리고 다녀야 했다. 어느 날 바람이 심하게 불어 발 가리개가 날아가 큰 발이 드러나 커다란 망신을 당했다고 한다. 발이 큰 본색이 드러난 것이다. 馬脚은 한 여인의 못생긴 발 때문에 말이 억울한 누명을 쓴 말이다.

天高馬肥천고마비에서 말은 가을이 왔음을 말한다. 중국 변방에 가을이 되면 하늘은 맑아 높아지고, 말은 풀을 많이 먹어 살이 오른다. 이때가 되면 흉노족들은 초원에 먹을 것이 없어져 내려와 노략질을 시작하기 마련이다. 그래서 천고마비는 원래 살기 좋은 풍요한 가을이 아니라 위기의 계절을 뜻하는 말이었다. 흉노족은 때를 골라 말을 타고 속을 썩였지만 북한은 시도 때도 없이 미사일로 도발을 해 대니 匈奴보다 훨씬 고약한 凶惡奴흉악노이다. 漢나라, 唐나라는 적극적으로 대처해서 나라를 지켜냈지만 宋나라 明나라는 소극적으로 대처해서 결국 이들에게 멸망을 당했다. 적에 대한 강경책과 유화책도 좋지만 자주국방의 실력이 없으면 다 소용이 없다. 한반도 정세는 다자구도여서 우리의 입지도 어려운데 전시작전권마저도 없다면 어떤 강경책도, 유화책도 통하지 않는다. THAAD를 갖다 놓고, 우리도 핵무장을 하자고 하면서도 전시작전권을 찾아 올 생각을 않는다면 꿀벌이 몸에 꿀을 바르고 날개를 묶어놓은 채 말벌을 기다리는 것과 다르지 않다.

塞翁之馬[새옹지마]는 禍福相生,[화복상생] 화와 복은 늘 붙어다닌다는 뜻을 가지고 있다. 국경 변방의 한 노인이 기르던 말을 잃어버렸다. 얼마 있다가 그 말이 다른 말을 데리고 돌아왔다. 얼마 있다가 그 아들이 말을 타다가 다리가 부러졌다. 그런데 다른 집 아들은 전쟁에 가서 죽고, 다쳤지만 불구가 된 아들은 전쟁을 피하여 목숨을 구할 수 있었다. 그때마다 동네 사람들은 축하의 말도 하고 위로의 말도 했지만 노인은 그저 담담하게 그것이 복인지 화인지 두고 보아야 알 일이라고 태연하였다. 그는 인생에서 禍와 福은 정해진 것이 아니라 끊임없이 갈마드는 禍福相生일 뿐이라는 진리를 알고 있었던 것이다. 人生萬事가 새옹지마인 것이다. 崔巫之馬라는 新고사성어가 나올 법하다. 정유라의 말은 주인을 잘 만나 청와대는 물론, 새누리를 후리패스 하는 神들린 말이다. 최순실이라는 巫女가 부리는 이 말은 35억짜리 名馬라서 하늘까지 날아오를 기세였다. 그러나 어떠한 말도 塞翁之馬[새옹지마]의 禍福相生[화복상생]을 벗어나지 못한다는 사실을 알았어야 했다. 만약에 우리 근대역사에 正義가 서있었더라면 박 전대통령이 새옹지마의 교훈을 모를 리 없었을 것이고, 기막힌 崔哥[최가]들의 난동도 없었을 것이다. 옛날에는 대륙을 호령하던 東明王의 龍馬[용마]가 있었건만, 지금 대한민국에는 우째 나라를 망치는 傾國之馬[경국지마]만 난동을 부리고 있었단 말이가?

馬塵不及[마진불급]이라는 말이 있다. 말이 달리면 먼지가 일어나는데 그 흙먼지는 아무래도 말을 앞설 수 없다. 옛날에는 駑馬十駕[노마십가]라 해서 둔한 말도 열 배 노력하면 준마를 능가할 수 있었다. 그러나 지금은 한번

흙수저이면 영원히 금수저를 따라갈 수 없는 마진불급의 불공정한 사회이다. 흙수저들은 아무리 노력해도, 자유이용권을 가지고서 출석도 안하고 시험도 안 보는 금수저의 말을 따라갈 수 없다. 세월호 학생들, 유족들과 노동자 농민의 애절하고 처절한 울부짖음을 못 들은 척하고, 진상을 밝히자는 노란 리본을 오히려 짜증스러워했던 우리들처럼, 흙수저와 末生들이 아무리 절실한 구원요청을 해 보아도 금수저를 입에 문 용마들은 그저 馬耳東風일 뿐이었다.

放馬後包[방마후포]는 馬를 앞세우고 뒤에 包를 감추어두는 장기 전략의 하나이다. 馬는 잰 걸음을 해서 기동력이 뛰어나지만 멀리 갈 수가 없고, 包는 멀리 가지만 혼자서는 움직일 수 없는 한계를 가지고 있기 때문에 늘 馬를 앞세우고 있어야 한다. 장기판에서는 이들을 상호 연대시켜서 包의 발길을 마련하고, 包가 뒤에서 馬를 보호하기도 하고, 필요하면 앞에 있던 馬를 희생시켜 包를 지키는 고도의 多重연합작전을 펴기 마련이다. 이것을 放馬後包라고 한다. 박정권으로 말하면 하나는 대통령이고, 하나는 崔순실인 셈인데 누가 馬이고, 누가 包인지 헛갈리는 판국이다. 版局이란 원래 장기판을 말한다. 서로 자기가 앞잡이인 馬일 뿐이라고 주장하지만, 鄭유라와 최순실이 馬의 대가였던 점을 생각하면 아무래도 대통령이 원흉인 包가 아닐까 싶다. 만약 대통령 말대로 모든 일이 최순실에게 속은 것이라면 자신은 물론 대한민국이 더 비참해진다. 일개 강남 아줌마가 우리나라를 이토록 난장판으로 만들었다는 말인가? 이들의 방마후포 간계를 밝혀내느냐에 대한민국의 정의가 걸려있다. 결국은 누가 국정파탄을 주도했는가에 따라 馬와 包가 밝혀질 것이다. 馬였다면 불쌍한 여자이고, 包였다면 교활한 여자이다. 불쌍하건, 교활하건, 나라를 망친 대가를 매섭게 매겨야 한다. 무슨 대통령의 딸이니, 전직에 대한 예우, 연약한 독신녀, 노령, 심신장애, 불우한 가정이니 하는 구차한 구실이나 철없는 동정론을 용납해서는 역사를 바로 세울 수 없다. 광화문에 단두대가 등장했던 일을 장난으로 흘려서는 안 된다. 앙트와네트와 박근혜는 곱게 자란 철부지로 나라를 망쳤다는 점에서 닮은 점이 있다.

馬革裹屍[마혁과시]는 戰場에 나가는 漢의 名將 馬援[마원]이 출정에 앞서 말가죽으로 자신의 시체를 싸가지고 온다고 맹세하여 죽음을 각오했다는 비장한 출사표였다. 중요한 일을 앞두고 죽음을 각오할 때 쓰는 말이다. 馬가죽이 자신의 姓과 같아서 묘미가 있다. 그런데 우리는 馬氏가 드물어서 걱정이다.[*]

老馬識途[노마식도]. 길을 많이 걸어본 경험 많은 노련한 말이 길눈이 밝을 수밖에 없는 일이다. 齊[제]의 管仲[관중]이 행군 중에 길을 잃었다. 이에 타고 다니던 말을 앞세워 길을 찾았다는 고사이다. 경험보다 더 좋은 스승은 없다. 재능이 부족한 것은 노력과 경험으로 극복할 수 있지만 노력이 모자란 것은 방법이 없다.

白馬非馬[백마비마**]. 白과 馬는 별개의 물건이므로 白馬는 馬가 아니라는 것이다. 그러나 白은 馬의 범위 안에서 馬를 수식하는 역할만 하므로

---

* 늙은 말이 길을 잘 안다.

** 백마는 말이 아니다.

'흰 말'이 틀림없다. 이는 별개와 포함의 관계를 혼동한 논리의 오류이다. 이것이 이른바 전국시대에 성행하던 궤변가 名家의 '堅白同異'견백동이*라는 궤변이다. 그렇다면 美人은 사람이 아닐 판이다. 말도 안 되는 엉터리라고 하겠지만 우리한테는 흔히 있는 일이다. 우리 법조계는 이러한 궤변의 향연장이다. 그들은 대가성이 없는 뇌물은 뇌물이 아니라고 한다. 힘없고 돈 없는 서민이 힘 있고 돈 많은 실권자에게 금품을 주면서 대가를 기대하지 않았다면 부처님이거나 바보임에 틀림없다. 힘 있는 자가 대가를 줄 생각도 없이 금품을 받았다면 숫제 사기꾼이다. 그런데도 대가성을 따로 입증해야 뇌물죄가 성립한다니 고위층 사기꾼을 싸고 감도는 술책이 틀림없고, 그렇다면 대한민국은 高官사기꾼의 천국임을 법률이 보장하고 있는 셈이다. '국정원이 선거개입은 했지만 부정선거는 아니다'라는 희한한 말장난으로 판결을 내리는 것이 우리의 법정이다. 이러다가는 '사람을 죽이기는 했지만 살인은 아니다'라고 할 판이다. 어지러운 전국시대에 진리를 호도하던 白馬非馬의 궤변가들이 지금 대한민국의 법정에서 난무하고 있다. 이들의 난행을 가려내자는데 정치보복이라고 우겨댄다면 우리의 역사는 이번에도 바로 설 수 없다.

指鹿爲馬지록위마는 좀 더 심각한 말이다. 秦의 최고 권력자 趙高라는 환관이 사슴을 가리켜 말이라고 하니, 모두들 그것은 말이 아니라 사슴이라고 하였다. 이에 사슴이라고 말한 자를 엄하게 벌하고 다시 물으니 사람들은 두려워서 다시는 감히 사슴이라고 말하지 못하였다. 그 다음부터는

* 단단한 것과 흰 것은 다르다.

조고가 어떤 말을 해도 감히 어기는 자가 없었다. 이를 指鹿爲馬라고 하였으니, 권력자가 위세를 내세워 진리를 왜곡하는 세상을 풍자한 말이다. 옛날이야기 같지만 국민과 소통하는 것을 번거롭게 생각하고, 권력을 내세워 일방적인 지시를 능사로 여기는 통치자는 거기에서 멀지 않다. 白馬는 말이 아니고, 멀쩡한 사슴을 말이라고 우기는 일은 논리의 오류에 그치는 것이 아니라 폭력적 우격다짐이라 나라와 민족의 장래를 위험하게 한다.

競馬는 스포츠라는 이름 아래 정부에서 허가한 공인 도박이다. 정부에서 앞장서서 사행심을 조장한다는 점에서 교육적으로 보아서 惡政이다. 도박장과 더불어 그 부작용이 심각함에도 불구하고 성행하고 있다. 경마는 건강을 가져다주는 乘馬[승마]도 아니고, 禍福[화복]이 이어지는 塞翁[새옹]의 말도 아닌 敗家亡身[패가망신]하는 말이다.

驕[교]는 교만이다. 驕는 본래 길들이지 않은 거친 말이다. 또한 그 키가 육척이 된 말이라고 했으니 키가 크고 힘이 센 말이다. 키 큰 여자가 키 작은 남자를 내려다 볼 때에 그런 심정일 것이다. 驕慢[교만]은 이런 말에서 나온 말이다. 사람도 이런 말을 타고 보면 고급승용차를 탄 듯 기분이 우쭐하여 교만한 마음이 생기기 마련이다. 민주주의에서 선거는 매우 매력적인 제도임에 틀림없다. 그런데 出馬할 때만 해도 겸손하기 짝이 없던 사람도 선거에 당선만 되면 갑자기 돌변하여 교만한 인사가 된다. 국회의원, 도지사, 하다못해 기초 시의원, 시골 조합장만 되더라도 하루아침에 돌변하는 것은 마찬가지이다. 가장 인격자일 것 같은 교수도 총장만 되면 교만에 그치는 것이 아니라 시정잡배, 정객들이 하는 짓 못지않다. 후보자로 나서는 것을 出馬라고 하는데 그렇게 겸손하던 자들이 당선만 되면 하루아침에 天馬, 龍馬로 돌변하는 것이다. 馬와 驕는 그렇게 다르다. 어쨌든 교만, 거만, 오만은 말과 관련이 깊다. 우리 속담에 '서울 당나귀 사람 무시하기'가 있다. 서울에 살면 말 같지도 않은 하찮은 당나귀마저 시골사람을 무시한다는 말이다.

騙[편]은 '속이다'이고, 騙子는 사기꾼이다. 扁은 별 뜻이 없는 음을 나타낸다면 馬가 중심의미 부분이다. 〈설문해자〉에는 騙자가 없는 것으로 보아 후대에 새로 만들어진 글자로 어떤 의도가 들어 있는 글자일 것이다. 그런데 왜 馬가 속이는 사기꾼이 되었는지 의문이다. 〈설문해자〉에서는 馬를 怒, 武의 의미로 풀이하고 있다. 馬는 단순한 짐승 말고도 원래 당당한 위세와 권위를 가지고 있었다. 지금으로 말하면 고급 캐딜락 승용차였던 셈이다. 일단 준마를 타고 다니면 고급 승용차를 탄 것과 같은 효과가 있어 그 위세와 권위에 압도당하지 않을 수 없었을 것이다. 캐딜락을 타고 재벌 3세 행세를 하고 다닌다면 세상에 넘어가지 않을 여자가 별로 없을 것이다. 馬가 본의 아니게 사기꾼이 되는 내력이 아닐까 한다.

옛날 전쟁에서 말을 탄 騎兵[기병]은 최고의 기동력을 가진 전쟁수단이었다. 騎는 말을 타다, 두 다리를 가랑이 사이로 걸쳐 앉다. 騎馬에서 비롯된 말이니 馬가 중요한 교통, 이동의 수단이었음을 보여준다. 옛날의 戰車는 馬가 이끄는 것으로 그것은 전투력의 핵심이었다. 오늘날로 말하면 탱크군단이다. 서양에서는 騎士라는 신분이 따로 있었고, 그들의 윤리가 騎士道이다. 서양에 기사도가 있었다면 우리에게는 화랑도가 있었다. 다만 그것이 오래 전에 단절되어 오늘에 이르지 못한 것이 유감이다. 이에는 유가사상의 영향이 있었을 것이다. 화랑도는 인정과 덕정을 내세우는 유가통치 이념과는 어울리지 않았을 것이다. 더구나 유가사상이 완전히 지배했던 조선시대에는 영토 국방의 의식마저 약화되어 武의 기개와 정신은 천박한 것이 되어버렸다. 지금의 안보위기는 武를 우습게 알고 文弱에 흐른 역사의 결과이다. 말을 기르는 것은 전쟁 준비였고, 말을 농장에 돌려보내는 것은 평화를 의미했다. 말은 전쟁과 평화를 동시에 거느리는 중요한 동물이었기 때문에 신성시되기까지 했다.

騎虎之勢[기호지세]는 호랑이 등을 타고 있는 형세이다. 타고 있자니 불안하고, 내리자니 곧 물려 죽을 것 같으니 이러지도 저러지도 못하는 進退兩難[진퇴양난]의 형세이다. 핵무기를 개발하고 있는 북한은 호랑이를 타고 있는 형세이다. 일단 호랑이 등을 타고 있으니 끝까지 갈 수밖에 없다. 핵무기를 포기하는 순간 적의 공격을 피할 수 없다고 믿는다. 북한은 죽어도 호랑이 등에서 호랑이와 함께, 호랑이처럼 죽으려 하고 있다. 이러한 형편에 그들에게 막무가내 핵포기를 강요하는 것은 항복을 강요하는 것이니, 협상이 아니라 숫제 전쟁을 하자는 말이다. 적을 쫓아도 도망할 곳을 열어두고 쫓으라 했다. 막다른 길에 몰리면 고양이도 쥐를 무는 법이다. 남북한이 서로 궁지에 몰아놓고 싸우려 든다면 서로가 망할 수밖에 없다. 좁은 땅덩어리에서 핵무기로 전쟁을 벌인다면 누구도 살아남지 못한다. 설령 승자라도 중국과 일본 등쌀에 더 이상 버틸 힘이 없게 된다.

우리가 정말 강자라면 강자다운 지혜가 필요하고, 그렇지 못하다면 국민 앞에 좀더 솔직해야 한다. THAAD로 북한의 미사일공격을 충분히 막아 낼 수 없다면, 북한의 핵미사일의 공격목표가 남한이 아니라면 지금 엄청난 손실과 위험을 초래하는 그것을 서둘러 배치할 이유가 없다. 이것을 모를 리 없는 정부에서 무리수를 두어가며 THAAD를 배치하는 것은 속임수이거나 여론무마용에 불과하다. 정부에서 야당의 무분별한 정치공세를 피하고 보자는 속셈이고, 국민을 우습고 어리석게 보고 있다는 증거이다. THAAD를 대책 없이 끌어들인 것은 전 대통령의 책임이 맞다. 나라를 엄청난 곤경에 빠뜨렸으니 그것 하나만으로도 탄핵을 받을 사유가 될 수 있다. 현 정부로서는 온통 그 덤터기를 쓰고 있으니 억울하기 짝이 없는 일이다. 그러나 결국 현 정부도 철없는 안보논쟁과 武器商[무기상] 트럼프에 굴복하여 그것을 거부하지 못했으니 THAAD의 저주에서 벗어날 수가 없다. THAAD는 현 정부가 올라탄 또 하나의 騎虎之勢[기호지세]이다.

唐의 韓愈는 〈馬說〉에서 '伯樂'이 있어야 千里馬가 있다. 천리마는 항상 있지만, 백락은 언제나 있는 것이 아니다'라고 했다. 여기에서 말하는 馬는 인재요, 백락은 인재를 알아보는 군주이다. 人才보다 인재를 알아보는 식견이 더 중요하다는 말이다. 그리고 인재를 알아보고 適材適所[적재적소]에 등용하는 것이 통치자의 임무요, 능력이다. 동시에 이는 한유의 교육론이기도 하다. 천리마는 맹자가 말한 천하의 영재요, 백락은 영재를 가르치는 스승이다. 스승, 교육의 중요성을 강조한 것이 그의 〈師說〉이다. 짧지만 그의 교육론이 집약되어 있는 명문장이다.

소 이야기

소는 농경사회에서 매우 유용한 가축이었던 만큼 소를 나타내는 한자도 많았고, 그 의미도 다양했다. 牛는 소머리와 꼬리를 象形한 글자이다. 이는 힘차게 서있는 소의 모습을 그린 것이다.

세상만물의 물이 物인 것을 보면 牛는 모든 짐승의 으뜸이었던 것 같다. 그러니 天下萬物은 원래 소에서 비롯되었다. 〈설문해자〉에 牛爲大物이라고 풀이하였는데 농경사회에서 만물 중에 소가 으뜸이라고 하였으니 원래 馬보다도 한 수 위의 대접을 받았던 터였다. 그밖에 物은 일, 종류, 물질 등을 광범위하게 가리키므로 이와 관련된 어휘가 무수히 많다. 소가 과거의 농경사회의 지존에서 지금은 고기나 제공하는 肉牛로 형편없이 강등되었듯이 物에서 牛는 部首로만 남게 되었다.

소가 논을 갈고 들에서 풀을 뜯으면 태평성대를 의미한다. 농부가 소를 빗겨 타고 피리를 불면서 논길을 돌아오는 그림이 騎牛吹笛圖[기우취적도]이다. 소치는 아이가 부르는 노래가 牧歌요, 선비가 소를 타고 소뿔 사이에 책을 얹어놓고 독서를 하는 장면이 牛角掛書[우각괘서]이다. 이는 전원에 묻혀 태평성대를 즐기는 은둔거사의 모습이다. 소를 타고 풍월을 읊으며 전원생활을 즐기는 것을 牛角之歌라고 한다. 그러다가 寧戚[영척]은 齊[제] 桓公[환공]의 발탁을 받아 재상이 되기도 했다. 속세를 등진 은둔거사 許由와 巢父[소부]는 세상 물이 혼탁하다면서 송아지를 데리고 上流로 올라가 깨끗한 물만을 먹이는 장면이 飮犢上流[음독상류]이다. 犢은 송아지. 진정 세상을 등진 이는 牛角之歌마저도 번거롭게 생각한다.

佛家에서도 소는 각별한 대우를 받았다. 인간의 眞面目을 十牛圖로 비유하여 參禪[참선]하는 과정을 설명하였는데, 첫 단계가 소를 찾아나서는 尋牛[심우], 소를 찾은 見牛, 소를 얻은 得牛, 소를 기르는 牧牛, 소를 몰고 집으로 돌아오는 騎牛歸家[기우귀가], 소를 잊고 인간의 존재를 깨닫는 忘牛存人[망우존인], 자신마저도 잊는 人牛俱忘[인우구망], 본디로 돌아가는 返本環原[반본환원]이다. 佛道를 얻는 과정이 모두 牛와 더불어 하니 불교와 소의 관계가 특별하다. 인도에 소가 특별히 많고, 보호를 받는 것도 불교와 인연이 깊음을 알 수 있다.

말은 물론 소도 전쟁에서 군수품의 수송수단으로 사용되었음을 〈三國志〉의 木牛流馬로 알 수 있다. 믿을 수 없는 일이지만 제갈량은 나무로 로봇 소를 만들어 군량미를 날랐다고 한다. 전쟁에 끌려갔던 소와 말들이 전쟁이 끝나면서 고향으로 돌아오는데, 그 장면이 放馬歸牛[방마귀우]이다. 전쟁에 끌려갔던 말을 풀어주었으니 放馬요, 소를 돌려보냈으니 歸牛이다. 소는 이렇게 田園의 평화로운 생활을 상징하는 동물이다.

동시에 소는 농경사회에서 富의 상징이었다. 소가 우리나라 교육에 미친 공이 크다. 농촌에 소가 없었더라면 당장 농사를 짓지 못했을 것이고, 소를 팔지 않았다면 자식교육도 시키지 못했을 것이다. 농군의 아들이 대학을 나와 신분상승을 하는데 소는 절대적인 공을 세웠다. 서울의 웅장한 대학건물은 소 판 돈으로 지었다하여 象牙塔 대신에 牛骨塔[우골탑]

이라는 별명이 붙었다. 예나 지금이나 소 때문에 출세한 사람이 적지 않다. 그런데 지금 농촌에는 그럴 만한 소가 없으니 그럴 만한 기회도 없어졌다. 옛날의 소는 농사짓고 풀을 뜯었던 農牛였지만 지금의 소는 놀고먹어 살만 찌는 肥肉牛[비육우]여서 전혀 다른 소이다. 일에 시달렸던 농우보다 팔자가 좋은 대신에 살만 찌면 도살장에 끌려가야 하니 소의 평균수명이 훨씬 짧아졌다.

그러나 소가 늘 이렇게 여유와 閑情[한정]만 즐길 수 있는 것은 아니었다. 소는 祭禮[제례]에서 제물로 사용되던 대표적인 犧牲物[희생물]인데 이 세 글자가 모두 牛部인 것을 보아서도 희생의 그 운명을 알 수 있다. 옛날 왕과 제후들이 모여 同盟을 맺을 때는 으레 소를 잡아 피를 나누어 마시고, 盟主는 소의 귀를 쥐어 그 패권을 과시했는데 이를 執牛耳[집우이]라고 했으니 소의 귀는 맹주의 위력을 상징하였다. 맹주에게는 좋은 일이지만 소로서는 죽을 일이다.

인간을 위해서 온갖 고초를 겪어온 소이지만 천수를 누리지 못하고 결국 언젠가는 비참한 최후를 맞는데 백정이 칼로 소를 잡는 것을 解牛라고 했다. 해우란 소의 살과 뼈를 나눈다는 뜻이니 屠殺[도살]이 틀림없지만 점잖게 그렇게 말한 것이다. 능숙한 백정은 칼날을 소의 근육과 뼈를 결대로 베기 때문에 解牛를 할수록 그 칼은 더욱 날카로워진다고 莊子가 큰소리를 했지만 그럴 리가 없다. 칼날을 결대로만 움직이면 그럴수록 오히려 칼날이 서듯이 세상사도 결대로만 살면 사람도 더욱 순조롭고 윤택해진다는 것이 莊子의 생각이다. 그의 눈에는 소는 소가 아니라 세상만물의 생성원리요, 세상을 살아가는 도리였다. 이러한 달관의 경지를 目無全牛라고 했다. 그의 눈에는 소가 소로 보이지 않는다. 만사가 그냥 자연의 일부에 지나지 않으니 마음에 담아둘 필요가 없다. 어떤 일에도 거리낄 것 없는 것이 인생이다. 소는 석가모니하고도 친했지만 장자의 사랑도 듬뿍 받았다. 그래서 한국 사람도 소고기라면 사죽을 못쓰는 것인가?

소를 잡는 칼을 牛刀라고 하고, 닭을 잡는 칼을 鷄刀라고 하는데 소 잡는 칼로 닭을 잡는 현명하지 못한 행동을 牛刀割鷄[우도할계]라고 한다. 마찬가지로 닭 잡는 칼로 소를 잡을 수도 없다. 격에 맞는 일을 하라는 뜻이다. 여기에서 割은 解와 같다.

소는 힘써 일하다가 때가 되면 희생의 제물이 되어 인간을 위해 일생을 바치지만 공도 없이 때로는 미련하고 어리석은 짐승으로 여겨진다. 세상에 하찮고 보잘 것 없는 물건들을 가리켜 소 오줌과 말똥이라 하여 牛溲馬勃[우수마발]이라고 한다. 평소에는 그것들을 거들떠보지도 않으면서도 약에 쓰인다면 새삼스럽게 찾으면서 소똥, 말똥, 개똥도 약에 쓰려면 없다고 불평해 대니 억울한 일이다. 그나마 유목민이나 아프리카에서는 아주 귀한 대접을 받을 수 있어 다행이다. 쓸 데 없는 책만 가득 쌓아놓은 것을 汗牛充棟[한우충동]이라고 한다. 소를 땀나게 하고, 방을 가득 채울 정도로 많지만 읽지 않으면 별 가치가 없는 책들이다. 허세로 책만 잔뜩 쌓아 놓는 사람도 있다. 책을 모으는 사람을 장서가라고 한다.

소는 미련한 짐승이라 아무리 좋은 말을 해도 통하지 않는다 하여 牛耳讀經* 이라 하고, 중국에서는 對牛彈琴[대우탄금] **이라 하여 철저히 무시한다. 미련하다는 말을 하고 싶을 때는 으레 소를 갖다 댄다. 牛驥同皂[우기동조]는 '소와 천리마가 같은 우리에 있다'라고 했으니 소가 말에게 수모를 당하는 장면이다. 스페인으로 가면 소가 무시를 당하는 정도가 아니라 鬪牛士한테 실컷 조롱을 당한 끝에 비참하게 殺戮[살륙]당하니 더욱 비극적이다. 淸道로 가면 소끼리 싸움을 시키지만 소에 대한 대우가 극진해서 스페인의 투우와는 팔자가 다르다. 역시 韓牛값을 한다.

한국인은 소사랑이 유별나다. 그래서 소고기 값이 폭등하면 韓牛波動, 가짜 한우파동이 일고, 그렇다고 소고기를 수입해도 한우 값이 폭락해서 역시 韓牛파동을 면치 못한다. 외국에서 수입 소고기가 들어오면 이번에는 狂牛病 파동이고, 수입을 중단해도 口蹄疫[구제역]파동을 막을 수 없다. 알고 보면 모두 한우를 각별히 좋아하기 때문에 일어나는 소동들이다. 우리의 한우 사랑은 그지없어 외국의 명품, 수입품이라면 사족을 못 쓰면서도 소고기는 한우라야 입맛이 난다. 그래서 소머리, 사골, 족발, 내장, 꼬리, 연골, 힘줄, 심지어 선지까지 비싼 돈을 내고 깡그리 먹어치우는 것을 보고 그 완벽한 식성에 외국인들은 신기해한다. 우리의 한우 사랑을 정작 소들은 웃어야 할지, 울어야 할지 모르겠지만 일단 웃는 소가 많을 것 같다. '푸줏간의 소가 웃는다'라는 속담이 있다. 세상에는 하도 어이없고, 기가 막혀 정육점에 매달린 소머리가 웃을 일이 그렇게 많다. 그리고 그 많은 젖소들이 퇴출 후에 어디로 가는지 아는 사람은 없는데 정작 젖소고기

---

* 소귀에 경 읽기

** 소귀에 노래하기

를 판다는 정육점, 음식점은 한 군데도 없으니 젖소가 웃는 일이 더 많을 것 같다.

개 이야기

犬은 개의 모양을 본뜬 상형자요, 모든 개를 일반적으로 부르는 범칭이다. 개는 가장 흔한 짐승이고, 다양한 종류가 있다. 단일 種으로 개처럼 다양한 모습을 하고 있는 경우는 없다. 종류를 말하는 類字의 部首가 犬인 이유도 여기에 있을 것이다. 개의 모습이 하도 많으니 정밀한 분류를 해야 했다.

개가 하는 가장 중요한 역할은 집 지키는 일이었다. 戌술은 犬과 같고, 戍는 '수자리, 방어진지'라는 명사이다. 이 두 글자들이 뜻이나 모양이 매우 닮아 있어 우연이 아니다. 비슷한 의미의 단어를 비슷한 글자로 약간의 변형을 해서 새로운 글자를 만드는 한자조어법을 轉注[전주]라고 한다.

보통 犬과 같이 쓰이지만 狗[구]는 여기에 강아지, 짖어대는 개라는 의미가 더 있다. 狗는 犭에 句의 음을 합한 형성자라는 점에서 상형자인 犬과 차이가 있다. 句는 개 짖는 소리를 나타낸 音部이기 때문에 '짖다'라는 의미가 곁들여 있다. 개라는 말 자체가 개 짖는 소리를 흉내낸 의성어에서 나왔을 가능성이 있다. 중국어로는 gou이고, 우리는 '가이'라고 했고,

개는 가이가 축약된 말이다. 티벳이나 버마 등 인근언어도 이와 같은 어근으로 본다고 한다. 그러므로 狗는 원래 짖어대는 개인 셈이다. 犭은 犬과 같이 쓰인다. 다만 글자의 왼편에 붙을 때는 犭을 쓰고, 오른편이나 아래쪽에 오면 犬으로 쓴다. 漢나라에는 狗監구감이라는 황제직속의 벼슬을 두어 주로 사냥개, 관상용, 투견 등을 관리하였다. 또 相狗라는 개를 감별하고 관리하는 기술이 따로 있을 정도로 狗는 중요한 존재였다. 그런데 왜 그런지 犬이 갖는 이미지는 대체로 부정적이라서 무슨 이름이든지 앞에 '개'가 접두사로 붙으면 하찮고 천한 것이 되고 만다. 옻나무도 개옻나무까지는 괜찮지만 꿈에도 강아지가 나타나면 개꿈, 멀쩡한 곳도 개가 있으면 개판, 소리도 듣기에 마땅찮으면 개소리, 죽어도 별 의미가 없으면 개죽음, 좋은 뜻도 마음에 들지 않으면 개수작이란다. 겸손해야 할 필요가 있을 때에는 사정없이 犬을 붙이면 된다. 犬馬年이면 같잖은 나이, 犬馬心이면 변변찮은 마음이고, 부모를 잘 모시지 못하면 犬馬之養견마지양이라고 했다. 부모를 개, 돼지 먹이듯 한다는 뜻이다. 어려운 일을 해놓고는 보잘 것 없는 수고라고 겸손하기 위해서는 犬馬之勞견마지로라고 해야 한다. 개나 하는 일을 했을 뿐이라는 말이다. 애꿎은 말까지 희생당하고 있다. 토끼보다는 개가 훨씬 나아 보이지만 별 의미 없는 다툼은 犬兎之爭견토지쟁이라고 한다. 가만히 보면 중국의 犬보다 우리 개가 더 부당한 대우를 받고 있다.

개가 盜跖도척같은 도적의 괴수를 주인으로 잘못 만나면 聖人인 堯임금에게까지도 분별없이 짖어대므로 跖犬吠堯척견폐요라고 했다. 개처럼 주인을 잘 따르는 짐승은 없건만 그럴수록 走狗[주구]라고 욕을 해대니 개로서는 억울할 판이다. 개는 사리판단 능력이 없어서 개이지만 그래서 주인에게는 절대복종한다. 그런데 사람이 주인에게 맹목적으로 절대 복종하면 개와 다를 바 없는 인간이다. 그래서 그런 자들을 개자식, 개새끼라고 한다. 伏자도 알고 보면 人앞에서 엎드려 있는 犬이다. 주인에게는 절대복종하는 개는 忠犬이라고 칭찬하지만 사람을 충견이라고 하면 욕이 된다. 개는 주인 말만 따라서 忠犬이고, 사람은 주군을 주군답게 하기 때문에 忠臣이다. 지금 전 대통령들이 곤경에 이른 것은 쓸 만한 충신을 버리고, 못된 충견만을 길렀기 때문이다.

뿐만 아니라 개는 여러 가지로 유용한 동물이다. 그래서 요즈음은 사람보다 더 가치 있고 대우받는 개가 늘어나고 있다. 경찰견이나 군견, 탐지견, 안내견의 활약이 어지간한 사람보다 낫다. 그걸 생각하면 보신탕을 먹기가 여간 미안하지 않다. 그렇더라도 이웃은 굶어죽어도 아랑곳하지 않고, 기르는 개는 감기 걸릴까 勞心焦思[노심초사]하고, 高價치료는 물론, 성형수술도 해주고, 豪華犬公[호화견공] 장례식장까지 생겼다 하니 '개팔자 상팔자'라는 옛말이 헛말이 아니었다. 유용하고 가치 있는 개는 보상 차원에서도 그럴 수 있다 하더라도 아무 데나 똥이나 싸대고, 고작 재롱이나 떠는 애완견한테는 功에 비해서 대우가 지나치다는 생각도 든다. 하기야 옛날부터 '정승이 죽으면 개나 모여들고, 정승집 개가 죽으면 문전에 장이 선다'고 했으니 개가 정승보다 나은 셈이다.

豪華犬[호화견]에 대한 불만을 털어놓다 보니 다시 미안한 마음이 앞선다.

'상팔자'인 개도 있지만 더 많은 개는 개만도 못한 대우를 받는다. 인기식품인 식용견을 기르는 개 사육장이나 번식장을 보면 인간의 잔인성을 여실히 확인할 수 있다. 비단 개 사육장만 그런 것이 아니라 소, 돼지, 닭도 마찬가지이지만 개가 더 비참해 보이는 이유는 사육장 시설이 더 불결하기도 하지만 유독 인간을 더 따르는 개의 습성에 연민의 정이 더해서 그럴 것이다. 당장 우리에서 풀어놓으면 금세 꼬리를 치며 따라올 개를 그렇게 핍박하는 짓은 너무 잔인하다. 그런 인정이 아니더라도 그렇게 불결하게 키운 개를 그렇게 비위생적으로 도살처리해서 만든 보신탕을 먹어대는 인간도 뒤가 깨끗할 것 같지는 않다.

같은 개이지만 犭은 개 말고도 늑대, 여우, 원숭이 같은 다른 짐승도 포함한다. 그래서 본래의 犬보다 포악하고 영악하며 교활한 글자가 되기도 한다. 그렇잖아도 오해가 적지 않았던 개로서 다른 고약한 짐승의 누명까지 뒤집어 써야 하니 억울하기 짝이 없는 일이다. 猜[시]는 犭에 靑의 뜻이 합해진 글자이다. 그렇다고 덜컥 '푸른 개'라고 풀이하면 망발이다. 〈설문해자〉에 猜를 恨賊[한적]이라고 풀이했는데 개가 적에게 한을 품는 것이라면 도둑이나 다른 짐승에 맞서서 으르렁대는 개의 모습이다. 猜字의 '靑'은 '푸르다'라는 뜻을 가지고 있다고 보아야 한다. 그렇다면 靑은 추상명사 恨을 '푸르다'라는 색깔로 나타낸 것이어서 범상한 수단이 아니다. 시기나 질투를 시퍼런 칼날로 비유한 것은 고도의 환유 수법이다. 猜忌[시기]와 유사 의미인 嫉妬[질투]에 女部가 중심 의미인 것도 猜와 상통한다. 어두운 밤중에 다른 맹수들과 맞서서 으르렁대는 개의 시퍼런 눈빛과 질투에 서슬퍼런 여인네의 눈빛은 모두 시퍼렇게 날이 선 칼날과도 같지 않을까? 猜忌가 嫉妬와 유사 의미로 된 것은 개나 여우의 탐욕과 사람의 질투심이 닮았기 때문일 것이다. 알고 보면 짐승의 탐욕보다 훨씬 시퍼렇고, 가혹한 것이 인간의 질투심이다. 질투와 시기심은 마음에서 헛된 상상으로 더욱 커지고 주체할 수 없는 허상에 빠지고 만다. 그래서 猜는 '추측하여 맞추다'라는 뜻도 있다. 중국에서는 수수께끼를 猜迷[시미]라고 하는데 迷는 수수께끼이고, 猜는 맞추다이다. 猜拳[시권]은 중국의 가위바위보인데 역시 같은 뜻이다.

돼지 이야기

〈설문해자〉에 豕는 털이 있는 다리, 꼬리올린 돼지의 모양이라고 했으니 큰 돼지를 상형한 글자이다. 다시 彘[체]라고 풀이했는데 역시 돼지이다. 작은 돼지는 豚[돈]이라고 했다. 豕는 돼지를 나타내는 글자의 기본 部首로 단독으로 쓰이는 경우는 드물다.

우리도 그렇지만 돼지는 중국인들이 가장 즐겨 먹는 주요 단백질 공급원이다. 지금은 중국인들의 식습관이 조금씩 바뀌어가고 있지만 아직도 소고기보다는 돼지고기를 즐겨 먹는 점은 우리와 다르다. 그래서 중국에서는 소고기 파동이나 소고기 수입으로 빚어진 광우병 파동으로 온 나라가 들썩이지 않는다.

돼지에 대한 부정적 인식도 많다. 사람을 돼지 같다면 모욕이다. 豕交[시교]는 돼지 취급한다는 말이고, 豕突[시돌]도 멧돼지처럼 대든다라는 豬突[저돌]과 같고, 豕心은 탐욕스런 마음이다. 돼지는 지저분하고 더럽다는 상징이다. '우리 돼지'만 해도 괜찮지만 '돼지우리'가 되면 갑자기 지저분해진다.

조금 생각해 보면, 농사에 유용하게 써먹던 소나 사람과 가장 가까웠던 개의 고기를 즐겨 먹는 우리 식습관은 어딘가 인간적이지 못하다는 생각도 든다. 어쨌든 중국에서는 羊이 북방에서, 犬이 남방에서 인기가 있었다면 돼지는 지역에 관계없이 전국적으로 즐겨 먹었던 국민영양식품이었다. 그래서 돼지를 나타내는 글자 또한 적지 않다. 그러나 개는 같은 이름으로 여러 가지 모양이 다른 종류가 많지만 돼지는 그 모습이 비교적 비슷해서 그 글자 수는 상대적으로 많지 않아 다행이다.

豕에 肉의 뜻이 모인 글자가 豚이다. 肉의 字義로 보아서 돼지를 단백질 공급원으로 규정한 것이다. 돼지 중에서도 어린 돼지를 艾猪[애저]라고 해서 더 즐겨 먹었다. 〈설문해자〉에서는 小豕라고 풀이하고 있는데 어린 돼지고기가 연하고 부드러워 인기가 있었다. 우리말 돼지도 '돝+아지'로 시작해서 도야지로, 도야지가 음운축약에 의해서 돼지가 된 것이라고 보면 역시 새끼돼지였다. 자식을 다른 사람들에게 낮춰 부를 때 豚兒, 家豚이라고 했는데 豚에는 겸손의 뜻도 있지만 부모의 애정이 은근히 숨어있다. 犬兒라고 하지 않는 것을 보면 개와 돼지에 대한 인식이 좀 달랐던 것 같다.

豚을 우리 음으로 하면 그보다 훨씬 매력적인 '돈'인데 이는 순전한 우연이다. 더구나 부산 사투리로 말하면 '돈데이'인데 돈에 미치면 머리가 돌기도 할 것이다. 중국에서는 복어를 河豚하돈이라고 한다. 배불뚝이 복어가 어린 돼지를 닮았나 보다. 복어가 물속에 가만히 있을 때에는 배가 그리 크지 않지만 뱃속에 바람이 들어가면 배가 크게 부풀어 올라 커진다. 자의건 타의건 일단 배에 바람이 찬 복어는 물 속으로 들어가지 못하여 잡히고 만다. 결국 복어는 배 때문에 화를 면치 못하는데 혹시 복어라는 이름이 배 腹에서 유래한 것이 아닌가 하는 생각도 든다. 복어알은 극약이니 그 '복'이 福일 것 같지는 않고, 고유어라는 확신도 없다.

그런데 바람찬 복어를 생각하면 우리 청년 未生들의 실상을 보는 것 같다. 우리의 교육은 복어 배처럼 쓸데없는 바람으로, 유해한 독가스로 부풀려진 인플레 교육이다. 고등교육이어야 할 대학이 아무나 들어가는 보통교육이 된 지가 오래이다. 아무나 묻지마 식으로 대학에 들어간다면 그것은 이미 최고학부, 엘리트 집단이 아니다. 부모들은 없는 살림을 필사적으로 기울이고, 자식은 감당하기 어려운 재능이 과부하에 시달리기 때문에 정상적인 대학생활을 할 수도 없는 사람이 적지 않다. 그러다 보니 빚까지 져가며 대학을 졸업해 봤자 정작 국가사회에서 요구하는 쓸모에 적합하지 못하다. 우리의 청년들은 헛바람과 유독가스로 가득한 복어 배와 같아서 실속도 없거니와 생존 자체가 위험하다. 지금 방황하는 청년 실업자, 청년부채자들이 바람찬 복어와 같이 널부러져 있다. 바람찬 복어야 제가 스스로 책임져야 하지만 우리 미생들은 나라에서, 사회에서, 부모가 억지로 불어넣은 바람에 억울하게 희생된 청춘들이다. 이것은 그들만의 일시적인 불행이 아니라 국가의 백년대계에 치명상이다. 우리의 대학은 未生의 원흉이요, 국력낭비의 현장이다. 벌써 오래 된 이야기이지만 어느 조사에 의하면 우리나라에서 자녀 하나를 독립시키는데 소요되는 돈이 3억이라고 한다. 자녀 하나에 3억이 필요하다면 어떻게 자식을 낳아 교육시킬 수 있겠는가? 이는 자식을 낳지 말라는 것과 다름이 없다. 이런 상황에서 인구절벽을 막아보겠다고 푼돈 지원책을 내놓은들 대책이 될 수 없다. 그 3억을 부모가 책임질 것 같으면 혈세를 꼬박꼬박 걷어가는 국가의 존재가치는 어디에 있는가? 그 막중한 교육비를 국가의 국책사업으로 활용한다면 우리나라는 엄청난 번영을 누렸을 것이다. 그런데 그 돈으로 고작 바람찬 복어들만 양산했으니 이야말로 현 정부의 책임이 아니라 우리의 잘못된 교육의 積弊[적폐]가 틀림없다. 그러나 적폐라고 책임회피만 할 것이 아니라 현상을 정확히 진단하고 뼈를 깎는 대책을 세워야 하는 것이 정부의 책임이다. 그런데 청년실업 대책을 세운답시고 고작 노동자를 쥐어짜서 기업주를 살리기 위한 노동법 개정, 임금 피크제, 정년 단축, 임시직, 시간근무제와 같은 실적 위주의 누더기 땜질처방이나 하고 있으니 구두신고 가려운 발이나 긁고 있는 隔靴搔癢[격화소양] 머리 가려운데 발꿈치를 긁어대는 頭痒搔跟[두양소근]과 같은 짓이다. 그런 얄팍한 잔머리는 그만두고, 사람의 능력을 인정해 줄 수 있는 임금체계를 재정비하는 대책이 나와야 한다. 우리의 未生들이 어찌 그렇게 무능한 젊은이들이겠는가? 자신들의 능력을 바로 알게 해서 정당한 명분을 주고, 그에 합당한 대가를 준다면 미생들은 중소기업이라도, 고된 공장이라도 기꺼이 일할 것이다. 위정자들은 책상에서 어려운 난제라고만 하지 말고 이제는 구국의 각오로 사명감을 갖고 전력을 기울여야 한다. 청년실업 문제는 발가락이 가려운 정도가 아니라 발이 썩어문드러지는 국가적 위기라는 인식이 필요하다.

羊 이야기

소가 농경사회에서 존중받고, 말이 전쟁터에서 말갈기를 날리며 용맹을 자랑한다면 양은 양순한 자태로써 유목민들의 절대적인 讚美를 받았다. 美자는 羊에 大가 모였으니 성장한 양이라는 뜻이고, 羊이 크면 보기에 좋을 일이다. 우리 생각에는 양이 새끼라야 예쁘고 아름다울 것 같지만 그것이 삶의 수단인 유목민들에게는 크고 살져야 비로소 아름답다. 〈설문해자〉에서는 美를 아예 甘으로 풀이하고 있으니 그들에게는 맛이 곧 아름다움이었다. 유목민들에게 美란 가축들이 제공하는 고기와 털옷, 가죽에 있는 것이다. 지금 우리가 생각하는 美와 당대 중국인들의 美의 의미가 같지 않았음을 알 수 있다. 지금도 우리는 입성인 衣에 美的 가치를 두고, 중국인들은 먹성인 食에 그 가치를 두고 있는 것을 생각하면 羊이 커가는 것을 보고 만족감과 아름다움을 느낀 그들의 사정을 알 수 있다. 양축농가에서 소, 돼지가 커가는 모습을 보며 느끼는 감정하고 다를 바 없을 것이다. 심지어는 그것들이 자식 같다고도 한다. 그러면서도 자식 같은 것들을 팔아 도살장으로 보내니 그 말을 곧이듣기는 어렵다. 어쨌든 지금의 美는 아름답다, 좋다, 찬양하다 등의 정신적인 차원의 뜻으로 여겨지지만, 원래의 美자는 '맛있다, 식욕을 돋운다'라는 감각적인 욕구에서 출발하였다.

우리말인 '아름답다' 또한 본래의 美의 뜻과 크게 멀지 않다. '아름답다'는 '아름만큼'이고, '아름'은 '두 팔로 안은 만큼'이다. 즉 '두 팔로 안을 수 있는 만큼' 풍부해야 비로소 아름다운 것이 될 수 있다. 우리 전통적인 미인은 요즈음의 쇄골이 앙상하고, 개미허리 같은 허약체질이 아니라 절구통 같이 펑퍼짐한 허리에 풍만한 살집과 피부에 기름진 건강미가 넘쳐나야 했다. 그러고 보면 요즈음 날씬해서 부실한 미인도 많고, 뚱뚱해서 억울한 전통미인도 적지 않다. 시대를 잘못 만난 까닭이다.

同美相妬[동미상투]－미인이 모이면 서로 질투하여 화합하지 못한다. 잘난 사람들이 많으면 힘을 합하지 못한다. 同業相仇[동업상구]－같은 업종끼리 모이면 원수가 된다. 그러나 요즈음에는 동업자끼리 모여서 相扶相助[상부상조], 同病相憐[동병상련]한다.

코끼리 이야기

象은 코끼리의 모양을 그대로 본딴 象形이다. 豕部에 있지만 돼지하고는 아무 상관없이 그냥 자리만 빌린 것이다. 코끼리는 單一種으로 숫자도 많지 않고, 중국에서는 볼 수 있는 짐승도 아니어서 글자도 象이 있을 뿐이다. 그저 豕부에 얹혀 있는 것이다. 장기를 象棋[상기]라고도 하는데 장기 알 중에 코끼리인 象이 있기 때문이다. 象牙는 코끼리 이빨이고, 象牙塔[상아탑]은 귀한 象牙처럼 고고한 학문과 인격을 닦은 최고학문 기관인 大學의 상징어이다. 대학은 원래 너무 孤高[고고]하여 세상과는 동떨어진 곳이기도 하였다. 그러나 지금은 학력인플레 시대가 되어서 대학이 보통교육으로 격하되고 있다. 대학의 실용성을 강조하다보니 취업과 돈벌이에 혈안이 되어 상아탑과 같은 꿈과 낭만, 순수는 찾아 볼 수 없게 되었다. 순수학문과 인문학이 실용주의에 밀려 고사하는 것은 안타까운 일이다. 노벨상이 문제가 아니라 인간으로서 갖추어야 할 기반이 상실되는 것을 더 걱정해야 한다.

코끼리의 가치를 높여 준 귀한 象牙가 자신에게 항상 좋기만 한 것은 아니다. 오히려 코끼리는 그 잘난 이빨 때문에 목숨 보전마저 어렵다. 象齒焚身[상치분신]이라는 成語가 예부터 있었던 것을 보면 코끼리의 재앙이 오늘날의 사정만은 아니었다. 고귀한 이빨만 없었다면 지상 최대의 덩치로 코끼리는 천적 없이 여유롭게 초원을 누볐을 것이다. 화려한 뿔을 자랑삼고, 가는 다리를 원망하던 사슴은 못생긴 다리로 도망을 하다가 잘난 뿔이 나무에 걸려 목숨을 잃게 되었다. 코 때문에 코뿔소, 가죽 때문에 호랑이, 지느러미 때문에 상어, 집 잘못 지어서 제비, 쓸개와 발바닥 때문에 곰이 제명에 못 죽는다. 사람도 재주와 미모를 자랑삼다가 그것 때문에 패가망신하는 일이 잦다. 그러나 그보다 더 딱한 사람은 재주만 믿고 권력을 좇다가 역사의 죄인이 되는 정치인이다. 우리 역사상 대통령을 지내고 명예를 지키며 편안한 노후를 보내는 사람이 누구였던가? 그래도 권력을 누리지 못해서 몹쓸 짓 다하고 자신은 물론 나라까지 망치는 일이 그치지 않으니 정객들이란 불쌍한 불나방이 아니라 가증스런 독사같은 자들이다.

그러나 象은 모양이라는 뜻으로 더 많이 쓰인다. 우선 象形이라는 말이 코끼리와는 상관없이 모양을 본뜬다는 말이다. 象徵[상징]은 추상적인 것을 구체적인 모습으로 시각화 한 것이다. 이 경우 코끼리와 차별화하기 위해서 人을 덧붙여 像이라고 쓰기도 한다. 象嵌[상감]은 고려자기에 그림을 그려 넣는 기법을 말하는 것으로 역시 모양이라는 뜻이다.

고양이 이야기

우리는 고양이 소리를 '야옹'이라고 하지만 중국인들은 '미야오'라고 흉내 내서 그대로 이름을 지었다. 猫[묘]를 중국 음으로 읽으면 그대로 '미야오'이다. 鄧少平[등소평]의 黑猫白猫論[흑묘백묘론]으로 해서 중국의 고양이는 세계적으로 유명해졌다. 검은 고양이건 흰 고양이건, 사회주의이건 자본주의이건 목적달성을 위해서는 명분을 가릴 필요가 없다는 현실적 실용주의론이다. 오늘날의 중국은 毛澤東이 아니라 鄧小平의 고양이가 만든 것이다.

어려운 일을 서로 떠밀어 결국 일을 해결할 사람이 없는 난국을 猫頭縣鈴[묘두현령]이라고 한다. 쥐들이 고양이 위험을 미리 알기 위해서 고양이 목에 방울을 달 묘안을 생각해 냈지만 막상 그 무서운 고양이 목에 목숨을 걸고 방울을 달 쥐는 아무도 없었다는 우화이다. 세상은 말만 많은 쥐들만 득실거리기 마련이다. 중국에서는 부엉이를 猫頭鷹[묘두응]이라고 한다. 머리가 고양이 머리를 닮았기 때문인데 고양이나 부엉이나 쥐 잡는 선수인 것만은 같다.

고양이는 개와 더불어 인간과 가까이 지내온 가축이다. 개가 집을 지키듯 고양이는 쥐를 잡아주어 구실을 해왔다. 그러나 요즈음 고양이는 쥐마저 잡지 않으니 아무래도 개 같은 대우는 받지 못하는 것 같다. 猫哭老鼠[묘곡노서]는 고양이가 쥐를 잡아먹으면서 흘리는 눈물이니 강자가 약자에게 부리는 위선적인 동정이다. 국민을 위한 勞心焦思[노심초사]로 조금도 한가할 시간이 없었노라는 박 전대통령의 고백이 감동스럽기도 했다. 영광스러우면서도 비극적인 그의 가족사를 생각하면 더욱 그렇다. 권좌에 오르기 전의 박대통령은 어머니를 닮은 미모에 아버지의 후광이 밝게 서려 있었다. 이번 사건이 터지지 전까지는 이명박 정권과 같은 4대강사업,

DAS, BBK와 같은 대형 사기극을 벌였다든지, 황당한 자원외교로 엄청난 국고를 날려버렸다든지, 교활한 부정축재를 저질렀다는 등의 추문을 듣지 못했다. 아마도 역대 대통령 중 비교적 순수한 인성을 가진 것 같다. 국정농단을 하고, 외교를 엉망으로 만들어 놓고, 국격을 떨어트린 것도 사실이지만 간교함과 부정축재의 규모로 말하면 이명박을 따르지 못한다. 그녀가 무죄와 억울함을 호소하는 것도 이명박을 두고 하는 말일 것이다. 그러나 다시 생각해 보면 李는 유형적이고 물질적 도둑이요, 朴은 무형적이고 정신적인 죄인으로 그 과오는 마찬가지이다. 최선을 다했지만 실패할 수도 있는 것이 사람의 일이다. 그러나 대통령은 국민을 책임져야 할 막중한 임무가 있으므로 평범한 국민과는 엄연히 다른 위치라는 것도 알아야 한다. 이것이 그녀가 잘 몰랐던 역사인식이라는 것이다. 몇 방울 고양이 눈물로 그 막중한 책임을 씻어낼 수 없는 역사적 이유이다.

최순실 국정농단 사건은 우리를 허탈, 분노, 절망하게 한다. 혹은 상상조차 되지 않는 사실에 넋을 잃기도 한다. 대통령 스스로가 國紀[국기]문란이란 용어를 먼저 애용했지만 이번 사건은 그 정도가 아니라 國基[국기]문란, 나라의 기반이 송두리째 무너질 정도의 망국의 動亂[동란]행위에 더 가깝다. 자신은 집권 내내 國基를 흔들어 놓고, 정부에 대한 비판과 고발만 국기문란이라도 징치해왔으니 기가 막힐 일이다. 보이지 않는 亡靈[망령]이 그녀의 魂을 움직였다고 하는 소문도 있다. 도저히 이해가 되지 않던 외교, 對北정책도 이제 이해가 될 듯하다. 유체이탈화법으로 유명했지만 그동안 魂이 빠진 말을 자주 한 이유도 이제 밝혀진 셈이다. 실로 어처구니없는 정권에 나라는 뿌리 채 흔들리고, 국민들은 공황상태에 빠졌다. 현 정부는 앞 정부가 저질러 놓은 사고처리에 대부분의 임기를 보내야 할 판이다. 그러나 이번 사건은 우리나라의 장래를 위해서는 좋은 약이 되었다. 그녀로 인해서 우리는 적폐를 없애고 새 출발을 할 수 있는 계기를 마련할 수 있게 되었다. 새 정부는 전 정부가 했던 짓을 거꾸로만 하면 될 것이니 의외로 정치하기 쉬운 일이기도 할 듯 싶다. 물론 그동안 무너진 國格국격, 國紀국기와 망쳐버린 외교를 복원시켜야 하는 부담은 훨씬 큰 부담이고, 쉽게 해결할 수 없는 엄청난 짐임에 틀림없다.

父傳子傳일 것이라는 막연한 기대를 했던 국민도 책임을 면할 수 없다. 이렇게 속은 일이 어디 이번뿐이었는가? 한 나라의 대통령은 곧 그 국민의 수준이라는 사실을 생각해야 한다. 지금의 분노, 배신감, 허탈감을 잊지 않고 역사의 교훈으로 삼아 앞으로 다시는 이런 역사를 되풀이 하지 않게 하는 다짐이 그나마 국민의 수준을 높이는 일이다. 그러려면 우선 지역을 기반으로 한 우매한 콘크리트지지자들과 보수가 무엇인지도 모르고 보수를 부르짖는 막무가내 태극기부대와 '내 나이가 어때서'만 외쳐대는 廉恥염치없는 노인들의 각성이 필요하다. 그리고 무기력과 냉소, 이기주의와 허무주의에 빠진 젊은이의 분발이 있어야 한다. 國難興邦국난흥방, 시련을 겪은 나라는 더 강해진다는 믿음이 필요한 시대이다.

뿔 이야기

角을 〈설문해자〉에 獸角이라고 했으니 짐승 뿔의 모양을 그린 象形이다. 짐승 중에서도 사슴의 鹿角[녹각]을 모델로 삼은 듯하다. 角者無齒[각자무치]는 뿔이 있는 짐승은 이가 없다는 말인데, 뿔과 이빨을 동시에 주지 않았으니 세상은 공평하다는 의미이다. 그래서 소는 뿔이 있는 대신에 위 이빨이 없고, 말은 위 이빨이 있는 대신에 뿔이 없다. 옛날에는 술잔을 뿔로 만들어서 술잔 觴[상] 字에는 角이 部首로 되어 있다.

예나 지금이나 角중의 角이 코뿔소 뿔인 犀角[서각]이다. 코뿔소가 그 잘난 코 때문에 죽는 줄 안다면 차라리 코를 박고 죽을 일이다. 사슴은 長壽[장수]의 상징으로 十長生 중의 하나이다. 그러나 현실은 사슴도 잘난 뿔 때문에 제명대로 살기 어렵다. 사람에게는 그 뿔이 녹용으로 보이기 때문이다. 牛角은 값이야 없지만 그 뿔로 적을 막을 수 있고, 술잔도 만들고, 나팔도 만들고, 사람은 소뿔을 잡고 앉아서 전원한정을 즐기기도 하고, 풍월도 읊고, 신선놀음도 하고, 聖君을 만나 출세도 하였으니 덕이 많은 뿔이다. 그러니 뿔의 가치는 값으로 따질 수 없다. 좀 유별난 뿔이 蝸角이다. 이것은 달팽이 뿔인데 뿔이라고 해봐야 촉수에 불과하다. 蝸角之爭[와각지쟁]은 달팽이 촉수가 꿈틀대는 보잘것없는 다툼이다.

맹수들이 강력한 이빨을 가지고 있다면 角은 양순한 초식동물을 위험에서 구해 줄 수 있는 위엄과 권위의 표상이다. 인간은 뿔이 없으므로 그 위력을 빌고자 했던 것이 冠[관]이다. 짐승들이 뿔로써 힘을 과시하듯이 인간은 冠으로써 권위를 세우고자 했던 것이다. 장수는 투구에다 짐승 뿔을 달았고, 고구려와 신라의 高官들도 관직 명칭에 角자를 즐겨 사용하였다. 冠이 높은 벼슬아치를 高官이라고 한다. 관리들이 쓰면 감투요, 왕이 쓰면 王冠이다. 왕의 취임식을 관을 쓰는 戴冠式[대관식]이라고 했다. 뿔은 아니지만 닭볏을 鷄冠[계관]이라 칭찬하였다. 이렇게 좋은 관도 관 위에 또 관을 쓰면 冠上加冠이 되어서 쓸 데 없이 욕심을 부리는 어리석은 짓이 된다. 집 위에 집을 짓는 屋上加屋[옥상가옥]도 마찬가지이다. 화려한 옷과 冠으로 장식한 벼슬아치들이 부정한 짓을 저지르는 자들을 衣冠之盜[의관지도], '冠 쓴 도둑'이라고 한다.

음악에서 角은 곡의 음계, 곡조를 말하는 五音의 하나이다. 연극에서는 배우나 그 배역을 角, 角色이라고 한다. 지금도 중국에서는 主演을 主角이라고도 한다. 가슴의 角線美[각선미]와 엉덩이의 曲線[곡선미]美를 구분하는 사람과 혼동하는 사람의 차이가 언어능력의 차이다. 다른 글을 연극대본으로 바꾸는 것은 脚色[각색]이고, 미니스커트를 아름답게 하는 것은 脚線美[각선미]이다.

수학에서 角은 角度이다. 두 변의 모서리가 벌어진 정도를 말한다. 90도를 直角, 그 미만이면 銳角[예각], 그 이상이면 鈍角[둔각]이라고 한다. 視野[시야]에 들어오지 않는 角度를 死角이라고 하는데, 귀퉁이란 뜻이다.

재주를 다투는 것을 角逐[각축]이라고 하고, 서로 맞서는 형세를 對立角[대립각]이라고 한다. 옛날에는 씨름을 角觝[각저], 率角[솔각]이라고 했다. 總角[총각]

은 원래 머리를 딴 어린 머슴애이다.

解는 角, 刀, 牛의 뜻이 모인 會意글자이다. 〈설문〉에 刀判牛角 – 칼로 소뿔을 자른다라고 했으니 解牛, 즉 소를 잡는 행위이다. 우리는 가축을 죽일 때 '죽인다'고 하지 않고 '잡는다'라고 한다. 소, 돼지, 닭을 '잡는다'라고 하지만 사실은 죽이는 것이다. 늘 같이 정들여 살아왔고, 도움을 받았던 가축을 살벌하게 죽인다고 말하기에는 미안스러워서였을 것이다.

근심 걱정을 해결하는 것이 解憂인데, 절간의 화장실이 解憂所[해우소]인 것을 보면 배설의 욕구가 풀기 어려운 삶의 문제인 것 같다. 의혹에서 벗어나는 것은 解惑[해혹]이고, 모든 業報[업보]에서 벗어나는 것은 解脫[해탈]이다. 노령화시대, 인구문제를 해결하는 것이 解産[해산]인 것을 보면 解는 삶의 문제를 해결하는 글자이다. 요즈음 애기 낳는 해산부가 점점 줄어들어 심각한 문제가 되고 있다. 우리나라의 출생률이 세계 최저라고 하니 세계최고 위험국가인 셈이다. 이를 의식하여 정부에서는 각종 출산장려책을 내고 있지만 교육개혁이 이루어지지 않고서는 百藥이 무효이다. 자식 하나 키우는 데 3억이 든다니 부자가 아니고서는 누가 감히 애를 낳을 수 있겠는가? 뭉쳐진 것을 흩어내는 것을 解散[해산], 解體[해체]라고 한다.

解語之花[해어지화]는 능히 사람 말을 알아듣는 꽃, 양귀비 같은 미인을 일컫는 말이다.

계약을 푸는 것을 解知, 解約이라 하고, 일자리를 빼앗는 것을 解雇[해고], 정신상태가 흩어진 것을 解弛[해이]라고 하니 푸는 것이 다 좋은 것만은 아니다. 원래 소잡는 것에서 시작했지만 解는 세상의 모든 문제를 풀어내는 것이라서 광범위한 의미를 갖게 되었다.

解酲[해정]은 숙취를 풀다. 흔히 해장국이라고 하는데, 사실은 여기에서 나온 말이다.

魚 이야기

魚는 〈설문해자〉에 水蟲 – 물에 사는 蟲[충]이라 하고, 그 모양을 그린 象形자라고 하였다. 漢字는 바다와 멀리 떨어진 내륙지방에서 만들어진 것이기 때문에 魚의 대부분은 민물고기였다. 魚는 주요한 식량이었기 때문에 관심의 대상이었고, 물고기의 종류도 다양하였으므로 魚部의 글자도 많은 편이다. 대부분 단어의 뒤에 붙어서 접사로서 물고기의 종류를 나타냈다. 우리의 물고기 이름에도 접미어로서 많은 역할을 했다. 붕어, 잉어, 숭어, 상어, 뱅어, 농어 등이 그렇다. 물고기 이름 외에도 상징적인 의미도 많다.

물고기는 魚이지만 그것을 잡는 행위는 漁이고, 물고기를 잡는 사람이 漁夫이다. 물고기가 살 수 있는 곳은 氵인데 魚는 氵 때문에 죽게 되니 엄청난 글자의 아이러니이다. 그런데 고전문학작품에 나오는 漁夫가 부르는 노래는 漁父歌이다. 夫는 전문업자이고, 父는 아비이다. 그래서 문학작품의 어부가를 부른 漁父는 고기를 잡는 漁夫가 아니라 강호를 즐기는 隱遁居士[은둔거사]였다. 그들로서는 물고기가 식량이 아니라 같이 공존해야 할 대자연의 일부였던 것이다. 그렇다면 漁夫가 아니라 물고기의 아버지인 漁父라고 한 이유를 알 것 같다. 魚의 父가 魚를 잡아먹는다면 자식을 잡아먹는 애비 꼴이 된다. 어쨌든 우리 시가문학의 漁父歌는 고기잡는 노동요가 아니라 자연은 물론 魚까지도 사랑한 전원한정가였다. 윤선도의 漁父四時歌, 이현보의 漁父歌가 그렇다. 이색의 觀魚臺賦[관어대부]는 고기 노는 모습을 즐기는 고고한 선비의 심경을 읊은 辭賦[사부]이다. 사부를 간단히 말하면 우리의 歌辭[가사]와 닮은 漢文學이다. 이에 대해서는 필자의 〈사부문학연구〉에서 상세하게 논의되어 있다. 옛날의 선비들은 고기가 노니는 모습을 즐기는 것을 觀魚라 하여 품격 높은 취미활동으로 삼았다. 고기잡이보다 거기에서 자연의 섭리를 발견하였던 것이다. 漁火는 고기를 유인해 잡는 횃불이다. 옛날의 고기잡이는 漁火의 유인에 넘어가고 안 넘어가고는 고기의 선택에 맡겼지만 요즈음의 魚群 탐지기는 고기의 의사와는 전혀 관계없이 쌍끌이로 쫓아가서 싹쓸이를 하는 것이므로 가혹한 漁夫임에 틀림없다.

가뭄이 많았던 탓인지 물이 말라서 위기에 처한 魚에 대한 이야기가 많다. 涸轍之鮒[학철지부]는 길바닥에 찍힌 수레바퀴 자국에 모인 물에 갇혀 헐떡이며 언제 죽을지 모르는 위기에 처한 붕어이다. 牛蹄之魚[우제지어], 소 발자국에서 헐떡이는 송사리도 마찬가지이다. 위기에 처한 물고기가 물을 얻었다면 涸魚得水[학어득수]라고 하였다. 위기에 처한 사람이 구사일생했을 때 하는 말이다. 莊子가 길을 가는데 涸轍之鮒 한 마리가 숨을 헐떡이며 물 한 바가지만 달라고 했다. 갈 길이 바쁜 장자는 올 때 많은 물을 가지고 와서 살려주겠다고 했더니 그때에는 나는 이미 어물전에 매달려 있을 것이라고 했다. 남을 돕는 데도 때가 있는 법이다. 물고기 중에서도 잉어는 특히 주목을 받았다. 잉어는 한자 鯉魚가 이어를 거쳐 잉어가 되었으니 원래 고유어가 아니다. 雁信魚書[안신어서]는 소식이나 편지를 전해주는 기러기, 잉어이다. 漢의 장수 蘇武[소무]는 흉노에 포로로 끌려가 자신이 살아있다는 편지를 기러기의 발에 묶어 날려 보내어 돌아올 수 있었다고 한다. 그러나 사실은 소무를 데리러 간 사신이 기지로 꾸며낸 거짓말이다. 아무튼 이십 년 전의 敗將을 살려오려는 漢의 노력은 역사적 귀감이 될 만하다. 나라를 위해서 희생을 한 사람한테는 반드시 보상을 해야 한다. 私黨[사당]에 공로를 세운 사람에게는 보상을 후하게 하면서도 국가를 위해서 신명을 바친 공훈자에게는 소홀히 해왔다. 그 중의 하나가 병역의무 이행자에 대한 무관심인데 그들의 희생과 공헌에 비추어볼 때 이는 국가의 배반이다. 잉어를 기르던 소녀가 자신의 위급한 처지를 편지로 적어 잉어에게 주니 잉어가 그것을 사랑하는 애인에게 전해 주어 위기를 벗어났다는 이야기가 고구려 溟洲歌[명주가]의 배경설화이다. 명주는 지금의 강릉이다.

우리는 잉어를 신성시하여 잘 먹지 않았지만 중국인은 즐겨 먹는다. 孟宗이라는 효자가 고기를 잡을 수 없는 겨울에 노모가 잉어를 먹고 싶다고 하여 물가에 갔더니 잉어가 스스로 얼음 속에서 나왔다고 한다. 이래서 잉어는 민간에서 복을 가져다주는 물고기였다. 그래서 그림에도 잉어를 즐겨 그렸는데 그것은 富貴多男[부귀다남] 부자되고 아들을 많이 낳기를 기원하는 것이었다. 중국인들이 魚를 좋아하는 이유는 '넉넉하다라'는 餘와 발음이 같기 때문이다. 재물이 넘쳐나니 그야말로 富者고기인 셈이다. 자물쇠가 잉어 모양을 하고 있는 것도 재물의 지킴이 의미였다. 물고기 모양으로 신표를 삼기도 했는데 이것이 魚符[어부]이다.

물고기는 불교에서 또 다른 상징적인 의미를 가지고 있다. 절에 가면 나무로 깎아 만든 木魚가 있다. 물고기 눈처럼 눈을 부릅뜨고 求道하라는 가르침이라고 한다. 달마대사는 물고기 눈을 만들기 위하여 눈꺼풀을 베어냈기 때문에 達磨圖[달마도]의 눈이 그렇게 크다고 한다. 鳥瞰[조감]이 위에서 내려다보는 것이라면 魚瞰은 물고기처럼 눈을 부릅뜨고 사실을 꿰뚫어 보는 것이다. 魚眼[어안] 렌즈로 사람의 눈보다 더 넓은 각도에서 사물을 볼 수 있다.

새 이야기

鳳은 새 중의 으뜸이다. 鳳은 수컷, 凰은 암컷으로 함께 상상적 神鳥이다. 〈설문해자〉에 비교적 상세하게 묘사해 놓고 있다. "앞은 기린 같고, 뒤는 사슴 같다. 뱀의 목 같고, 물고기 꼬리 같고, 용의 무늬가 있고, 등은 거북이다. 제비의 턱과 같고, 닭의 부리와 같다. 오색을 두루 갖추고 있다." 이를 보면, 봉은 상상하기조차 어려운 괴물이다. 그리고 鳳의 五色은 德[덕], 順[순], 義[의], 仁[인], 信[신]을 상징한다고 했으니 유가들이 자신들의 이념을 봉으로써 신비화하기 위하여 애쓴 흔적이 역력하다. 그러나 실제로 볼 수 있는 봉황의 그림은 대개 孔雀[공작]을 제일 많이 닮아 있어 그것이 모델이 된 듯하다.

〈설문해자〉는 계속해서 다음과 같이 설명하고 있다. "봉은 祥瑞[상서]로운 理想[이상]의 새이다. 동방의 군자국에서 나서 四海 바깥으로 날아오른다. 곤륜을 지나서 황하 砥柱[지주]의 물을 마시고, 약수에서 몸을 씻고, 風穴[풍혈]에서 잔다." 봉을 신비화하기 위하여 역시 유가의 상징물로 삼았다. 봉이 나타나면 천하가 평안하다고 한다. 그러나 반대로 봉이 나타나지 않으면 나라에 道가 없어서이니 어지러운 세상이다. 만약에 세상에 도가 없는데 봉이 나타나면 불행한 鳳일 수밖에 없다. 그래서 공자가 봉이 나타났다는 말을 듣고 오히려 슬퍼했다는 것이 泣麟悲鳳[읍린비봉]이다. 어지러운 세상을 개탄한 것이다. 麒麟[기린] 또한 봉과 같은 이미지를 가진 상상의 동물로 물론 아프리카의 기린이 아니다. 泣麟[읍린]은 기린에 울고, 悲鳳[비봉]은 봉을 슬퍼한다는 것이니 세상의 어지러움을 탄식한다는 뜻이다. 요즈음 우리나라에는 鳳 대신 馬가 나타났었다. 옛날 나라가 융성할 때는 龍馬가 나타나더니 얼만 전에는 당나귀 鄭馬가 날뛰어 나라를 어지럽게 만들었다. 鳳도 없고, 용마도 없다면 동물원의 기린이라도 모셔와야 하지 않을까? 그래서 시대를 이끌어 갈 위대한 인물을 기린아라고 했는가보다. 만약에 기린을 타고 봉황과 놀 수 있다면, 그것은 유가적 유토피아의 실현이다. 결국 기린도, 봉도 태평천하를 이루기 위한 儒家的 상징물이다. 우리한테 언제 그런 인물이 나올까?

鳳은 유가적인 상상의 새로 현실주의자답게 위와 같이 그 형상이 구체적으로 나타나 있다. 그러나 道家의 상상력은 더욱 방만하여 구체성을 가진 유가적 鳳으로는 부족했다. 그래서 鳳보다 더 호방한 鵬[붕]이 필요했던 것이다. 그래서 붕은 그 행적이 구체적으로 나타나 있지 않다. 그냥 무한정 크고, 넓고, 廣漠[광막]하고, 玄妙[현묘]할 뿐이다. 〈설문해자〉에서 그 字義를 풀이하기를 '봉이 날면 수만의 새들이 무리지어 따르는데 그 모습을 상형한 것'이 鵬이라 했다. 그렇다면 붕은 한 마리의 새가 아니라 봉과 같은 새들의 집합명사인 셈이다. 鵬字를 줄인 것이 朋[붕]이므로 朋友는 鵬과 같은 善한 무리이다. 朋과 상반되는 무리를 黨이라 하고, 무리지어 善에 반하는 집단을 派黨[파당]이라고 한다. 作黨[작당]하여 나쁜 짓을 하는 자들을 '패거리'라고 하는데 '派거리'에서 나온 말이 아닌가 한다. '거리'는 떼거리, 먹거리, 국거리와 같은 접미사이다. 朋과 黨을 합하여 朋黨이라고 하였으니, 이는 善惡의 무리를 통칭한 말이다. 어느 조직이건 무리가 없을 수 없으므로 朋黨이라 해서 좋고 나쁨을 말할 수 있는 것은 아니다. 다만 朋은 장려하고, 黨은 배제해야 할 일이다. 우리 정치꾼들의 모임을 政黨이라고 하는데, 과연 어디에 속하는 것인지 궁금하다. 우선 朋이 아닌 黨이라고 한 것을 보면 선한 무리의 이름은 아닌성싶다. 그런데 朋 대신에 政이라고 한 것이 애매하다. 政은 본래 正으로 '바른 행위'여야 한다. 그러나 우리의 政黨들이 정의롭다고 하는 데에 찬동하는 국민은 많지 않을 것이다. 우리 국민이 가장 혐오하는 대상이 정치인이다. 그래서 政黨보다는 派黨이 더 적절한 말이고, 하는 짓들을 보면 숫제 惡黨[악당]이기도 하다. 우리의 政治人들이 政으로 正을 위장했지만, 여우가 둔갑을 해도 꼬리만큼은 못 감추듯이 그 본색마저 감출 수는 없는 일이다. 파당의 정치인들이 붕당의 국민들을 다스리고 군림하고 있다면 분명히 잘 못된 일이다.

鳥[조]는 새의 모양을 그린 象形글자이다. 여기에서 灬는 火가 아니라 새 발의 상형이다. 만약에 火라면 새구이가 될 판이다. 〈설문해자〉에 꽁지가 긴 새의 총칭이라고 했다. 大禽[대금], 큰 새를 말한다. 같은 새이지만 隹는 短尾, 꽁지가 작은 새라고 했다. 새는 경외의 대상이었던 天, 하늘을 나는 동물이었기 때문에 고대인들에게는 땅에 사는 짐승과는 다른 인식이 있었다. 그래서 해에는 황금까마귀 金烏[금오]가 살고 있다고 생각했다. 鵬[붕], 鸞[난], 鳳[봉], 凰[황] 등의 상상 속의 靈鳥[영조]도 만들었다. 그리고 그것들에 하늘과 인간을 연결하는 신비한 능력을 부여하였다. 불교설화에서는 金翅鳥[금시조]라는 새가 있다. 독수리 머리에 봉황의 날개를 하고 있다고 한다. 뱀과 용을 잡아먹는다고 하는 신령스러운 靈鳥[영조]이다. 새의 힘을 빌려 인간의 靈을 하늘에 올려 보내려 한 장례의식이 鳥葬[조장]이다. 그때에는 새에게도 독감이 있으리라고는 생각도 못했을 것이다.

烏[오]는 鳥[조]에서 획을 하나 줄여서 된 글자로 鳥와 마찬가지로 새의 상형이다. 鳥가 烏가 된 것은 새의 눈알을 뺀 것인데, 눈이 없으면 아무것도 보이지 않으니 까만 암흑이어서 검정이란 뜻을 갖게 되었다. 까마귀는 색도 검거니와 모양새도 울음소리도 곱지 못하여 대체로 부정적인 이미지가 있는 凶鳥[흉조]로 인식되어 왔다. 그러나 〈설문해자〉에서는 孝鳥[효조]라고 했으니, 까마귀는 부모가 늙어 먹이를 잡을 힘이 없으면 자식이 먹이를 물어 먹여준다고 믿었기 때문이다. 그것이 反哺之孝[반포지효]이다. 효의 정신을 높이기 위해서 까마귀를 이용했던 것이다. 또한 감탄사 오－! 나 의문사로 假借[가차]하여 사용하기도 했다. 이렇게 되면 까마귀와는 아무 상관이 없게 된다.

견우와 직녀가 은하수를 건너 상봉하게 하려고 다리를 놓아 주는 것이 烏鵲橋[오작교]인데 다리를 놓아준 새는 까마귀가 아니라 까치였다. 까마귀가 凶鳥로 인식된 반면에 까치는 깃털과 생김새가 날렵하고 목소리도 비교적 좋아 吉鳥로 여겨졌다. 그래서 까치가 울면 반가운 손님이 온다고 하여 喜鵲[희작]이라고까지 불렀다. 그러나 실제로는 못생긴 까마귀는 생태계의 청소부 역할을 하지만 잘난 까치는 농사를 망치는 고약한 놈이다. 옛날 사람들이 동물들의 생태에 대하여 오해를 했던 일이 가끔 있었던 것이다. 李箱[이상]의 烏瞰圖[오감도]는 鳥瞰圖[조감도]에서 題材[제재]를 빌린 듯하다. 조감도는 위에서 아래를 내려다 본 그림이니 전체의 모습을 잘 볼 수 있는 그림이다. 그러나 오감도는 눈이 없는 새가 내려다 본 것이니 아무것도 볼 수 없는 까막눈이다. 한 치의 앞도 내다볼 수 없는 암흑의 시대에 지식인의 무기력을 호소한 것이 오감도가 아닐까 하는 생각이다. 거기에서 李箱의 반어적이고 역설적인 주제의식을 짐작할 수 있다.

새 중에 가장 유익한 새는 鷄[계], 닭이다. 닭은 알과 고기를 공급하는 매우 유용한 가축이자 시간을 알려주는 영험한 능력도 가졌다. 〈설문해자〉에 知時畜(지시축) 시간을 알리는 가축이라고 했으니 새벽에 우는 닭이다. 닭이 鳳凰(봉황) 鵬鸞(붕난)보다는 못하지만 새 중에 존중받은 이유가 새벽을 알리는 역할을 했기 때문이다. 닭이 울면 날이 밝고, 어둠과 귀신도 물러간다. 또한 영웅을 품은 알을 낳으니 卵生(난생)영웅설화의 주역이다. 雞(계)와 같이 쓰이는데 鳥는 꽁지가 길고, 隹추는 짧다면 원래 鷄는 장닭이나 큰 닭이고, 雞(계)는 암탉이나 병아리가 아니었을까? 鷄冠(계관)은 장닭의 볏이다. 볏은 벼슬, 감투에서 온 말이다. 닭에 대한 특별한 고마움의 표시일 것이다. 닭도 인간생활과 밀접한 관계를 맺어온 가축이었다. 삼계탕용 닭은 嬰鷄(영계)로 대접받고, 늙은 닭은 老鷄(노계)로 퇴출되지만 그나마 영계보다 오래 살 수 있으니 다행이다. 알 낳기 선수는 產卵鷄(산란계) 육체파 닭은 肉鷄이다. 육계는 풍만한 몸매를 자랑하지만 곧 스러질 운명이나 산란계의 產卵의 진통은 목숨을 보장할 수 있다.

鷄肋(계륵)이란 버리자니 아깝고, 먹자니 먹을 것이 없는 것을 말한다. 그러나 춘천의 닭갈비는 曹操(조조)의 계륵과는 달리 우리에게 매우 인기 있는 요리이다. 닭장은 닭을 가둬놓는 닭 집이다. 옛날의 닭은 닭장 없이 넓은 뜨락, 밭을 누비고 다녔지만 지금의 닭은 날개 한 번 펼 틈도 없는 좁은 닭장에서 웅크리고 살고 있다. 그래서 좁은 공간을 비유하자면 으레 닭장이라고 한다. 그렇게 좁아 꼼짝 못하게 해 놓고 오로지 알을 낳고, 몸집만 키우라는 것이 인간의 잔인한 요구이지만 그것이 어찌 닭의 삶의 목적이겠는가? 이러한 사정은 돼지, 소, 개도 마찬가지여서 이들이 인간에게 호감을 가질 리가 없다. 그래서 조류독감, 살충제달걀, 구제역, 광견병

등으로 인간에게 저항하고 있는 것이다. 옛날 마음대로 뛰어 놀던 닭, 소, 돼지들이 그러한 질병을 일으켜 인간을 위협한 적이 있었는가? 모든 것은 인간의 탐욕이 가축들을 못살게 굴어 스스로 불러온 재난이다. 지금이라도 그들을 본래의 모습으로 돌려줘야 사람도 편안히 살 수 있다. 싼 달걀, 소고기, 돼지고기를 찾다가 생명의 위협을 받는 꼴이 그래도 싼 화석, 핵에너지를 찾다가 지구환경을 파괴하여 스스로 종말을 자초하는 어리석음보다는 나을까?

박쥐는 일반적으로 부정적 이미지가 많다. 생긴 것이 쥐를 닮아서 좋은 모습도 아니거니와 새도 아니고 짐승도 아닌 이중성이 도덕적으로 부정적 인식을 주게 되었던 것이다. 박쥐같은 기회주의 짓을 蝙蝠之役[편복지역]이라고 한다. 그러나 그것은 도덕윤리를 따지는 선비들의 생각이지, 민간에서는 매우 친숙한 이미지를 가지고 있었다. 특히 중국에서는 박쥐가 福[복]을 가져다주는 존재로 인식되었다. 중국어로 蝠[복]의 발음이 福하고 같기 때문이다. 중국인들은 하늘에서 福이 내려오기를 바라는 마음에서 福자를 거꾸로 붙여 놓는다. 그러면 시각적으로 하늘에서 복이 떨어지는 것처럼 보이는 효과가 있다. 이것을 倒福[도복]*이라고 한다. 倒와 到는 발음이 같으므로 '복이 온다'와 같다. 倒福의 또 다른 의미는 박쥐가 거꾸로 매달려 있는 모습 – 그것이 박쥐의 기본자세 – 이기도 하다. 박쥐 중에서도 붉은 박쥐를 특히 좋아했는데 붉은 紅[홍]과 큰 洪[홍]의 발음 또한 같아 洪福이 되기 때문이다. 중국어는 이처럼 발음이 의미와 매우 깊은 관련이

* 거꾸로 쓴 복

있는 언어적 특성이 있다. 그래서 다른 뜻이라도 발음만 같으면 덩달아 좋아한다. 돈 복이 터지라는 發財[발재]를 갈망하다보니 發과 음이 비슷한 八까지 좋아하여 차번호나 전화번호에 8자를 넣기에 큰돈을 아까워하지 않는다. 우리가 死를 싫어하여 4자를 싫어하는 이치와 같다. 어쨌든 박쥐는 그 음이 福과 같다는 이유 하나만으로 혐오스러운 외모를 극복하고 대중적인 인기를 얻어 예로부터 각종 가구나 패물에 주요한 디자인으로 애용되었다. 박쥐는 집단생활을 해서 多産[다산]의 이미지를 갖기도 한다. 이러한 풍조가 우리나라에까지 전해져서 같은 현상을 우리 민간에서도 흔히 찾아볼 수 있다. 박쥐는 생김새만큼이나 愛憎[애증]이 겹치는 이중적인 존재이다.